21世纪工商管理优秀教材

品牌管理（第3版）

庞守林 ◎ 编著

清华大学出版社
北京

内容简介

本书分为品牌培育和品牌运营两方面的内容。品牌培育部分包括：品牌的概念、特征、核心价值以及管理模式，品牌设计的原则和方法，品牌决策与品牌结构，品牌定位与品牌延伸的理论、方法和策略，国内外品牌个性的内容和特征及个性打造思路，品牌整合传播的途径和策略。品牌运营部分包括：品牌的经营维护、法律维护及应对品牌危机的思路、策略，品牌联合、品牌授权及品牌在资本市场的运营模式，建立品牌的知名度、美誉度、品质认知、品牌联想及提升品牌忠诚度的思路和方法，评估品牌资产的方法和模型，品牌国际化与本土化的有效途径。

本书可用作高等院校经济管理类本科生和研究生（包括 MBA）的教材或参考教材，也适合工商企业的管理人员阅读和参考。

本书封面贴有清华大学出版社防伪标签，无标签者不得销售。
版权所有，侵权必究。举报：010-62782989，beiqinquan@tup.tsinghua.edu.cn。

图书在版编目(CIP)数据

品牌管理／庞守林编著．—3 版．—北京：清华大学出版社，2023.2(2025.3重印)
21 世纪工商管理优秀教材
ISBN 978-7-302-62269-7

Ⅰ.①品… Ⅱ.①庞… Ⅲ.①品牌－企业管理－教材 Ⅳ.①F272.3

中国版本图书馆 CIP 数据核字(2022)第 231983 号

责任编辑：王　青
封面设计：李召霞
责任校对：宋玉莲
责任印制：丛怀宇

出版发行：清华大学出版社
网　　址：https://www.tup.com.cn，https://www.wqxuetang.com
地　　址：北京清华大学学研大厦 A 座
邮　　编：100084
社 总 机：010-83470000
邮　　购：010-62786544
投稿与读者服务：010-62776969，c-service@tup.tsinghua.edu.cn
质量反馈：010-62772015，zhiliang@tup.tsinghua.edu.cn

印 装 者：三河市天利华印刷装订有限公司
经　　销：全国新华书店
开　　本：185mm×260mm　　印　张：15.25　　字　数：349 千字
版　　次：2011 年 1 月第 1 版　2023 年 2 月第 3 版　　印　次：2025 年 3 月第 4 次印刷
定　　价：45.00 元

产品编号：084313-01

前 言
（第3版）

品牌管理是一门实用性比较强的课程，品牌理论也大部分来源于实践的探索。《品牌管理（第3版）》结合了相关学者众多新的研究成果，汇集了笔者近几年积累的品牌策划、品牌维护和品牌标准制定的实践心得，希望激发读者关于品牌议题的思考，达到抛砖引玉的效果。

一、本书的结构和内容

本书以品牌管理的关键环节为基点，以培养品牌管理的实用型人才为目标，从企业品牌经营管理的视角，把品牌管理的内容划分为品牌概念、品牌塑造、品牌经营、品牌维护与提升四个部分。

第一部分介绍品牌概念体系和企业品牌管理模式。第一章从品牌历史发展的视角，结合品牌实践给出了品牌的定义，明确了品牌具有识别功能、承诺和担保功能、沟通功能、价值功能，从属性、利益、价值、文化、个性、用户六个层面阐释了品牌的内涵、品牌核心价值的来源及趋势。第二章辨析了品牌与产品、品牌与品类、品牌与商标的关系，从国家、企业、消费者的视角说明了品牌的意义，并在品牌管理的框架下，详细介绍了品牌管理的组织方式和管理机制。

第二部分介绍品牌的塑造过程。品牌塑造是品牌管理的核心内容。第三章阐述了品牌要素的设计思路、方法和策略。第四章介绍了品牌定位的定义和品牌定位发展的三个阶段，探讨了消费者分析、竞争者分析和品牌异同点分析的品牌定位过程，总结了品牌定位的思路和方法，从产品、消费者、竞争者和文化等维度介绍了品牌定位策略。第五章阐述了品牌人格化的特征，重点阐述了品牌个性的来源，探讨了品牌个性的塑造思路、方法和步骤。第六章介绍了品牌文化的定义和范畴，探讨了品牌文化塑造的仪式文化、领袖人物、品牌故事、传统的文化传承、企业历史文化和创新文化等思路和方法。第七章明确了品牌传播的内涵和特征，阐述了传统媒体与新媒体传播的互补性和联动性、新媒体与传统媒体品牌传播的异同，介绍了品牌传播策划的ROI理论、共鸣论的应用特点，探讨了新媒体和传统媒体品牌传播的路径。

第三部分介绍品牌经营，侧重品牌资产的金融属性和品牌资产利用。第八章介绍了品牌延伸的动因、边界，阐述了品牌延伸的影响因素和策略。第九章介绍了品牌纵向和横向关系的品牌结构理论，详细说明了统一品牌、产品品牌、范围品牌、来源品牌和担保品牌的结构。第十章介绍了品牌联合、品牌授权经营的方式、内涵和应用范例,强调了品牌扩张与资本市场的关系,介绍了以品牌为中心的并购整合的五种情况。第十一章从财务会计、消费者、市场品牌力三个角度描述了品牌资产的概念和特性,重点阐述了艾克的消费者视角的品牌资产的构成要素,提出了品牌知名度、品牌品质认知、品牌联想、品牌忠诚的提升策略,简述了品牌资产评估的思路和方法,并介绍了国际通用的品牌资产评估方法。

第四部分介绍品牌维护与提升。第十二章介绍了品牌维护的定义和意义,阐述了品牌经营维护、法律维护的思路、方法和策略,强调应适时进行品牌创新,包括产品创新、名称创新、标志创新、广告语更新等。第十三章介绍了品牌危机的内涵、形成的机理,说明了品牌危机管理的组织、原则和处理方式。第十四章阐述了品牌国际化的内涵和标准,描述了国际化的程序,重点介绍了品牌国际化的标准全球化模式和标准本土化模式,探讨了品牌国际化的路径。

二、本书的创新和特色

(1) 理论与实际应用紧密结合。本书在内容安排上,每一个概念、理论、策略分析的后面都尽量安排了案例来阐释和印证,强化读者的理解和应用能力;在结构安排上,注重提供案例分析及与品牌相关的思政阅读材料,提升读者对品牌知识的实际应用能力。

(2) 互联网的时代特色。互联网改变了人与信息、人与人、人与物之间的联系方式,对品牌塑造和传播产生了巨大的影响。本书在品牌培育、运营、维护中穿插了互联网思路、方法、路径和案例;在品牌传播中阐述了传统传播方式和新媒体传播方式以及两种方式的互动。此外,本书还提供了扫码阅读资料及微课视频。

(3) 强调品牌发展中的资本支撑。互联网时代,品牌培育周期大幅缩短,互联网开始整合传统产业。例如,滴滴出行几年间就成为知名品牌,其快速成长的背后是巨大的资本力量的支持。资本运营推动品牌成长的主线贯穿本书,第八章至第十一章着重阐述了品牌与融资、品牌与IPO、品牌与并购的互通、互融关系,强调了品牌资产是资本运营的依托和载体,从财务金融的视角给出了品牌资产的界定和品牌资产评估的方法。

三、教学资源和支持

为方便教学和学习,我们同步编写了以下辅助材料,有需要的教师可以通过扫描书后的"教师服务教辅获取二维码"在线申请:①教学PPT;②学习效果测试题;③考试题;④教学大纲及各章小结。

四、致谢

感谢邱子裕先生和孙彦龙先生。因为本书立足于品牌策划管理实践,特邀请两位实业界管理者参与了本书整体框架的讨论和编写工作,其中邱子裕编写了第十章和第十四章,孙彦龙编写了第七章和第十二章,他们的贡献使本书的内容更加鲜活生动,更具可读性,也让书中有了更多的品牌故事。

感谢我的博士研究生于宴周、李子峰、张冰和硕士研究生张文涛,他们参与了有关本书内容的讨论,并协助我组织素材、整理案例。

感谢我的家人在本书编写期间给予我莫大的支持。

非常感谢致力于品牌研究的专家学者！在本书编写的过程中，我们引用借鉴了国内外专家学者的大量研究成果，引用原文的绝大部分都进行了标注或列入了参考文献，但或许仍有些被遗漏，请各位专家学者和广大读者指正，以便在今后的修订中改正。

中央财经大学　庞守林
2022 年 8 月 9 日

目 录

第一章 品牌概论 ·· 1

    第一节 品牌的概念 ·· 1

    第二节 品牌的概念辨析 ··· 8

    第三节 品牌的价值 ··· 11

第二章 品牌管理模式 ··· 16

    第一节 品牌管理的定义和内容 ·· 16

    第二节 品牌管理的组织形式 ·· 19

第三章 品牌设计 ··· 26

    第一节 品牌命名策略 ··· 26

    第二节 品牌标志设计 ··· 33

    第三节 其他品牌要素设计 ·· 37

第四章 品牌定位 ··· 46

    第一节 品牌定位理论 ··· 46

    第二节 品牌定位的过程 ··· 51

    第三节 品牌定位技术 ··· 54

    第四节 品牌定位策略 ··· 56

第五章 品牌个性 ··· 65

    第一节 品牌个性的内涵 ··· 65

    第二节 品牌个性维度 ··· 67

    第三节 品牌个性塑造 ··· 71

第六章 品牌文化 ··· 77

    第一节 品牌文化的内涵 ··· 77

    第二节 品牌文化结构 ··· 79

    第三节 品牌文化塑造 ··· 81

  第四节 品牌文化对企业的挑战 …………………………………………… 88

第七章 品牌传播 …………………………………………………………… 94

  第一节 品牌传播的内涵 ………………………………………………… 94
  第二节 品牌传播的策划 ………………………………………………… 96
  第三节 传统媒体的品牌传播方式 …………………………………… 101
  第四节 新媒体的品牌传播方式 ……………………………………… 107

第八章 品牌延伸 ………………………………………………………… 114

  第一节 品牌延伸的概念 ……………………………………………… 114
  第二节 品牌延伸模型 ………………………………………………… 117
  第三节 品牌延伸的影响因素分析 …………………………………… 119
  第四节 品牌延伸的策略 ……………………………………………… 123
  第五节 品牌延伸的风险 ……………………………………………… 126

第九章 品牌结构 ………………………………………………………… 130

  第一节 品牌建立 ……………………………………………………… 130
  第二节 品牌使用类别 ………………………………………………… 133
  第三节 品牌组合 ……………………………………………………… 133

第十章 品牌运营 ………………………………………………………… 146

  第一节 品牌联合 ……………………………………………………… 146
  第二节 品牌授权 ……………………………………………………… 151
  第三节 品牌扩张与资本运营 ………………………………………… 156

第十一章 品牌资产 ……………………………………………………… 162

  第一节 品牌资产的内涵 ……………………………………………… 162
  第二节 品牌价值链 …………………………………………………… 165
  第三节 品牌资产的构成 ……………………………………………… 167
  第四节 品牌资产评估 ………………………………………………… 174

第十二章 品牌维护 ……………………………………………………… 184

  第一节 品牌维护的内涵 ……………………………………………… 184
  第二节 品牌监测 ……………………………………………………… 186
  第三节 品牌的经营维护 ……………………………………………… 188
  第四节 品牌创新与重新定位 ………………………………………… 190
  第五节 品牌的法律维护 ……………………………………………… 193

第十三章　品牌危机 …… 198

第一节　品牌危机概述 …… 198
第二节　品牌危机的机理和形成过程 …… 201
第三节　品牌危机的管理 …… 204

第十四章　品牌国际化 …… 215

第一节　品牌国际化的定义与内涵 …… 215
第二节　品牌国际化程度的度量指标 …… 217
第三节　品牌国际化的动因和障碍 …… 219
第四节　品牌国际化战略 …… 221

参考文献 …… 231

第一章 品牌概论

【学习目的与要求】
(1) 理解品牌的定义和特征；
(2) 掌握品牌的内涵与属性；
(3) 了解品牌概念与相关概念的辨析；
(4) 理解品牌的意义。

20世纪50年代，美国奥美广告公司(Ogilvy & Mather)创始人大卫·奥格威(David Ogilvy)首次提出了具有现代意义的品牌概念，突破了品牌只用于区分不同生产者的原始功能。

扩展阅读 1.1
中国品牌发展史

美国著名管理学家彼得·德鲁克(Peter F. Drucker)说："21世纪的组织只有依靠品牌竞争了，因为除此之外它们一无所有。"美国广告专家莱瑞·赖特(Larry Light)指出："未来的营销是品牌的战争——品牌互争长短的竞争。拥有市场比拥有工厂更重要。拥有市场的唯一办法，就是拥有占市场主导地位的品牌。"在经过产品竞争、价格竞争、广告竞争、服务竞争之后，随着国际市场界限的消除，市场竞争已经跨入了品牌竞争时代。那么，企业应该如何创建自己的品牌？如何树立自己的品牌优势？如何实施自己的品牌战略？回答这些问题要从品牌的概念入手。

第一节　品牌的概念

品牌的英文"Brand"源于古挪威文"Brandr"，意思是通过"烧灼"打上烙印，最初就是通过在家畜身上打上不同的标记来表明其主人是谁。随着商品交换，人们逐渐习惯用特殊的标记来表明或区分商品的产地和生产者，生产者也特意以此为消费者提供商品质量担保，这就是品牌的雏形。事实上，现代品牌概念非常复杂，营销学、心理学、社会学等多学科的融入，极大地丰富了品牌的含义，使品牌成为具有多个维度的概念。

一、品牌的定义与功能

(一) 品牌的定义

从品牌发展的历史角度看,随着时代变迁人们对品牌元素的认知逐渐增多,对品牌的认识逐渐深入,按关注品牌元素的深度和顺序,形成品牌定义四个层面的内容,每个层面的定义都是当时品牌实际应用的一种阐释。

(1) 1960 年,美国市场营销协会(American Marketing Association,AMA)在《营销术语词典》中指出:品牌是一个名称、术语、标记、符号或设计,或是它们的组合,其目的是识别某个销售者或某群销售者的产品或服务,并使之与竞争对手的产品和服务区别开来。这个定义强调了品牌符号存在的意义在于辨认和区别,消费者利用品牌选择产品和服务,企业利用品牌符号区别竞争者的产品。

(2) 1998 年,英国学者德·彻纳车尼和麦克唐纳给品牌下的定义是:一个成功的品牌是一个可辨认的产品、服务、人或场所,以某种方式增加自身的意义,使购买者或使用者觉察到相关的、独特的、可持续的附加价值,这些附加价值最可能满足他们的需要。同时,英国广告专家约翰·菲利普·琼斯(John Philip Jones)把品牌定义成能为顾客提供其认为值得购买的功能利益及附加价值的产品。这两个定义的含义包括:①品牌可以用于特定的人群和场所;②政治家、影视明星、体育明星、公司总裁等个人可以利用自身的信誉提升品牌的影响力;③地域和场所(如夏威夷、九寨沟、迪士尼等)地理元素可以为品牌的特定品质担保,更好地满足人们特定的需要。定义拓展了品牌元素的范围,把人和场所当作品牌的元素,强调了人和场所担保品牌的附加价值满足用户特定需要的特征。

(3) 美国奥美广告公司指出:品牌是一个商品透过消费者生活中的认知、体验、信任及感情,挣到一席之地后所建立的关系。广告界权威大卫·奥格威也对品牌的内涵有过深刻的描述:"品牌是一种错综复杂的象征,它是品牌属性、名称、包装、价格、历史声誉、广告方式的无形总和。品牌同时也因消费者对其使用的印象及自身的经验而有所界定。"这个定义明确了"品牌是产品与消费者的关系",强调了品牌与消费者的互动。

(4) 美国学者亚历山大·贝尔(Alexander L. Biel)认为:品牌是一种无形资产,是一种超越生产、商品及所有有形资产以外的资产——品牌带来的好处是未来预期收益超出品牌培育成本的现值。中山大学卢泰宏教授认为:品牌不仅是一个区分的名称,更是一个综合的象征;品牌不仅掌握在企业手中,更取决于消费者的认同和接受;品牌不仅是符号,更要赋予形象、个性和生命;品牌不仅是短期营销工具,更是长远的竞争优势和具有潜在价值的无形资产。

在时代发展和技术创新的背景下,人们对品牌元素的关注千差万别,要对品牌下一个权威的定义很困难。各国的品牌学家所处的环境不同,对品牌的理解或解释也存在差异。例如,德国由于历史渊源而重视科技和专业化生产,更多地强调品牌的功能利益,英国的绅士文化使品牌的阐释更重视心理利益,美国的经济发展和多元文化使品牌运营过程中更强调以市场份额表明综合实力。

（二）品牌的功能

以上四个层面的品牌含义从不同角度阐述了品牌内涵，它们之间虽然存在不同时代的印痕，但因为品牌元素的市场共性而具有天然的内在联系，完全掌握这些定义可以帮助我们全面、深入地理解品牌。事实上，上述四个定义在品牌塑造和维护中体现着品牌不同的功能。

（1）品牌是区别的标志，具有识别功能。AMA 的定义显示了这一点，这是作为品牌的基本条件，品牌的历史起源也反映了这一点。古挪威的"烙印"，古希腊和罗马的地址、吆喝声和简单的图画等可作为区分提供者货物的标志。而在现代这一功能有了新的要求和措施：一方面，品牌的名称、标识、设计、包装可以用来反映品牌的个性特征和品牌形象；另一方面，品牌的名称、标识、包装等要素可以通过向国家品牌管理部门申请注册而受到法律的保护，构成企业具有专用权、所有权和转让权并区别于其他厂商的商标。消费者可以通过商标来识别产品的产地或内在品质等因素，商标化是现代市场经济的基本特征。

（2）品牌是对消费者的承诺和保证，具有担保功能。产品只有更好地满足消费者的需要，其品牌形象才会存在于消费者的心智中。企业需要千方百计地提供特色鲜明、质量上乘的产品，才能全方位地满足消费者的需求，这是推动企业快速发展的动力。因此，企业会不断提升品牌带给消费者的功能性、社会性、情感性的价值，进而推动企业品牌发展进入良性循环。这在客观上形成了品牌对消费者购买产品的附加价值方面的担保和承诺。

（3）品牌是连接产品与消费者关系的纽带，具有沟通功能。品牌是一种错综复杂的象征，它把各种象征符号（如名称、标识、色彩、包装和设计等）都合并到一起，浓缩为消费者愿意接受的信息。企业通过各种途径把这些浓缩的信息传达给消费者，其目的是引起消费者对自己产品的注意、记忆、识别与联想，形成事实上的沟通关系。事实上，从消费者的角度来看，品牌作为一种速记符号与产品类别信息一同储存于消费者头脑中，而品牌也就成了他们搜寻记忆的线索，成了他们在产品类别中选择特定产品的依据。品牌沟通的最终目的是通过提供利益优势谋求与消费者建立长久的、强劲的关系，博得他们长期的偏好与忠诚。

（4）品牌是无形资产，具有价值功能。品牌能给顾客提供比一般产品更多的附加价值，如功能性价值、心理性价值和社会性价值。品牌也会在这种提供高附加值的活动中获得超额的利润回报。品牌可以让消费者愿意支付更高的价格购买产品，可以抵抗市场环境下产生的各种风险，形成独特的品牌竞争优势。当一个企业愿意以高出净资产或市值几倍甚至十几倍的价格收购一个具有品牌优势的企业时，品牌这种无形资产的功能表现尤为明显。

二、品牌的内涵

品牌的培育过程需要围绕核心价值的主线，即由企业、员工、客户和消费者共同认同的理念，形成关系纽带，在高度同质化的商业竞争中，表现为一个简单清晰、能够体现在各个产品和服务领域的核心理念，从而构成品牌的灵魂。

品牌是区别的标志，是功能性利益和价值的载体，是维系消费者关系的保证，是企业生产运营中的无形资产。1997年品牌专家戴维森(Davidson)提出了品牌冰山的概念(见图 1-1):品牌的显性部分(如名称、标识等)所占比重很小,是浮在水平面上的那一部分,大约占品牌内涵的 15%;品牌的隐性部分(如文化、定位、价值等)对消费者的影响十分强大,隐藏在水平面以下,我们看不到,约占品牌内涵的 85%。

图 1-1　品牌的冰山

在现实生产经营中,提到品牌,人们想到的不只是产品的功能和价值,还会把产品与它的消费群体联系起来,想到它的商标、社会声誉,甚至想到拥有这一产品的喜悦。美国著名营销学家菲利普·科特勒在其著作《营销管理》中提出品牌内涵至少可以包括六个方面的内容——属性、利益、价值、文化、个性和用户,这六个方面的内容构成了品牌内涵的六个层次(如图 1-2 所示)。

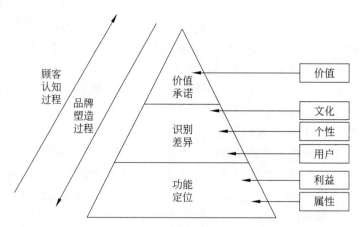

图 1-2　品牌的内涵

1. 属性

产品本身的性质和特点,如奔驰轿车的属性有昂贵、做工精良、马力强大、外观设计大气、内部空间宽敞、安全性能高、身份尊贵、加速快等。海尔电冰箱的属性包括质量可靠、技术先进、外观设计优美、制冷迅速、服务优良等。企业可以采用一种或几种属性为其品牌产品做广告。多年来海尔冰箱一直强调其质量可靠的属性。

2. 利益

顾客不是在买属性,他们买的是利益,企业需要将属性转化成功能性或情感性的利益。质量可靠的属性可转化为功能性的利益,如"使用过程中安全可靠,减少返修次数";价格昂贵的属性可转化为情感性利益,如"购买这件产品表明了收入层次,让我感觉自己很受人尊重"。

3. 价值

品牌体现了一些生产者价值。例如,奔驰牌代表高绩效、安全、声望等。品牌也体现使用者的价值,表明使用者的价值取向,营销人员必须分辨出对这些价值感兴趣的购买者群体。

4. 文化

品牌代表着一种文化。奔驰汽车代表德国文化:高度组织、效率和高质量。麦当劳的食品文化是最高标准的质量(Quality)、服务(Service)、清洁(Clean)和价值(Value);质量是指麦当劳为保障食品品质制定了极其严格的标准;服务是指按照细心、关心和爱心的原则,提供热情、周到、快捷的服务;清洁是指麦当劳制定了必须严格遵守的清洁工作标准;价值反映了其为顾客提供更有价值的高品质食品的理念。

5. 个性

品牌个性是品牌拟人化的特征。如果品牌是一个人、动物或物体,人们通过一些外部特征就可以识别、判断他(它)。某个群体具有某一鲜明的个性特征,其中意的品牌只要具有同一特征就会引起他们的共鸣。个性培育或选择要坚持突出、稳定的原则。

6. 用户

品牌暗示了购买或使用产品的消费者类型。看到一位 20 多岁的年轻人开着一辆奔驰 GL500,我们会想到他很可能是个富二代,而看到开车的是一位稳重、内敛,年约 50 岁的成年人,我们就会想象他是企业的高级管理人员。

科特勒在说明品牌内涵的六个方面的关系时,以梅塞德斯-奔驰为例把它们归结为功能定位、识别差异和价值承诺三个层次(参见图 1-2)。

从顾客的认知过程来看,往往是从品牌的利益、属性体验,到品牌的功能定位,之后才意识到品牌在用户、文化、个性上的独特,最后才能领悟到品牌的核心价值。例如,消费者总是先体会到奔驰汽车的高性能之后才认同它的市场定位,产生文化和个性的联想,通过长期大量的积累才能相信其做出的价值承诺——"世界上工艺最佳的汽车"。

从企业品牌塑造来看,则应该以其价值承诺为核心,建立品牌文化,树立品牌个性,定位目标市场。从这几个方面出发去设计品牌的属性和提供的利益,以品牌的核心价值统率品牌的塑造过程,确保品牌塑造的成功。

三、品牌的核心价值

(一)品牌核心价值的来源

品牌核心价值是品牌的内核,表达品牌最突出、最鲜明的特征,是与其他品牌特别是竞争品牌相区别的根本。它让消费者明确、清晰地记住并识别品牌的利益点、个性、价值取向,是驱动消费者认同、喜欢乃至爱上一个品牌的主要力量。品牌内涵的六个属性是品牌核心价值的主要来源,归纳起来主要来源于制造和创造两个层面。

通过技术创新、工艺创新和改善产品生产过程提炼出核心价值。例如,六神花露水代表的价值是"草本精华、凉爽、夏天使用最好",表明其品牌产品来源于对皮肤无害的草本植物;沃尔沃因为首先使用三点式安全带而塑造了"安全"的利益;农夫山泉因为使用天然水资源而强调"自然""有点甜";舒肤佳沐浴露能"有效去除细菌"不伤皮肤;海飞丝的独有配方形成"去头屑"的突出特征等。

通过概念创新、营销创新、文化创新创造品牌的核心价值。概念、营销和文化创新形成附加价值,满足消费者的特定需求,从而塑造品牌的核心价值,如宝马的"驾驶的乐趣"、百事可乐的"年轻有活力"、金六福的"福文化"、哈根达斯的"浪漫"情调、万宝路的"男子汉"形象等。因为有了自己清晰的核心价值,这些品牌可以凭借差异化特征,在所选择的目标市场上占据较高的市场优势。消费者也因为对核心价值的认同而产生对品牌的美好联想,并进一步形成品牌忠诚。

(二)品牌核心价值的类型

品牌的核心价值分为三种类型,即功能性、情感性和社会性。

1. 功能性核心价值

偏重于品牌给消费者提供的物质层面的功能性利益,主要体现在技术、品质、便捷等方面。这种功能性利益一般来源于产品的制造和服务过程,是区别于其他竞争品牌的差异化来源。例如,海尔冰箱生产线来自德国,德国制造业成功的秘诀(可视为核心价值)是"高科技+完善服务",海尔结合市场竞争状况,创新了这一核心价值,精细化的生产过程、"零缺陷"的产品标准确保了产品的质量,24小时服务得到了市场认可,形成了"科技领先和24小时服务"的核心价值。沃尔玛的创始者在分析了市场消费群体后认为,任何一个国家的商场消费者都是中低收入群体,他们最关心的是商品的价格,因此确定了沃尔玛的核心价值是"天天平价",从而坐上了全球零售业销售额第一名的宝座。

2. 情感性核心价值

消费者购买和使用某品牌产品,能通过企业核心价值获得情感满足,主要体现在感情、友情、时尚等方面。戴比尔斯公司的核心价值"钻石恒久远,一颗永留传"能让我们把钻石、婚约及浪漫爱情联系起来,以一颗宁静的心灵感动于纯真爱情的伟大;美加净护手霜"就像妈妈的手,温柔可依"让我们的内心世界掀起阵阵涟漪,觉得美加净的呵护有如妈妈一样温柔;如果丽珠得乐只是配方独特的胃药,没有"其实男人更需要关怀"的情感去感动人们的内心世界,就与其他胃药没有什么区别。品牌的情感性利益让消费者拥有一段美好的情感体验。在产品同质化、替代品日益丰富的时代,如果产品只有功能性利益而没有"爱、友谊、关怀、牵挂、温暖、真情……",就会缺乏品牌感染力。

3. 社会性核心价值

社会性核心价值也称自我表现型核心价值,是指品牌成为表达消费者价值观、个人财富、社会地位、人身修养与审美品位的一种载体与媒介的时候,就具有了独特的自我表现型利益和社会价值观。胡雪岩创办的胡庆馀堂的核心价值是"戒欺",在运营中"一戒缺斤少两,二戒假冒伪劣,三戒抬高价格",将"普济众生,普度众生"作为经营理念,表达了企业和创办者的价值观。穿"派"牌服饰的人能让人感受到"自由自在、洒脱轻松"的个性品质;百事可乐张扬着"青春的活力与激情";奔驰车代表"权势、成功、财富";沃尔沃则代表"含而不露的精英阶层"。这些品牌都通过给予消费者自我表现型利益而成为强势品牌。

(三) 品牌核心价值的趋势

1. 情感性和社会性核心价值塑造是主流

随着时代的发展,产品日益同质化,情感性与社会性核心价值塑造的成本效益优势越来越明显。社会越进步,消费者的收入水平越高,情感性价值与社会性利益的品牌核心价值对消费者越具有感染力,企业越来越依赖情感性和价值性核心价值来塑造与竞争品牌的差异特征。道理很简单,当大家都不富裕、制衣工业很不发达、衣服品质保证还不十分稳定的时候,能买一件布料好、透气、舒服、做工精细的衣服就成了主要的购买动机,而当制造技术成熟了、服装的品质都很有保障、生活富裕了以后,衣服的原始功能退为次要,此时消费者要的是能折射出"富有、尊贵",或"青春、活力",或"另类、个性",或"成熟、稳重、不张扬"等符合自身个性偏好的品牌。

具有极高品牌资产的品牌往往有着让消费者心动的情感与自我表现型利益,特别是在经济发达地区,品牌是否具有触动消费者内心世界的情感与自我表现型利益已成为其立足市场的根本。强势品牌具有情感性与自我表现型利益、鲜明的个性及联想。例如,手表的功能性利益是"走时准、防水"等,而欧米茄、劳力士等名表的品牌核心价值在具备这些功能性利益的同时,更突出代表文化与精神并表达"尊贵、成就、完美、优雅"等自我形象的价值。

2. 功能性核心价值是基础

不能认定功能性价值不重要或可有可无,只不过对于许多产品或行业,情感性利益与自我表达型利益是消费者认同品牌的主要驱动力,品牌的核心价值自然会聚焦情感性利益和自我表达型利益,但这都是以卓越的功能性利益为强大支撑的。很多品牌的核心价值就是三种利益的和谐统一。如果没有功能性利益,情感性利益和自我表达型利益就没有了根基,像随波逐流的浮萍。例如,欧米茄表在走时准确与防水防雾等品质上表现非凡,实验表明,欧米茄表不仅常温下能防水,在接近零摄氏度的水里或蒸汽房里放一个多小时也不会浸水,这是西铁城、精工等日本品牌手表所不能及的。欧米茄牌手表凭借走时准确、做工精良,多次被选为重大的全球性公众活动计时之用。1969年航天员阿姆斯特朗戴着它登上月球,使其名声大振。从1932年起,世界奥林匹克运动会一直采用欧米茄表计时,可见欧米茄的品质与计时的准确性极受信赖,这种硬碰硬的功能性利益是欧米茄表"代表成就与完美"的情感性利益与自我表现型利益的基石。

3. 品牌核心价值类型选择与行业有关

品牌的核心价值既可以是功能性利益,也可以是情感性和自我表现型利益,对于某一个具体品牌而言,其核心价值究竟是以哪一种为主,主要应按品牌核心价值对目标消费群起到最大感染力、与竞争者形成鲜明差异为原则。例如,对于家用电器,消费者最关注的是"产品的技术、品质、使用便捷性等",所以功能性利益往往成为电器品牌的核心价值;食品、饮料则较多地传达情感性利益去打动消费者;保健品、药品讲究技术与功效,保健品常用于送礼,药品能体现家人之间的关怀,故品牌的核心价值中功能性与情感性利益兼而有之;高档服饰、时尚产品、皮具、名表、名车则主要以自我表现型利益为品牌的核心价值。品牌的核心价值可能是三种利益中的一种,也可能是两种乃至三种都有。

第二节 品牌的概念辨析

一、品牌与产品

(一)产品的概念

产品是企业为满足某些社会需求而设计、生产,并向社会提供的物化的劳动成果和服务。产品的本质就是满足社会需求,企业通过提供特定的产品来满足某种需求,并获得经济效益和社会效益。产品为直接满足人类的需求而存在,无论是物质产品还是精神产品,都具有一定的功用特征。

菲利普·科特勒给出的产品定义是:能提供给市场以引起人们注意、获取、使用或消费,从而满足某种欲望或需要的一切东西。科特勒把产品划分为三个层次:核心产品,即核心利益或服务,它回答"购买者真正要购买什么?"这一问题;有形产品,包括质量、特色、式样、商标名称和包装;延伸产品,如安装、送货、信贷、售后服务、保证等。

(二)产品与品牌的区别

品牌与产品名称是两个完全不同的概念。产品名称主要体现的是辨别功能,将一种产品与另一种产品区别开;而品牌则传递更丰富的内容,可以体现价值、个性与文化等。产品可以有品牌,也可以无品牌。无品牌产品因为价格低廉也能赢得一部分顾客,但目前企业越来越重视品牌塑造。一件产品可以被竞争者模仿,而品牌独一无二;产品很快会过时落伍,而成功的品牌却能经久不衰;一个品牌可以只用于一种产品,也可以用于多种产品;品牌具有足够的影响力时,还可以进行品牌延伸,借势推出新的产品。产品与品牌的区别有以下三点值得强调。

1. 产品是具体的存在,而品牌存在于消费者的认知里

品牌是在消费者心中被唤起的想法、情感、感觉的总和。因此,成功的品牌总是以一种始终如一的形式将品牌的功能与消费者需要连接起来,通过这种方式将品牌的定位信息明确地传递给消费者。例如,高露洁牙膏使人联想到可信赖的牙齿护理。品牌不仅告诉人们能干什么,而且告诉人们意味着什么。这就使同样功能的产品被冠上不同的品牌后,具备了不同的利益。

2. 产品生成于车间,而品牌形成于整个营销组合环节

品牌是被"设计"出来的,它要使营销组合的每个环节都能传达一致的、易于感受的信息,而且这个设计牵涉企业的每一个部门。比如,价格的高低被人们看成是品牌档次的一个标准;销售渠道帮助人们形成对品牌的看法,如专卖店出售的大多是高档的品牌,而在小杂货店出售的大多是普及的品牌,等等。商业传播与品牌的关系则更为密切。

3. 产品重在质量,而品牌贵在传播

传播包括品牌与消费者沟通的一切环节和活动,如产品设计、包装、推广、促销、公关、广告。一方面,通过传播形成和加强了消费者对品牌的认知;另一方面,传播的费用转化在品牌中,形成品牌的一部分资产。奥格威称:"任何广告都应被视为对品牌的长期投资。"因此,我们可以说,传播创造了品牌的附加价值。

二、品牌与商标

(一)商标的概念

商标是指商品的生产者或经营者为了使自己的商品在市场上与其他商品生产者或经营者的商品相区别,而使用在商品或其包装上的,由文字、图案或文字与图案的组合构成的一种标记。商标经过国家商标管理机构审核注册后,其所有人就有了使用该商标的各项权利。商标受法律保护,未经许可其他人无权使用,具有排他性。商标所有权是指商标注册人对商标所拥有的各项权利,具体包括商标专用权、商标转让权、商标使用许可权、继承权和法律诉讼权等。

(二)品牌与商标的区别

1. 商标的构件小于品牌的构件

商标是通过形象、生动、独特的视觉符号将产品的信息传递给消费者,其目的是将不同的产品区别开。品牌元素的范畴大于商标元素。一般情况下,企业注册商标作为品牌标识,是品牌范畴的一部分。品牌则不同,名称、商标、包装、定位等都属于品牌。然而,品牌一旦得到市场的认可,有了价值,就需要向国家商标主管部门申请注册,以保护自己的专用权,实现企业价值。除商标标识外,品牌还强调定位、核心价值、个性等信息,传递给目标市场,使消费者据以识别和认同。

2. 商标权有国界,品牌使用无国界

商标具有专用性,在同一国家,同一商标只能有一个商标注册人在指定的商品上注册并持所有权,不能有多个注册人。同时,商标获得注册后,商标注册人依法取得商标所有权,其他人未经商标所有人同意不得使用,否则构成侵权。某一商标在所在国没有注册的情况下,可以作为品牌标志长期使用,具有可识别性,但是一旦具有了市场影响力,就要及时注册,防止被其他商家或个人抢注。品牌与商标不同,品牌元素在一国使用,在另一国也可以使用。例如,在中国,"凤凰"及其图案可以用作品牌,在其他国家也可以用作品牌。

3. 品牌可以延伸,商标则需重新申请注册

品牌延伸,就是将某类产品的品牌用到另一类产品中去,如从娃哈哈营养液到娃哈哈果奶,再到娃哈哈纯净水等,就是品牌的延伸。品牌延伸并没有改变品牌,因为品牌的名称不变、商标不变。但按照我国的规定,当品牌延伸到一种新产品时,必须作为一件新商标重新办理商标登记注册。商标注册时必须严格注明用于什么产品。可口可乐在美国申请商标时要注明是用于碳酸气软饮料。同时,商标注册使用有时效性,过了商标有效期就需要续展,而品牌没有时效性。

商标是从法律的角度对品牌的界定。品牌是否受到侵权也是以商标内容是否受到侵害为依据的。商标对于品牌的法律保护具有特别意义。商标是品牌法律特征的集中体现，是品牌自我保护的有力武器。对于企业发展来说，品牌的商标注册是一件非常重要的工作。

三、品牌与品类

（一）品类的概念

品类（product category）即产品的类别，是指满足消费者特定需求的某类产品的总和。美国定位理论的创始人之一、营销学家阿尔·里斯（Al Ries）发表的专栏文章《品类第一，品牌第二》指出占据品牌背后的品类才是市场营销的最终目的，品类的内涵变得更加丰富。品类的划分标准不仅基于产品特点，还基于市场细分的原则、市场需求，甚至消费者的感受，让品类划分进入消费者心智的层面。企业可以根据消费者的需求或感受，创建一个产品品类，拓展一个新的市场空间。例如，在饮料行业，根据人们运动后补充水分、能量、矿物质的需求，企业创建了运动饮料。运动饮料是一个品类，该品类的知名品牌包括红牛、脉动、尖叫等。

理解品类的概念需要把握两点：一是品类的范围依据市场需求的动态变化，可以根据市场需求进行细分，也可以根据品类产品品牌的影响力进行归并、扩展；二是某品类产品一般分属不同企业的品牌，像鲜奶有伊利、蒙牛、三元等品牌，有时一个企业为突出其产品的特征，一个品类有多个品牌，如宝洁的洗发水有飘柔、海飞丝、潘婷和沙宣等品牌。

（二）品牌与品类的关系

（1）品牌依托品类，品类成就品牌。品牌是产品的区隔符号，品牌突出某个品类产品的具体特征。赢得了市场认同和共鸣，成长为一个品类的知名品牌、领导品牌，则领导品牌就主导了该品类的发展。品牌按照自己的标准逐渐拓展品类空间，品类逐渐变成容量较大、市场规模较大的品类，品牌就会成为更大品类的领导品牌直至成为行业的领导品牌。品牌一般属于某个特定的品类，如海尔一开始属于冰箱这一品类的品牌，随着品牌知名度的提升，海尔拓展品类空间，发展成为家电类品牌。

在成熟的市场条件下，品牌依托小品类难以做大做强，一个容量较大、市场规模较大的品类则能容纳众多品牌的竞争。市场规模大的品类能够容纳多个品牌进行竞争，品牌所属的品类就会获得更多的传播，品类本身也能对品牌起到助推作用。当企业利用品牌影响力扩大品类范围，或者延伸到其他品类时，品牌就成为一个多品类，甚至是跨品类的品牌。例如，华为、小米、三星、飞利浦等品牌有很多多品类、跨品类的产品，是多品类或者跨品类的品牌。

（2）品牌具有所有权，品类却没有。品牌是企业拥有的与同类产品相区隔的符号。品牌具有独享性、溢价性，品牌产品的经营利润属于品牌拥有者，企业可以利用品牌产品的独特性提高产品价格，增加收益。品类是一个产品类别，任何企业都可以生产某一品类的产品。例如,2005年12月蒙牛就"酸酸乳"品牌饮料被伊利、光明、三鹿的"酸酸乳"饮料侵权提起诉讼,随后各厂家陷入"酸酸乳"是商标还是通用名称之争的法律纠纷。蒙牛认为自己的"酸酸乳"饮料虽然商标注册未被批准,但已经使用多年,具有品牌特征;伊利、三元、光明则认为作为一个酸奶饮料的品类,"酸酸乳"是通用名称而不是品牌,对内蒙古高级人民法院判令"酸酸乳"为蒙牛独有商标提出异议,并联合致信国家有关部门,反对"蒙牛酸酸乳"商标的司法认定,反对把品类名称"酸酸乳"判给蒙牛乳业公司作为其独有的品牌。

(3) 创新品类有利于创建品牌

品类不是根据商品的属性而是根据消费者的需求进行分类,成熟的品类市场已经被商家的品牌完全占有,要想挤进去有很高的难度,需要付出很高的成本。创新品类就是要找到"市场中有,心智中无"的品类。例如,健脑饮品六个核桃就是找到了未能满足消费者需求的品类,该品类在市场中是空缺的。

创造了新的品类,利用这个新品类推出新的产品品牌,品牌就成了品类的代表,可以在一定时期内独占品类资源,发展成为领导品牌。例如,奶茶不是一个新的品类,主要以蒙古族民族风情的奶茶占主流,已有的市场已经瓜分完毕。"香飘飘奶茶"以年轻人的口感和需求嗜好创新了一个品类,并创建了"香飘飘奶茶"品牌,冠名了浙江卫视的"我爱记歌词"节目,深受广大消费者的认可和喜爱。"香飘飘奶茶"一步一步成为杯装奶茶的代名词,推动了品牌的快速发展,先后建立了天津、成都等生产基地,年销售额突破40亿元,成功地把创新的品类塑造成了自己的"香飘飘奶茶"品牌。

第三节 品牌的价值

一、国家视角的品牌价值

1. 品牌是国家形象的代表

品牌不仅是一个企业开拓市场、战胜对手的有利工具,更是一个国家综合实力和整个民族财富的标志。民族品牌不仅代表着国家产业水平,而且代表了国家形象,承载着重构民族自尊心和自信心的历史责任。

据联合国工业计划署统计,世界上各类名牌商品共约8.5万种,其中发达国家和新兴工业化经济体拥有90%以上的知名品牌所有权,处于垄断地位,而我国拥有的国际知名品牌却寥寥无几。目前我国有220多类产品的产量居世界第一位,却少有世界水平的品牌,是典型的"制造大国、品牌小国"。在经济全球化时代,一个国家如果没有优秀的民族品牌,就可能永远充当他国的贴牌生产基地,耗费大量的人力、物力来赚取少得可怜的加工费。我国"十一五"规划把技术创新和品牌培育列为工业经济发展的两个亮点,表明培育国际品牌早已成为经济发展的重中之重。

2. 品牌与国民经济存在相关性

从英特品牌公司、福布斯(Forbes)等机构的全球最有价值的品牌及上市公司潜力排行榜来看，一个国家或地区的经济实力和地位，与品牌的多与寡、强与弱密切相关。在英特品牌公司与美国《商业周刊》联合发布的全球最具价值100品牌中，中国只有华为能稳定进入品牌排名榜，美国进入榜单的品牌超过50个。2020年全球100家科技企业品牌榜中，有16家中国企业品牌位列其中，与近年中国科技企业的高速发展一致。近年来，世界经济开始进入品牌竞争的时代，品牌对国家经济发展的贡献度也在不断提高，美国品牌所创造的价值占GDP的比重达60%，而中国名牌产品对经济增长的贡献率仅为25%。因此，培育品牌无疑是中国经济实现强大目标的关键路径。

二、企业视角的品牌价值

品牌是企业的无形资产。品牌对企业的根本意义在于其代表了很高的经济效益和经济实力，是企业未来发展的主要驱动力，是企业产品高附加价值的来源。一个知名品牌本身就是企业的一笔巨大的无形资产。

1. 创造市场和占有率

企业通过品牌获得对某一市场的占有权，并实现一定的市场占有率，包括通过品牌延伸开发新产品，进入新市场，获得顾客忠诚，冲破各个地区、国别市场的各种壁垒等，而这正是企业发展的战略目标。联合国工业计划署的一项调查表明，世界主流市场已被知名品牌瓜分；不足3%的知名品牌占有40%的市场份额，销售额超过50%，个别行业甚至超过90%。

2. 形成竞争防线

品牌的差别是竞争对手难以仿效的，它融多种差别化利益于一体，是企业综合实力和素质的反映。强势品牌能使企业长期保持市场竞争优势。对来自竞争对手的正面进攻，品牌资产筑起森严的壁垒；对于未进入市场者，品牌资产代表的品质及消费者对它的推崇往往会使竞争者放弃进入市场的想法。

3. 提供渠道方面的助力

强势品牌面临的来自渠道的压力较小。渠道人员往往更愿意与知名品牌打交道，他们知道如何让顾客获得知名品牌，否则他们会失去顾客。因此，强势品牌在争夺货架空间位置及取得渠道更好的合作方面都占据优势地位。

4. 获得更高的收益

美国的一项调查表明，领导品牌的平均获利率是位居第二的品牌的4倍。消费者在许多情况下愿意为购买名牌支付更高的金额。一方面，定价被作为质量的暗示认知，品牌资产所体现的品质支持更高的定价；另一方面，追求拥有名牌的满足感与优越感使消费者不介意支付更多。同时，品牌有利于提高顾客的忠诚度。美国学者瑞奇海德和塞斯1990年的研究表明，顾客忠诚度每提高5%，企业的利润就会提高25%~85%。

5. 应对环境变化

面对环境的变化，品牌资产为企业提供了更强的适应性与应变能力。当面对较高的通货膨胀、原料与能源短缺、消费者偏好变化、新的竞争者介入等环境变化时，凭借品牌资产强有力的支持，品牌与企业将因为有时间进行技术革新、重新定位、战略战术调整而度过危机。

6. 有助于企业的资本运营

企业融资、并购的关键是标明未来收益的经营资本的价值。除了企业的技术、人才、市场、运营模式等方面的因素外,企业的品牌资产是经营资本评估非常重要的因素。品牌是吸引投资、开拓市场的卖点,因为强势品牌的背后是强大的市场需求和顾客关系。

三、消费者视角的品牌价值

品牌使消费者的购买决策更容易,也更满意。消费者因此用三种方法回报品牌:购买产品、显示忠诚、支付较高的价格。

1. 获得自我认同和社会认同

自我识别(self-identity)的研究是后现代消费(postmodern consumption)最关键的决定因素。成功的品牌通常具有鲜明的个性和形象,通过使用某一品牌,消费者在内心实现了理想的自我,或者自我通过品牌在社会中彰显出来,被他人和社会所接受。消费者运用品牌建立了自己想要的理想形象。

2. 减少交易费用

消费者喜欢品牌,是因为品牌所构成的意义使之变成了一种较容易选择的方式,有助于消费者省下评判各种事物的时间。

在市场经济中,参与交易的买卖双方除了按商品价格支付货款外,为了完成交易还需支付的其他费用称为交易费用。交易费用包括搜寻商品信息(如比较价格、质量)和购买后可能发生的法律诉讼等费用。知名品牌凝聚着消费者选择商品时希望掌握的各种信息,是卓越产品、服务质量、企业信誉、高知名度和市场占有率等综合优势的象征,可以大大节省消费者选择商品所需的交易费用。

3. 减少认知不协调

消费者在进行一次较重大的购买之前或之后,都可能会感到不协调,常会问自己:"我买对了,还是买错了?"这种担忧往往会形成不协调的感觉。但如果买的是名牌产品,人们在购买时不仅可以用品牌消除自己的疑问,而且能感受到一种荣耀的自我满足。因此,品牌可以充当促进消费者做出购买决策的"润滑剂"。

复习思考题

1. 根据自己的理解阐述品牌的定义和功能特征。
2. 叙述品牌的内涵和核心价值。
3. 举例说明品牌的核心价值类型。
4. 简述品牌与产品、商标、品类的关系。
5. 品牌对于企业的意义有哪些?

案例分析

凝聚最大价值——戴比尔斯的爱情故事

戴比尔斯并不是公司创始人的名字,它来源于戴比尔(DeBeer)兄弟。1860年,戴比尔兄弟花50英镑买下了一个农场,由于是兄弟二人拥有,就在戴比尔的后面加了一个"s",称为戴比尔斯(DeBeers)农场。1871年,戴比尔兄弟变卖了这家农场,不久这片土地就变成了戴比尔斯和金伯利钻石矿。

戴比尔斯公司是由英国人塞西尔·罗德兹(Cecil Rhodes)开创的。1888年3月,戴比尔斯联合矿业有限公司在南非正式注册成立,从此开始在南非大规模开采钻石。

1929年艾内斯特·奥本海默(Ernest Oppenhaimer)就任戴比尔斯公司主席,先后汇集英美财团巨额资本,建立单一销售体系,购买了南非全部及世界各地大部分钻石矿山和加工厂,涉足从钻石的找矿、勘探、建矿山、开采、选矿直到销售的全过程。戴比尔斯公司在很长一段时间内进行全球80%的钻石交易,稳定了世界范围内钻石的购销和价格,带来了钻石生产商、钻石批发商和钻石市场的繁荣与稳定。

钻石作为一种稀有的矿产,一度成为贵妇人无聊时的装饰,只拥有在人群结构中占极小部分的高端市场。大萧条时期(1929—1939年),在生存与炫耀的选择中,人们本能地节衣缩食,钻石市场极度萎缩,戴比尔斯开始梦想改变钻石的"装饰"功能,扩大其消费者群体。恰逢公司要开拓美国市场,1939年,哈里·奥本海默为了打开美国市场,访问了纽约的艾尔广告公司(后来的智威汤逊公司),这家公司决定在美国的《读者文摘》上为戴比尔斯钻石做广告。1948年,艾尔公司的广告设计师弗朗西斯·格拉蒂女士提出了 A diamond is forever("钻石恒久远,一颗永流传")这句广告词,在准确涵盖钻石的特性之外,又成功地将钻石和人类的情感需求画上了等号,独一无二、坚不可摧、永不磨损的钻石与永恒不变的爱情结合起来,使钻石演化成了永恒爱情的象征,成为爱情坚贞的誓言、结婚的信物。

戴比尔斯为了扩大消费市场、扭转经济萧条的负面影响,创作了一个经典动人的爱情故事。沧海桑田,斗转星移,世上没有永恒的东西,唯有钻石——"A diamond is forever",所以只有钻石才能见证不知道是否永恒的爱情,如果他永远爱你,他会送你钻石。天底下所有女人都被这个故事迷住了。玛丽莲·梦露曾代表女人宣言:"手上的一吻多么令人陶醉,可是只有钻石才是姑娘们的至爱……"钻石由非必需的奢侈品变成了必需品,因为女人活着就为了爱情,爱情与生命同在。

事实上,这个故事利用一句广告语所取得的成功,源于对钻石核心价值的塑造,依靠的是钻石的昂贵特性。如果在广告语中仅突出钻石饰品的"时尚"特征,那它只会成为少数富有人群的专利,不可能真正进入大众的生活。但当戴比尔斯将钻石的坚硬、不变的特征与人们对于爱情的向往进行对接,从而将钻石饰品定位为"忠贞爱情的象征",使钻石和爱情画上了等号后,钻石也就真正进入了寻常百姓家中。20世纪60年代,80%的美国人开始选择钻石作为结婚信物。香奈儿女士曾说:"钻石以最小的体积,凝聚着最大的价值。"这个价值很大程度上来自这个动人的故事。

1993年,戴比尔斯旗下的国际钻石推广中心(DTC)将"A diamond is forever"翻译成"钻石恒久远,一颗永流传",也把这个故事引入中国。伴随中国国民收入的增长,钻石已经成为中国城市消费者中最流行的珠宝首饰,这个故事也得到了消费者的广泛认同。今天,结婚钻戒已成为婚饰销售的主打产品,购买结婚钻戒已成为一种时尚和传统。在北京、上海,钻石文化已经深入人心,80%的女性将其作为结婚信物;在中国其他城市,有50%的女性将其作为结婚信物。

不仅在大城市,在一些二线城市和乡村,钻石也改变着人们的婚庆习俗。以内蒙古呼和浩特市为例,过去蒙古族牧民婚庆喜用金饰,但由于戴比尔斯公司在城市以外的牧区大力宣传钻石的故事,牧民的婚庆习俗已开始改变。

戴比尔斯不断研究和创造消费者对于钻石的需求,切出了一块利润巨大的钻石市场,创造了钻石神话和历史,也使戴比尔斯几乎成为钻石的代名词。

钻石逐渐成为人们崇尚的一份情感、一种寄托、一种文化、一种理念,为戴比尔斯开发了一个巨大的市场,因而在半个多世纪的时间里,它都与戴比尔斯的名字联系在一起,成为戴比尔斯企业文化的象征。

案例讨论思考题

1. 戴比尔斯开发钻石故事的目的是什么?
2. 钻石的爱情信物价值来源于钻石的属性,你认同这种观点吗?
3. 从戴比尔斯钻石核心价值的塑造过程中,我们可以得到什么启发?

第二章 品牌管理模式

【学习目的与要求】
(1) 理解品牌管理的定义；
(2) 掌握品牌管理的内容；
(3) 了解品牌管理的历史发展；
(4) 理解各种品牌管理组织形式及其优缺点。

扩展阅读 2.1
品牌管理模式的生态演化与发展

品牌管理是一项既重要又复杂的工作。在品牌创建、维护和品牌资产提升过程中，企业面临市场环境、消费者需求和内部资源的变化，这些变化时刻影响着企业的品牌策略。进入 21 世纪后，市场日趋成熟，消费者对品牌的依赖度逐渐提高，品牌管理和品牌建设面临企业短期业绩与长远品牌塑造目标的挑战，以及内部管理与外部需求一致性的挑战。新媒体的出现使品牌传播方式和品牌价值塑造呈现新的特征，建立品牌与消费者的关系，建立品牌与消费者的互动平台成为品牌建设的新议题。在新的环境下，重温品牌管理公认的基本规律和值得借鉴的品牌管理经验，并通过学习、理解和探索这些规律和经验，重新塑造品牌管理的流程和内容，根据企业、行业、产品特点等具体情况，设置合理、高效的品牌管理的组织形式和运营机制，对实现品牌资产积累、扩大品牌影响、提高品牌效益具有重要的现实意义。

第一节 品牌管理的定义和内容

一、品牌管理的定义

与品牌管理非常接近的有关品牌的术语有很多，如品牌建设、品牌经营、品牌定位、品牌决策、品牌塑造等，它们都属于品牌管理的范畴，是品牌管理的一个方面或一个环节。真正的品牌管理是一个过程，在品牌管理的过程中，品牌价值增值是一条贯穿始终的主线。

品牌管理是管理者在企业战略引导下,建立品牌管理组织,围绕品牌塑造、品牌维护和品牌提升开展的一系列品牌活动,以实现树立良好的品牌形象、增进品牌与消费者的关系、维护品牌声誉、提高品牌价值的目的。

要理解品牌管理的定义,应着重关注以下几点。

1. 根据市场情况设置合理的品牌组织管理体系

品牌管理的主体是品牌管理者。品牌管理者需要建立品牌管理的决策机构、执行机构,配置相关层级管理人员,制定组织运行规则,构建品牌管理沟通渠道,承担品牌资源配置、品牌策划、品牌维护、品牌危机处理等职责,以提高品牌管理效率和效果为目标,实现品牌管理体系的高效运转。

2. 品牌管理以提高品牌资产为核心

品牌塑造、品牌维护和品牌提升是品牌管理的主要活动。活动以提高品牌价值为目标,进而持续提高经营绩效。在品牌策划和活动中,应注重品牌决策分析、品牌活动分析、品牌与消费者的关系分析,提高品牌知名度和品牌忠诚度,强化品牌联想,树立品牌形象等。品牌管理针对消费者的心理规律,建立品牌与消费者的互动。

3. 品牌管理是一个持续创新的过程

品牌管理的主要活动包括品牌定位、品牌文化、品牌传播等。品牌活动要针对消费者的心理需求,把握消费者的心理动态。消费者的心理需求随收入水平、身份地位的提高、社会环境的变化而变化,所有的品牌活动都需要适应这些变化,并根据这些变化进行活动创新,这样品牌活动才能有效果。信息化时代的品牌传播路径日新月异,品牌策划活动需要遵循一定的流程,并针对信息化的要求推进品牌管理模式创新、组织创新和管理机制创新,才能更好地实现品牌管理的目标。

二、品牌管理的内容

品牌塑造、品牌维护和品牌价值提升是在企业战略引导下进行的,品牌战略是企业战略的重要组成部分。在企业战略指导下,品牌战略按其管理流程的步骤逐渐深化,并逐步积累品牌资产。品牌管理的内容也伴随着管理流程的步骤逐渐展开。

美国品牌管理学家凯勒教授在其经典著作《战略品牌管理》中把品牌管理的内容概括为涉及品牌创建、评估及管理品牌资产的营销规划与活动的设计和执行,提出了战略品牌管理流程的四个步骤:①识别并确立品牌定位和价值,包括心理地图、品牌定位、竞争性参照框架、品牌共同点和差异点创建、核心品牌联想、品牌精粹等;②规划并执行品牌营销活动,包括品牌元素的组合与匹配、品牌营销活动的整合、提升品牌次级联想等;③评估和诠释品牌绩效,包括品牌价值链、品牌审计、品牌追踪、品牌资产管理系统等;④提升和维系品牌资产,包括品牌组合架构、品牌延伸战略、品牌-产品矩阵、品牌强化和激活等。

我们根据品牌管理咨询和品牌策划实践,吸收国内外品牌管理专家的科研成果,结合本科生和研究生教学管理的目标和要求,把品牌管理的内容分为品牌概念、品牌塑造、品牌经营和品牌提升四个部分(如图2-1所示)。品牌管理四个部分的内容与管理流程相互协同,管理活动相互交叉、相互渗透,构成品牌管理的内容体系。

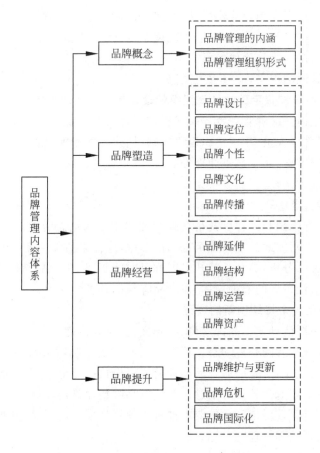

图 2-1　品牌管理的内容及逻辑关系

首先,在品牌塑造过程中,给品牌起一个消费者容易记忆、联想的名字,设计一个色彩搭配合理、视觉冲击力强的标识,根据产品属性制造或创造对消费者有很强感染力的核心价值,确定一个有利于占据消费者心理的定位,提炼一个鲜明的个性,塑造品牌文化,通过广告策划把这些品牌元素传递给消费者,让消费者接受这个品牌,引导消费者产生喜爱情绪和积极响应,引起消费者的积极联想和共鸣。

其次,围绕品牌的核心价值,明确品牌资产组成的显性要素和隐性要素,与消费者进行深度沟通。在品牌认知的基础上,提高品牌知名度和忠诚度,丰富品牌联想。根据品牌资产的目标要求,逐渐积累品牌资产,建立品牌资产的评估体系,科学评估品牌资产,在消费者和社会公众中树立品牌形象。同时,关注消费者需求变化,进行品牌维护和更新,设计品牌危机管理预案,确保品牌稳定发展。避免因品牌盲目延伸、质量下降、过度广告和过度价格战引起品牌危机,做到防患于未然。

最后,在品牌提升的过程中,要充分利用品牌建立和品牌资产价值的积累成果,根据市场变化和产品生命周期,适时进行品牌延伸,合理设置品牌结构,优化品牌与产品的关系,合理安排品牌授权和特许经营,通过品牌并购、整合,实现品牌的资本运营,推动品牌的国际化进程。

第二节　品牌管理的组织形式

品牌管理并不是大企业的专利,小企业也可以通过与客户沟通、交流感情等方式提高客户的重复购买率。只是企业的品牌管理活动有的是在组织框架下有组织进行的,有的却是业主的业余活动,因此虽然企业都开展涉及品牌管理的工作,但其组织形式却存在差异。事实上,品牌管理的组织形式根据品牌的成长阶段、企业规模等因素呈现不断变革的倾向。当一个小企业只有一个品牌时,品牌管理相对简单,品牌管理的组织形式也相对简单;当一个大企业有众多品牌时,品牌管理就需要有一个组织负责品牌管理的协调工作,避免在与外部竞争时造成有损品牌形象的结果。同时,多个品牌间的传播活动也需要协同行动,这也是权衡投入与效益的选择。以下介绍几种常见的品牌管理组织形式。

一、业主负责制[①]

针对公司规模小、管理人员少的创业阶段的企业,在培育品牌的过程中,业主直接负责品牌决策、品牌沟通、品牌定位和传播的组织实施工作,是一种高度集权的品牌管理组织模式。这种制度在20世纪20年代以前是西方企业品牌管理的主流形式,因为企业规模小,品牌经营还比较简单,仅靠高层管理者个人就能应付。例如,福特汽车公司的亨利·福特、麦当劳餐厅的雷·柯洛克、可口可乐公司的坎德勒等在创业之初,都把品牌的创建和发展作为毕生的使命,亲自参与品牌决策的制定和活动组织。我国的中小企业也多采用这种品牌管理形式。

业主负责制的优点包括:①决策迅速,能方便地整合资源,根据市场状况和消费者需求迅速确定品牌定位,并传播到消费群体中。在整个过程中,业主能有效整合企业资源和个人资源来实现品牌管理目标。②能为品牌注入企业家精神,使品牌具有鲜明的企业家个性。业主是企业的主人,也是品牌管理的执行人,业主的执着、热情、诚信等个性很容易被消费群体接受,使品牌具有鲜明的个性。

业主负责制的缺点包括:一旦企业规模扩大,业主要承担企业众多的管理工作,个人已无精力再处理所有与品牌相关的事宜,品牌管理权限产生了分化。

二、职能管理制

职能管理制是将品牌管理的职责分配到各个职能部门中的一种品牌管理组织模式。例如,企划部门负责品牌规划工作,市场部门承担品牌调研工作,宣传部门承担品牌传播推广工作等。职能管理制是品牌管理工作分化的结果,当企业发展到一定规模后,企业高层管理者把精力重点放在战略、人事、财务等领域,品牌管理工作由职能部门承担。20世纪20—50年代,职能管理制非常普遍,至今在我国还有很多企业采用这种品牌管理模式。

职能管理制的优点包括:①使高层管理者摆脱了品牌具体事务,可以分身出来做其他

---

① 何佳讯.品牌形象策划[M].上海:复旦大学出版社,2000:147-154,有删改。

重大的战略决策;②将专业化的职能分工和科学管理引入品牌管理中,使品牌可以在更复杂的环境下成长。

职能管理制的缺点包括:①各职能部门属于平行机构,缺乏一个上级领导进行有效的协调和沟通,容易出现扯皮和推诿现象,产生品牌管理的"真空";②缺乏一个强有力的部门之间的协调人,各职能部门承担多项工作,不一定把品牌作为部门的重要职能,容易在与市场和消费者的衔接中出现失误或误判。

按终端客户需求层次不同,把市场划分为多个层次,如电脑设备既卖给个人消费者也卖给企业用户,还卖给学校、机关等政府机构,这种按不同需求和购买行为或产品偏好划分客户类别的做法,使一个新的组织——客户管理中心应运而生。客户管理中心为解决职能制各职能机构缺乏协调沟通这一问题提供了一种新的选择。这种顾客驱动型的组织也为品牌管理提供了一种新的组织形式——客户品牌管理模式。

客户经理负责制是一种以客户为中心的品牌管理模式,客户经理主要负责市场的长期计划和年度计划,分析客户的动向,分析公司应向客户提供什么新产品,然后协调公司各职能部门实现品牌管理计划。他们的工作成绩常用市场份额的增长进行评估,而不是看其市场现有的盈利状况。这种组织形式的最大优点是,其管理活动是按照满足各类不同的顾客需求来组织和安排的,而不是集中在营销功能、销售地区或产品上。

三、品牌经理制

品牌经理制最早出现在1931年的宝洁公司,是为每一个品牌设置一名经理,以全面负责品牌创建、维护和提升的一种品牌管理组织形式。

(一)品牌经理制的起源

尼尔·麦克尔罗伊是世界上第一位品牌经理。1923年,宝洁公司推出第二个香皂品牌"佳美",但销售业绩一直不尽如人意。麦克尔罗伊发现,"佳美"的广告及市场营销都过于"象牙"皂化,不同程度上成了"象牙"皂的翻版。作为宝洁的第一个香皂品牌,"象牙"自1879年诞生以来,通过印刷广告等形式已成为消费者心目中的名牌产品,销售业绩一直很好。而"佳美"与"象牙"面对同一个消费群体,又被规定"不允许与'象牙'进行自由竞争",自然成为宝洁公司避免利益冲突的牺牲品。1930年,宝洁决定为"佳美"选择新的广告公司,并向这家广告公司许诺,绝不为竞争设定任何限制。这之后,"佳美"的销售业绩迅速增长。于是,麦克尔罗伊萌发了"一个人负责一个品牌"的构想,并于1931年5月31日起草了一个具有历史意义的文件——"品牌管理备忘录"。麦克尔罗伊的品牌管理法得到了以醉心改革创新而闻名的宝洁公司总裁杜普利的支持,从此宝洁公司以"品牌经理"为核心的营销管理体系逐步建立。对此,美国《时代》杂志称赞道:"麦克尔罗伊赢得了最后的胜利。他成功地说服了他的前辈们,使宝洁公司保持高速发展的策略其实非常简单——让自己和自己竞争。"

(二)品牌经理制的内容

品牌经理制的主要组织形式就是一个品牌配备一个品牌经理。品牌经理是品牌管理业务的主要负责人,他要负责协调企业各职能部门以及职能部门与市场、消费者之间的关系。

品牌经理的具体任务包括:①分析研究消费者、竞争者和市场环境,制定品牌管理具体方案;②制订品牌年度营销计划、预算和销售额预测;③确定广告和销售代理商,共同策划广告方案和宣传活动;④激励品牌的销售队伍和经销商,获取他们的支持;⑤不断收集市场上有关客户、经销商、竞争者等方面的信息,不断寻找新问题和新机会;⑥制订产品的改进和创新计划,以适应不断变化的市场需求。

一个大的品牌除品牌经理外,组织中还要有几名品牌经理助理,以及财务、研发、制造、市场、销售等各职能部门的人员。品牌经理直接向公司的营销总监或总经理负责,承担品牌几乎全部的管理与运营责任。品牌经理制是一种矩阵式管理:一方面,品牌经理要通过自己的品牌职能小组关注外部市场变化和消费者需求变化,把控外部信息与企业职能部门协调沟通,并适时做出决策,执行调研、规划和协调的职能;另一方面,又要关注品牌销售状况的变化,以及品牌产品的利润率等效益指标,同时还要把市场信息及时反馈给产品设计、生产和市场营销部门,确保品牌产品适应市场需求并持续发展(如图 2-2 所示)。

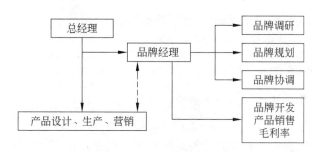

图 2-2　品牌经理制管理模式

宝洁的品牌管理系统已经被全球很多企业继承和演绎,法国的娇兰公司,美国的强生公司、福特公司和通用公司等都先后采用了这一管理模式。近年来,广东健力宝、江苏森达、上海家化等我国知名企业也相继采用了这种品牌管理制度。

品牌经理制要求品牌经理具有高超的协调能力:一方面,要与内部各部门协调沟通,得到它们的理解、信任和支持;另一方面,要与经销商、广告代理商、消费者和社会公众进行沟通和协调。因此,品牌经理应具有较强的耐心和领导能力,以及较强的控制能力。品牌经理必须衡量计划的执行结果是否与计划存在重大的偏差,然后决定是否采取行动纠正偏差或进一步改进计划。

(三)品牌经理制的优缺点

品牌经理制的优点包括:①为每一个品牌设置了专职管理者,负责品牌分析、规划和执行等全过程,从而为品牌的成长提供保障;②品牌经理为品牌建设进行了有条不紊的安排,从而增强了各职能部门的协调性;③品牌经理制强化了与企业内部和外部的沟通,有利于形成以消费者为中心的品牌模式,培养消费者的偏好和忠诚;④为企业培养了高级的综合管理人才。品牌经理制的提出者麦克尔罗伊后来升任宝洁公司总裁。

品牌经理制的缺点包括:①对品牌管理人员的素质要求很高,品牌经理必须能够全面应付品牌管理的各项工作;②品牌管理费用过高,由于同一企业的每个品牌都需要独立投入,会造成重复建设、资源内耗等现象。

品牌经理制开创了品牌管理的新模式,与以前的品牌管理模式存在明显的不同(如表2-1所示)。

表2-1　品牌经理制与传统做法的比较

项　　目	传统做法	实行品牌经理制后
产品开发	工程师考虑最多的是竞争,而非顾客	品牌经理与工程师们共同努力,确保产品满足消费者需要
产品定位	相似产品争夺同一消费群体	每个品牌的产品必须明确自己的位置
市场营销	由不同的人来分管广告、定价和计划	一个人对某种产品的营销全权负责
产品形象	也许每年都会改变产品	一个连续的主题
承担责任	个人对某一产品的成败不负责任	品牌经理的收入与产品的成败挂钩

近年来,尽管品牌管理的组织形式也有所改变,但主导思想和模式与品牌经理制联系紧密,或者可以说是品牌经理制的完善和发展。

四、品类经理制

品牌经理制使宝洁成为营销实力最强的企业,但20世纪80年代后期,品牌经理制的弊端逐渐显现出来。品牌数量过度膨胀,不仅造成了资源的分散和浪费,而且影响企业的有效经营。宝洁开始探索是否有更好的品牌管理组织形式,品类经理制应运而生。

品类经理制是从品牌经理制演变而来的,也称为品牌事业部制,是指为多个品牌构成的一个产品类别设置一名经理,由其负责该品类的管理和盈利。品类经理制与品牌经理制本质上是一样的,都是设置专职管理人员来负责品牌管理,而且都是由各职能部门人员共同组成的一种矩阵式管理组织形式;不同之处在于品牌经理制是负责一个具体品牌的管理,而品类经理制是负责几个同类产品的品牌管理。例如,纳贝斯克公司就实行了品类经理制,该公司设有三个饼干种类管理小组,分别负责成人浓味饼干、营养饼干和儿童饼干的品类管理。每一个品类小组由来自财务、研发、制造和销售部门的专家构成,在一定程度上整合了公司内部的资源,近似于独立的盈利单位,对该品类的成长负全责。

品类经理制的优点包括:①能够协调品类内各品牌的关系,整合各品牌的优势,避免品牌经理制存在的资源内耗和重复建设问题;②充分利用品类经理的行业专业优势,提高管理效率。缺点是各品类之间缺乏整合,依然存在公司整体品牌形象不统一、不鲜明等问题。

五、品牌管理委员会制

21世纪初,一些跨国公司的品牌管理组织又演变成一种新的模式。这种模式称为品牌管理委员会制,由高层管理者直接担任品牌负责人,各职能部门和品类的负责人担任委员,注重各品类及各职能的协调。这种组织形式以一个战略性的品牌管理部门或人员来弥补品牌经理制和品类经理制的不足,是在品类经理制的基础上,在管理高层加了一个品牌管理委员会。

品牌管理委员会的主要人员构成包括:企业的主管副总、品牌管理委员会委员(通常由各主要职能部门负责人担任)、品牌项目负责人、品类经理、品牌经理、技术人员、营销人员、财务人员等。此外,还要聘请品牌方面的专家学者作为"外脑"。一些企业设置了首席品牌官(chief brand officer,CBO)一职来主持品牌管理委员会的工作。

品牌管理委员会的职责和具体工作包括:①制定品牌管理的战略性文件,规定品牌管理与识别运用一致性策略方面的最高原则;②建立母品牌的核心价值及定位,并使之适应公司的文化及发展需要;③定义品牌架构与沟通组织的整体关系,并规划整个品牌系统,使公司每一个品牌都有明确的角色;④品牌延伸、提升等方面战略性问题的解决;⑤品牌体检、品牌资产评估、品牌传播的战略性监控等。①

具体的品牌管理工作包括:①及时为决策层提供品牌信息;②申请注册商标;③设计或参与设计品牌;④研究竞争对手的品牌特点与竞争战略;⑤监控品牌运营;⑥加强品牌知识培训;⑦打假护真;⑧管理商家档案;⑨管理品牌标识的复制、领用与销毁;⑩处理品牌纠纷、开展品牌更新工作等。

GE、惠普、3M等公司成立了品牌管理委员会,其主要职责是建立整体的品牌战略,确保各事业部品牌之间的沟通与整合。

品牌管理委员会制的优点包括:①能够有效协调各品类之间的关系,统一企业整体形象;②能够有效协调各职能部门之间的关系,因为各职能部门的主管都是该委员会的委员;③有助于建立全员品牌导向,因为品牌管理委员会处于公司的高层位置,对整个公司都有管理权限。

品牌管理委员会制的缺点包括:①高层管理者身居高位,对各品牌、品类的一线市场了解不足,难免出现一些决策过于主观的问题;②对高层管理者的品牌管理水平要求高,高层管理者并不等同于品牌的专业管理人士,在做决策时难免会犯一些非专业的错误。

复习思考题

1. 阐述你对品牌管理的理解。
2. 简要叙述品牌管理的流程和内容。
3. 简要叙述各种品牌管理模式的优缺点。
4. 品牌经理制与以往的品牌管理有何不同?
5. 为什么说品牌经理制中的品牌经理必须有很强的协调能力?

---

① 李业.品牌管理[M].广州:广东高等教育出版社,2004:75.

案例分析

宝洁公司开创"品牌经理制"

一、背景资料

全球最大的日用消费品公司之一宝洁公司在70多个国家设有工厂和分公司,其经营的300多个品牌的产品(包括食品、洗涤用品、肥皂、药品、护发及护肤品、化妆品等)畅销140多个国家和地区,年销售额超过380亿美元。在《财富》杂志评选的全美500家最大工业服务业企业中,宝洁排名第19位,并连续9年被《财富》杂志选为最受仰慕的公司。

宝洁成功的原因何在?除了1837年创立以来一直恪守产品高质量原则外,独特的品牌管理系统也是其获得成功的重要因素之一。宝洁公司品牌管理系统的基本原则是:让品牌经理像管理不同的公司一样管理不同的品牌。宝洁的管理系统是品牌管理的鼻祖,也是其他运用品牌管理系统的公司的楷模。

1931年,负责佳美品牌促销及与广告公司日常联系工作的尼尔·麦克尔罗伊发现,由几个人负责同类产品的广告和销售不仅会造成人力与广告费用的浪费,更重要的是容易让顾客留下顾此失彼的印象,宝洁需要一个与其市场相匹配的特别的管理系统。于是,他提出了"一个人负责一个品牌"的构想,并于1931年5月31日起草了一份具有历史意义的文件。他在文件中详细列出了品牌经理、助理品牌经理和"调查人员"(绝大部分时间都在商场里调查促销情况者)的工作职责,并写道:品牌经理应能够把销售经理工作的大部分接过来,使销售经理能将主要精力放在销售产品的工作上。

麦克尔罗伊的品牌管理法得到了以醉心改革创新而闻名的宝洁公司总裁杜普利的赞同。品牌管理系统对当时的美国工业界来说是一个全新的概念,在此之前没有任何一家美国公司鼓励旗下的品牌相互竞争。

二、品牌经理制评析

1. 宝洁进行品牌经理制变革的组织基础、环境背景是什么?

从营销组织理论的角度看,宝洁进行品牌经理制创新的表象原因是"佳美"品牌产品的市场开发与拓展一直维持在非常窘迫的地位并与自身传统名牌产品"象牙"皂存在严重冲突。营销组织结构设计必须遵从营销战略。对企业而言,产品线的多元化调整意味着它必须重新审视自身旧有的行事方式是否依然可行。由于"佳美"品牌与"象牙"品牌在营销策略上相雷同,而且不被允许进行哪怕是合理的内部竞争,沿用旧有的组织结构只能导致持续的冲突,并抵消"象牙"皂传统的名牌效应。因此,如果企业的这一产品开发决策是正确的(后来的事实证明这一决策是正确的),那么必然要对原有的组织进行改造。

事实上,由于组织架构的缺陷,宝洁员工分工不明确也确实严重地影响了自身的工作效率与效果。只有通过组织创新才能解决品牌之间的冲突,其深层原因还在于,营销组织结构同样影响着组织成员如何感知环境。对此,营销大师列维指出,如果营销的成功取决于竞争的差异化,那么这种差异化就可能建立在包括营销组织结构在内的任何因素上。

2. 为什么品牌经理制之后,该产品能够摆脱以往的困境?

宝洁实施品牌经理制之所以获得成功,首先,传统上职能形式的营销使各职能部门竞相争取预算,而又不对产品的市场负责任;实施品牌经理制后,营销部门的各分支部门、各员工都明确了自身的职责分工,有利于绩效考核,促进员工的工作积极性。对品牌经理来说,他开始以类似"总经理"的身份对所负责产品的全面市场表现负责,在搞好品牌的观念驱动下,品牌经理必须学会与公司其他部门沟通,寻求与职能部门间的良好合作,使企业资源能更高效地为企业经营绩效服务。

其次,宝洁品牌经理制的精要就是让旗下的品牌相互展开竞争,而这对当时的美国工商业来说是一个全新的概念。从此,宝洁公司的营销理念和市场运作方法发生了改变,以品牌经理为核心的营销管理体系逐步建立。

再次,由于组织行为与维持这些行为所建立的组织结构、组织系统和组织过程紧密联系在一起,因而品牌经理制的实行在企业内部引入了适当竞争的同时,也促进了企业创造良好品牌及维护与顾客之间良好关系的努力,从而能够强化企业的市场导向观念、提升企业的顾客服务意识与营销思维。而这一点在当时总体"供不应求"的营销环境下,是一种重大的、前瞻性的伟大创新。

3. 品牌经理制是一帖万灵的神药吗?

品牌经理制已成为国际市场上一种成熟的、充满竞争力的营销制度,有许多值得国内企业借鉴的内容,如思想、组织、职责划分等。但品牌经理制度不会产生立竿见影的效果,也不普遍适用于所有的企业,它取决于企业的经营规模、产品特点、文化背景等,并需要一定的时间才会取得较大的进展。

当前,市场竞争在不断加剧,国内市场国际化日益明显。经济全球化步伐不断加快,只有掌握先进的而且适合自己的管理体系,创造性地提高品牌的国际竞争力,才能在未来的竞争中立于不败之地。

资料来源:https://wenku.baidu.com/view/f1218739f48a6529647d27284b73f242326c315c.html.

案例讨论思考题

1. 品牌经理制产生的组织基础和历史背景是什么?
2. 在追求差异化竞争的当代,品牌经理制给予我们什么启示?
3. 结合正文中品牌经理制的内容,谈谈你对品牌经理制的看法。

第三章 品牌设计

【学习目的与要求】
（1）理解全球知名品牌的命名策略；
（2）理解品牌命名的原则、策略、流程；
（3）理解品牌标志设计的原则、种类；
（4）了解品牌其他标志要素的设计。

扩展阅读 3.1
年轻人为何热衷国潮？

根据戴维森的品牌冰山理论，品牌名称、标志等显性因素只占15%，而核心价值、个性、文化等隐性因素占85%。但是，在品牌管理领域，业界普遍认为品牌名称、标志等显性因素是打造品牌的关键。一方面，名称和标志、广告语等可以成为核心价值、个性、文化的载体；另一方面，从心理学的角度看，好的品牌名称和标志能够在第一时间抓住消费者的眼球，形成先入为主的记忆。在信息时代，"注意力经济"的提法得到了学术界和实业界的高度认可，注意力就是生产力。

孔子曰："名不正则言不顺，言不顺则事不成。"《汉书》称："兵出无名，事故不成。"广东也有一句谚语："不怕生坏命，就怕取坏名。"心理学家的测试实验表明，人们凭感觉接受外界信息，83%来自视觉，11%来自听觉，3.5%来自嗅觉。名称与标志是刺激视觉神经、听觉神经的主要元素。

因此，品牌名称与标志及其他元素的设计不仅要满足人们的听觉和视觉需要，而且要吸引消费者的注意力，便于品牌的传播，增加消费者的品牌联想。品牌设计是品牌管理的一项基础工作，对其他品牌管理工作起着重要的作用。

第一节 品牌命名策略

根据何佳讯提出的品牌设计符号结构和原则[①]，品牌命名策略分为品牌名称的来源、品牌命名原则与策略、品牌命名的程序三个部分。

---

① 何佳讯. 品牌形象策划[M]. 上海：复旦大学出版社，2000：241-251，有删改。

一、品牌名称的来源

历史上品牌名称的来源主要可分为六类,即以创始人名字命名、以产地命名、现成词的变异组合、虚构或杜撰、首字母或数字以及直接来自词典上的现成词等。

(一)以创始人名字命名

以创始人的名字命名品牌在品牌的发展史上较为常见。当欧洲手工作坊主把自己的名字利用各种方式标在自己的产品上,用自己的名字或人品担保产品的质量,以赢得消费者的信任并购买时,就出现了人类史上的品牌商品。法国最早报道品牌商品的文章说:"消费者可以完全相信那些印有生产者自己名字的商品的质量,因为我们很难想象,哪一位生产者敢用自己的名字开玩笑。"后来,用创始人的名字命名成为一种通用做法。有的创始人不但以自己的名字作为品牌,还把自己的经历撰写成传奇故事,使品牌注入了文化元素。从知名的品牌中我们也可以看到许多这样的例子。例如,雀巢(Nestle)咖啡得名于创始人亨利·内斯特(Henri Nestle)、派克(Parker)笔得名于创始人乔治·派克(George Parker)、阿迪达斯(Adidas)球鞋得名于创始人阿道夫·达斯勒(Adolf Dassler)的小名 Adi 加上姓的前三个字母 das 的组合、福特汽车得名于创始人福特等。但以人名命名很容易被抄袭,而且要阻止别人用他们自己的名字为产品取名也是很困难的。

尽管以创始人的名字命名是一种古老的方式,然而目前在某些产品领域(如服饰、时装),用设计师的名字命名也不鲜见,如洗发水品牌"沙宣"(Vidal Sassoon)就是用富有传奇色彩的美发造型师的名字命名的,该品牌洗发水的营业额在 10 年间暴增了 12 倍。我国著名体操运动员李宁退役后创建的李宁牌运动装很快成为行销全球的运动服装品牌。在品牌命名实践中,以创始人名字命名的方法在应用上也会发生变化。例如,贾国龙创建的西贝莜面村品牌,"西贝"是由他的姓氏"贾"分拆而来的。

(二)以产地命名

以产地命名是凭借地区的独特资源和历史文化,用地名作为产品品牌的名称,标志产品的唯一性并区别于其他竞争者。国际上的原产地保护政策为这种方法提供了更强的品牌排他性,所以用地名作为品牌名称的方法一直受到企业的推崇。例如,肯德基炸鸡来自美国肯塔基(Kentucky)州、麦斯威尔咖啡出自一家名为 Maxwell House 的高级旅馆、依云(Evian)是来自法国 Evian 小镇的矿泉水、青岛啤酒出自青岛、贵州茅台酒出自贵州茅台镇等。

(三)现成词的变异组合

现成词的变异组合往往蕴含产品功能或性质。例如,百事可乐(Pepsi)来自英文单词 pepsin(胃蛋白酶);金霸王(Duracell)电池是由 durable(持久的)加 cell(电池)组合而成;劲量(Energizer)即电池给你能量(energy);雷朋太阳眼镜(Ray Ban)的功能是抵挡(ban)光线(ray),其广告口号是 Ray Ban Bans Rays;华为是由中华和有为组合而成的,寓意中华有为。红色在中国寓意喜庆,太阳给人类带来了温暖和阳光,按行业不同有十几种产品或业务用红太阳给品牌命名。

（四）虚构或杜撰

虚构和杜撰能产生最具特色的名字。例如，柯达（Kodak）是其创始人乔治·伊士曼（George Eastman）杜撰的，因为他想要以一个不寻常的字母开头并结尾。泡舒（Paos）洗洁精是将 soap（肥皂）反写而得。日本的索尼（Sony）和中国的海尔（Haier）、海信（Hisense）、联想（Lenovo）都是企业为特定的目的，组织人员创造的新名词，都成了世界知名品牌。

（五）首字母或数字

利用首字母命名品牌也十分流行。例如，IBM 和宝马（BMW）分别是公司名称 International Business Machine 和 Bayerische Motoren Werke 的字头缩写。中国的 TCL 是生产电话机起家的，TCL 是 Telephone Communication Ltd 的缩写，后来因企业发展需要，TCL 将其寓意改为 Today China Lion，意思是今日中国雄狮。数字作为品牌的例子也很多，如我国的 999 药业等。

（六）直接来自词典上的现成词

可以选用名词、形容词、动词等，可以是有关动物、植物，也可以是自然现象或自然景观，如汰渍（Tide，潮汐）洗衣粉、帮宝适（Pampers，溺爱）纸尿裤、中国一汽集团的红旗牌轿车、小米手机、长虹电视、莲花味精，还有太阳神、熊猫、天猫等。有些西方企业还会使用希腊、罗马神话中的神及一般的事物名称等。例如，Nike（耐克）是希腊神话中的胜利女神；Aphrodite 香水是以爱神 Aphrodite 命名的。在中国传统文化中，诗词受到广大群众的普遍喜爱，吟诗作词成为文化时尚，诗词具有广泛的传播能力，因此成为品牌名称的重要源泉。例如，楼外楼出自名句"山外青山楼外楼"、百度出自"众里寻他千百度，蓦然回首，那人却在灯火阑珊处"、中国电信的天翼品牌出自《庄子·逍遥游》"伟大哉横河鳞，壮矣垂天翼"等。

上述命名方法对品牌命名有许多启发，有些思路和方法仍然具有重要的现实意义和应用价值，但它们不能成为指导企业或产品品牌命名的全部内容。一方面，现在的市场和竞争形势、信息和传播环境与上述名牌诞生时的情况相比已发生了天翻地覆的变化；另一方面，上述名牌的成功经历了长时间的传播投资和经营努力，而今天的市场竞争形势已不允许我们长时间等待。因此，品牌命名也应该与时俱进，要在掌握命名原则的基础上，使名称和设计对消费者的视觉和听觉更具冲击力。

二、品牌命名原则与策略

品牌名称要使消费者感到新颖，通过听觉和视觉的冲击力，让消费者能够迅速记住品牌。有时品牌名称还要成为产品功能、个性、价值和文化的载体。企业要在一开始就确定一个有利于传达品牌发展方向和价值意义的名称。首先应把握品牌命名的总体原则。香港浸会大学学者 Chan 和 Huang 在深入研究的基础上，提出了一个清晰的原则结构。如

表 3-1 所示,该结构由三大部分组成。

表 3-1 品牌命名的三大原则

市场营销	• 产品利益的暗示或目标市场暗示 • 具有促销、广告和说服的作用 • 描述性、具象性强,适合包装 • 与公司形象和产品形象匹配
法律	• 在使用中具有法律的有效性 • 相对于竞争的独一无二性
语言	• 语音的要求 ——容易发音 ——当读到或听到时令人愉快 ——当商品出口时能在所有的语言中以单一方式发音 • 语形的要求 ——简洁与简单 • 语义的要求 ——肯定的,而非令人感到不悦、淫秽和消极 ——现代感和当代性,始终适用 ——容易理解和记忆

资料来源:何佳讯. 品牌形象策划[M]. 上海:复旦大学出版社,2000,有删改。

(一)市场营销原则与命名策略

1. 产品利益暗示或目标市场暗示

如果品牌能暗示产品的利益、场地或成分等特征,则可以提高传播效率。例如,农夫山泉暗示了水的产地和品质;鲜橙多暗示了饮料的成分和可信度;养生堂暗示了其产品的功能;可口可乐(Coca-cola)暗示饮料"可口"又"可乐",也暗示产品中含有古柯的叶子和可乐果实的成分;威力洗衣机从营销的角度给消费者一定的暗示。有的产品名称直接暗示目标市场,比如太太(口服液)、白领丽人(化妆品)、飘柔(洗发水)暗示了消费者群体,百度、Bing(有求"必应")暗示要在网上搜索人物或内容,百度和 Bing 可以帮助你寻找到相关的路径和内容。

2. 利用文化内涵打动消费者,产生广告促销和说服作用

首次购买的消费者往往冲着品牌的名字。例如,中国的红豆(服饰)品牌,让人自然地联想起唐代大诗人王维的《相思》一诗:"红豆生南国,春来发几枝。愿君多采撷,此物最相思。"红豆在中国传统文化中含有浓郁的挚爱、思念、吉祥、幸福等多层含义,因而能适应多层次消费者的心理需要,自然对产品有促销力;七彩云南是一个十分雅致的品牌名称,云南盛产玉石,宝石的颜色与自然风景相映生辉,使人想到了毛泽东的一首词句"赤橙黄绿青蓝紫,谁持彩练当空舞",中国人的思念和怀旧,无疑增加了对品牌的信任,具有广告促销和说服作用。

国外也不乏利用文化元素命名打动消费者的案例。Poison(毒药)是法国迪奥(Christian Dior)公司于 1985 年推出的一个香水品牌。该品牌最初在法国上市时,巴黎一家大型百货公司每50秒就售出一瓶,反响极为强烈。为何一个原意为"毒药"的名称却大受女性欢迎?这是西方女性解放、独立意识增强的反映。这个名称触动了法国女性内心深处充满梦想、希望自己超凡脱俗、寻求冒险刺激、与传统女性温柔和娇艳角色背叛的心理需要。正如某女士所说,"我希望使用此香水后,所有与我接近的男人都中上我的毒",真是一语道破天机。与Poison一样,1977年圣罗兰(Yves Saint Laurent)大胆推出形象妖艳的OPIUM(鸦片)香水,世界女用化妆品市场上刮起了一阵"毒药"风,接连诞生了Tigress(雌虎)、Savage(野蛮)等品牌。

3. 具象性强,适合包装

具象性强的名称容易在传播中进行描述,不但容易记忆,而且容易产生联想。例如,旺旺、金嗓子、洁银、健力宝等,直接用人们所熟悉的动物、植物、地名等命名。名称支持标识物,具象性较强,如苹果(电脑、牛仔裤)、布谷鸟(服装)、长城(电扇、挂毯)、亚马逊(网上书店)、狗不理(包子)、椰树(椰汁)、熊猫等动物、地名、水果、植物名称,也容易在包装上标明标识物;描述性、具象性差的名称就得不到这样的效果。

4. 与公司形象和产品形象匹配

例如,养生堂非常匹配从事健康事业的企业形象,威力品牌非常适合洗衣机的产品形象,椰树品牌非常适合椰汁饮料的产品形象,健力宝、脉动非常适合运动后快速补充能量的功能饮料生产企业的形象等。

(二)法律上的合规性与独特性

1. 名称应该容易注册商标

品牌名称注册后,商标拥有者就具有了独享的权利,并受到法律的保护,未经其同意或授权,任何使用该商标名称者都可被视为侵权。如果名称已经被注册或不符合注册要求,就要重新起名字,避免"搭便车"等行为引起的法律纠纷。

2. 竞争的独一无二性

品牌名称要独具匠心,突出鲜明的个性,使其在众多的品牌名称中独一无二,让人过目不忘,从而具有较强的竞争性。据一份资料介绍,全国取名为长城的产品(企业)有200多个,此外像东方、新世纪、新天地之类的名称被广泛使用。尽管这些名称使用于不同的行业或不同的产品类别而被法律所许可,但显著性却大打折扣。品牌名称越具个性,就越具竞争力,如三枪、脉动、尖叫等就因其独特性和鲜明的个性联想而具有较强的竞争力。

(三)语言要求与命名策略

1. 语音的要求

首先,要容易发音。一般中文命名中双音节比单音节更受欢迎,第二个音节用升调发音比较容易也比较动听,如中华、光明、春兰等,都是易于发音的例子。

其次,读起来或听起来让人感到愉快。例如,娃哈哈三个字的元音都是"a",是婴幼儿最易于发音和模仿的,尽管娃哈哈一词是杜撰的,但既顺口,又蕴含高兴、快乐之意。春兰、莲花等品牌听起来也令人愉快。

最后,商品出口时能在所有的语言中以单一方式发音。SONY(索尼)在字典上并不存在,是由公司创办人盛田沼夫自创的,虽然没有什么实际意义,但是在任何语言中,SONY的发音都一样。此外,Canon(佳能)、Philips(飞利浦)、四通(Stone)、小米(mi)和宏碁(Acer)等同样音节简单,响亮易读。

2. 语形的要求

简洁与简单有助于提高传播效果。日本的一项调查表明,四个字的名称认知率为11.3%,5~6个字为5.96%,7个字为4.86%,而8个字以上只有2.88%,3个字以下名称的认知率为75%。因此,原则上,品牌名称应尽量不超过4个字。

3. 语义的要求

首先,积极、正面的名称含义可以为品牌添色,而寓意不好的品牌有可能阻碍消费者的购买。一些寓意积极的品牌(如家乐福、上好佳、金六福、戴梦得等)让人愉悦,而一些不好的名称会让人产生消极的联想。例如,美国通用汽车公司出口南美的Nova(新星)牌轿车,在西班牙语国家滞销,因为在西班牙语中Nova是"走不动"的意思,谁会买一辆走不动的汽车呢?

其次,品牌名称的使用不受时间限制,并具有可转移性。例如,乐百氏(对应的英文名称是Robust,意为强壮、健康)品牌,无论是英文还是中文都具有长期的使用价值,同时在品牌延伸和地理扩张的过程中,具有较强的可转移性,不会受到限制。

最后,要容易理解和记忆。华为的寓意是中华有为,容易激发内部员工的奋斗精神,又能唤起民族自豪感;巧克力品牌Cadbury在中国市场上译为吉百利,遍布世界的大型连锁超市Carrefour的中文译名为家乐福,都取得了很好的效果。另外,还有金利来、博士伦(英文名称是Bush & Lomb)、阿香婆、康师傅等,都比较容易理解和记忆,具有积极的寓意。

(四) 品牌命名的全球化策略

由于全球经济一体化和跨国营销趋势增强,品牌命名必须考虑全球通用的策略。不同的国家在意识形态、宗教、语言、习俗等方面千差万别,因此品牌命名不能仅考虑在本国范围内使用,而应力图使其具有全球通用的能力。从比较语言学的角度来看,一个完美的品牌名称应当易于为世界上尽可能多的人发音、拼写、认知和记忆,在任何语言中都没有贬义,这样才有助于品牌名称在国际市场上的传播。要做到这一点并不容易,而且绝对的全球通用也并不现实,因此在执行上,采用的更多是"全球思考,本土执行"的做法。

1. 国外品牌的中国本土化

品牌名称要适合当地,可以把原有的品牌名翻译成适合当地的名称,也可以另取一个适合当地的、独立的品牌名。美国宝洁公司的飘柔洗发水在美国的名称为Pert-Plus,在亚洲地区的英文名称为Rejoice,中文名称则是飘柔;美国的CitiBank在我国香港特别行政区和纽约华人区使用"万国宝通银行"(可能源自International Banking),在我国内地则被称为花旗银行;在我国内地的日本松下电器,在香港特别行政区却被称为乐声牌。NIKE在中国翻译成耐克而非奈姬、娜基等,就在于它显示了一个清楚的含义——经久耐用、克敌制胜,与原意"胜利女神"不谋而合。翻译或另起名字,也要充分考虑当地文化。

例如,露华浓是化妆品 Revlon 的中文译名,从译名可知,三个字是出自李白的诗句"云想衣裳花想容,春风拂槛露华浓"。这个译名引经据典,音义并重,非常贴切,既显得女性化,又显得高雅艳丽,用作化妆品品牌再合适不过。如果国际品牌在中国市场采用当地化策略,使用音译和意译结合是一种上佳的选择。其他成功的例子如高露洁(Colgate)、佳能(Canon)、锐步(Reebok)、舒肤佳(Safeguard)等,都是音译和意译综合而成。

2. 中国品牌的国际化

中国产品进入国际市场,不但要尊重东道国的法律,还要遵循外国消费者的语言系统、文化习惯和审美心理,不能简单地音译或意译了事。例如,联想集团在国际化进程中,原有的英文注册名称 Legend 在很多国家和地区已经被注册,为了更好地推进国际化,联想修改英文名称为 Lenovo,Le 承继了传奇之意,novo 则代表创新,突出了创新和诚意。

宏碁(Acer)电脑在 1976 年创业时的英文名称为 Multitech,经过 10 年的努力,Multitech 刚刚在国际市场上小有名气,一家美国计算机厂就指控宏碁侵犯其商标权。经过查证,这家名为 Multitech 的美国计算机制造商在美国确实拥有 Multitech 的商标权,而且在欧洲许多国家都早宏碁一步完成了商标注册。其实,在全世界以"～tech"为名的信息技术公司不胜枚举,大家都想强调技术(tech)。这造成了相互之间雷同和撞车的概率大大增加。

宏碁不惜成本,前后花去近 100 万美元,委托著名广告商奥美更改品牌名称。奥美动员纽约、英国、日本、澳大利亚、中国等地分公司的创意人员,运用电脑从 4 万多个名字中筛选,挑出 1 000 多个符合命名条件的名字,交由宏碁决策层讨论。前后历时大半年时间,最终选定 Acer 这个名字。

与 Multitech 相比,显然 Acer 更具个性和商标的保护力,同时深具全球的通用性。它的优点在于:蕴含意义(Ace 有优秀、杰出的含义),富有联想(源于拉丁文的 Acer 代表鲜明、活泼、敏锐、有洞察力),在出版资料中排名靠前,易读易记。如今 Acer 的品牌价值已达几亿美元。

三、品牌命名的程序

品牌命名首先要成立一个专门的工作小组,针对市场情况进行前期调查,提出各种备选方案,并进行法律审查,然后进行名称评估,最后选出名称。品牌命名的过程如图 3-1 所示。

图 3-1 品牌命名程序

1. 成立命名工作小组

工作小组的组成上除命名专业组织和企业领导外,还应该包括产品设计人员、市场调查人员等。命名小组要明确职责和工作目标,厘清工作程序和工作思路,进行工作分工和协调,组织命名工作。

2. 前期调查

前期调查的内容包括产品性能和独特的卖点、目标消费群体及收入状况、市场上同类产品的销售状况、市场前景和市场范围,以及名称还可能在哪些品类上使用等。然后分析判断什么类型的品牌名称适合品牌形象和公司资源,什么样的名称与目前公司及产品的名称相适应,什么样的名称与公司的企业文化相匹配等。

3. 提出备选方案

根据前期调查的情况,明确命名的方向和原则,然后组织提出备选名称。提出备选名称的过程中要集思广益,发挥个人和团队的想象力与创造力。名称的来源可以是个人思想火花,也可以是团队的深思熟虑,还可以组织人员利用电脑软件进行名称创意。然后对所有备选的名称进行初步筛选。

4. 法律审查

对初步筛选出的名称进行法律上的审查,确保名称的专有性和合法性。

5. 名称复查

名称复查要结合两种方法。第一种方法是 Sock-it 评价法,即组织语言学、心理学、美学、社会学和市场学等方面的专家组成筛选小组,可以对备选的名称从合适性、独创性、创造力、能动价值、识别力、延伸力六个方面进行复查(如表 3-2 所示)。

表 3-2 Sock-it 评价法

S(suitability)合适性	品牌名称对产品功能、特征、优点的描述是否恰如其分
O(originality)独创性	品牌名称是否与众不同、独一无二
C(creativity)创造力	品牌名称是否能吸引人,令人产生愉快的心情
K(kinetic value)能动价值	品牌名称是否引发丰富的联想,具有促销说服作用
I(identity)识别力	品牌名称是否容易记忆,有回忆价值
T(tempo)延伸力	品牌名称是否适合目标市场及未来发展

资料来源:何佳讯. 品牌形象策划[M]. 上海:复旦大学出版社,2000:254.

第二种方法是消费者调查法,即进行品牌名称联想测试、记忆测试、定位测试、偏好测试等。经过名称筛选复查后得到的几个名称,需要专家和领导层最后做出名称决策,选出最后的品牌名进行注册。

第二节 品牌标志设计

品牌标志(brand logo)又称品牌标识,是企业识别系统(CI)的重要组成部分,是用于区别品牌的视觉符号,也称为视觉识别(VI)。标志可以利用图案、文字,也可以用文字加图案合理搭配色彩,能给予消费者和社会公众视觉上的冲击力,使他们不但记住这个标志,而且可以产生积极的联想。因此,企业格外重视品牌标志设计,甚至不惜花费重金。

一、品牌标志设计的原则

1. 简洁鲜明原则

品牌标志是消费者认知品牌的载体,它设计的空间有限,传达的信息也有限。品牌设计应着重传达品牌最深层的内涵,便于消费者和社会公众识记并产生积极的联想。因此,品牌设计特别是图案的设计,应该简洁醒目、新颖独特,合理搭配色彩后,不仅具有视觉冲击力,而且具有丰富的联想空间。

2. 优美典雅原则

品牌标志是色彩、线条、形状等要素的组合,需要从艺术设计的角度予以考虑。图案设计有现代主义风格和后现代主义风格之分。现代主义就是简单利用圆、方和线等几何图案,体现"简单就是美"和"美在比例"的思想。例如,日本三菱汽车的标志,三角形排列的三个菱形简洁、优美、典雅,让人联想到了三颗钻石的高贵形象。后现代主义强调感官愉悦、随心所欲、漫不经心,反映暂时性、片刻性、协调性和无关性的思想。例如,耐克的图标简洁、动感、优美、独特,令人赏心悦目,同时合理利用图案的大小、形状、密度、色彩,使图案富有视觉冲击力,让人印象深刻。

3. 创意原则

优秀的品牌标志应当成为一件艺术品,品牌标志设计应强调创意。品牌标志的创意性越强,越能唤起消费者和社会公众的共鸣,品牌成功的可能性也就越大。例如,苹果电脑公司的产品标志是一个被咬了一口的苹果,新颖独特、简洁明了、富有原创性、视觉冲击力和想象力。2008年的北京奥运会标志则是一个舞者变形为一个篆体的"京"字,把主办地、书法文化和人们翩翩起舞的高兴心态紧密结合,形成了一个优秀的艺术创意。

4. 情感原则

一个成功的品牌标志应当能让人产生情感上的偏好,这就要求标志设计必须具备以下特点:浓郁的现代气息、极强的感染力、给人美的享受、激发丰富联想、令人喜爱。例如,2006年美的集团更换的新标志以单一的浅蓝色替代了原来的紫色和橙色,以凸显优雅、简约和国际化,更符合现代人的审美。

二、品牌标志的类别

(一)文字标志

文字标志是用独特形式书写的品牌全称或首字母来表示品牌标志,如 Canon、SONY、KFC、TCL、Lenovo、IBM、Sogou、健力宝等。使用首字母的如麦当劳金黄色的"M",有的是首个文字的变体,如李宁运动装的品牌的变形"L",今日集团的标志就是"今"的书法变形,先声药业的是"先"字变形成一个图案,小米手机是拼音的变形等(如图 3-2 所示)。值得一提的是大众汽车的标志是大众汽车公司的德文 Volks Wagenwerk,意为大众使用的汽车,标志中的 VW 为全称中头一个字母的上下叠拼,也是由三个用中指和食指作出的"V"组成,表示大众公司及其产品必胜—必胜—必胜。

图 3-2　文字变形为品牌标志

文字标志是品牌名称和品牌标志的统一,直截了当地将品牌名称展示给消费者,从而增强了品牌名称的记忆。一般单独以文字或首字母为品牌标志的并不多见,近年世界企业"500强"中,单独以首字母、名称中某个字或整个名称为品牌标志的占全部企业的1/4左右。

(二) 图案标志

图案标志是将标志设计成图案,包括形象图案和抽象图案。形象图案如苹果电脑的"被咬了一口的苹果",抽象图案如奔驰的"简化了的形似汽车三叉星方向盘"、凯迪拉克的花冠盾(如图3-3所示)。

图 3-3　图案品牌标志

形象的图案能够让人将对图案的印象转移到品牌上,如苹果电脑的苹果让人想到苹果的可口美味;而抽象的图案往往给人以想象的空间,有时抽象的图案背后通常也有其深刻的寓意,这种寓意使人着迷。因此,从激发联想的角度来看,形象图案与抽象图案的效果各有千秋。一般单独以图案为品牌标志的很少见,近年世界企业"500强"中,单独以图案作为品牌标志的只占品牌总数的1.6%左右。

(三) 图文标志

与文字标志和单纯的图案标志相比,图文标志既能展示品牌名称,又能因图示的醒目激发消费者的联想。很多品牌都采用了图文标志。近年世界企业"500强"排名中,品牌标志采用文字名称或首字母加图案形式的占"500强"品牌总数的73%左右。图文标志就是将品牌名称中的某个字母或字母的某一部分转化为图案的形式,或者文字加图案的形式(如图3-4所示)。以文字名称或名称首字母加图案作为品牌标志的比较普遍。图案的设计与单独图案标志的设计思路和方法相仿,转化的图案可以是形象的,也可以是抽象的。形象图文的例子如新浪标志中的"i"就设计成了一只眼睛,表示搜寻。抽象图文标志如华为的标志充分体现了聚焦、创新、稳健、和谐,以及华为蓬勃向上、积极进取的精神;同仁堂的标志用简练的笔法绘制出寓意深刻的图形,"同仁堂"三个字是书法家启功所书,它的周围用两条飞龙戏珠来保护,龙是中华民族至高无上的象征,中间的珠子寓意同仁堂救死扶伤的高超医术。整个商标图案寓意着源远流长的中国医药文化和同仁堂的悠久历史,也体现了同仁堂与宫廷的渊源。相比而言,抽象的图文难以清晰地让人知道其寓意,而形象的图文则让人一目了然。

图 3-4 图文品牌标志

三、品牌的标准字与标准色

品牌标志是由文字和图案组成的。标志不但要具有区别其他品牌的特征,而且要具有视觉冲击力。标志中文字的字体和颜色及图案的颜色是标志设计的重要环节。

(一)标准字

标准字是在企业识别系统中精心设计品牌名称的字体,形成具有独特风格的统一的字体,用以表明企业或品牌名称,表现品牌的独特性,并将这种独特性传递给消费者或社会公众,增强品牌诉求功效。标准字经过精心设计,不但造型外观与普通印刷字体不同,而且对笔画的配置、字间的宽幅、外部的造型等都做了细致严谨的规划,因此比普通字体更美观、更具特色。

标准字有三种。第一种是书法标准字,如中国银行(郭沫若题字)、保利(启功题字)。这种标准字显得独一无二和富有变化,能给人一种艺术享受进而产生共鸣。事实上,与传统文化相结合的书法品牌标准字也借用了书写者的名望,可以给人留下深刻的印象。第二种是装饰标准字,如 IBM、TCL、可口可乐等。装饰字体是在基本字形的基础上进行装饰加工而成的。它的特征是在一定程度上摆脱了印刷字体的字形和笔画的约束,根据品牌或企业经营性质的需要进行设计,达到加强文字的精神含义和富于感染力的目的,选定特定的字形加以表现,给消费者以独特的视觉识别。第三种是书法装饰混合标准字,如谭木匠,"木"字采用装饰字体,以体现木器的特点,而"谭"字采用隶书,"匠"字采用魏碑体,给人历史感和雕刻感(见图 3-5)。

图 3-5 谭木匠的标准字

总体上看,标准字让品牌名称的"形"更突出,实现品牌名称音、意、形的完美结合,达到好读、好听、好记、好认、好看的要求,使之更容易被消费者认知和喜爱,从而有利于品牌传播。

(二)标准色

标准色是通过某一特定的色彩或一组彩色系统的视觉刺激和心理反应,传达企业理念和产品特质的重要识别要素。标准色具有科学性、差别性、系统性的特点。科学性是指色彩带有一定的含义(如红色象征活力、黑色象征深沉、绿色象征生命),品牌设计者选择色彩时应该综合考虑产品类别、品牌理念等内容;差别性是指不同企业的品牌标准色应该存在差异,这样才有利于形成品牌差异,如可口可乐和百事可乐的包装分别是红色和蓝色的;系统性是指从标志设计、产品包装到媒体传播,还包括多品牌管理,标准色都需要有一定的关联和承接。

标准色的选择应该考虑下列因素。

(1) 商品的种类。例如,建筑材料选择黄色和橙色,而夏季饮料选择绿色和黄色。

(2) 市场的地理区域。例如,甘肃等西部地区的人喜欢绿色,不喜欢土黄色,而广州、深圳、海南等地的人则喜欢土地的颜色,而对绿色不敏感;丹麦人喜欢鲜蓝、鲜红、深蓝、深橙色,而日本人却喜欢柔和的色调,这是不同地区文化的象征。

(3) 目标群体。人们对色彩的感受差异源于民族、性别、年龄和文化等因素。例如,男子喜欢坚实、强烈、热情的色调,而女子喜欢柔和、文雅、抒情的色调;幼儿对红、黄二色敏感,而中年人却喜欢茶、蓝、绿色。

(4) 色调的意义。例如,白色具有纯真、洁白、贞洁、明快的含义,也有致哀、投降的意思;紫色有高雅、壮丽、神秘、气魄、高贵、永远的含义,也有焦虑、忧愁、哀悼的意思等。

第三节　其他品牌要素设计

一、品牌口号

(一)品牌口号的诉求

品牌口号是指能体现品牌理念、品牌利益并代表消费者对品牌感知、动机和态度的宣传用语。在品牌塑造过程中,品牌口号借助语句表现文化特征,使消费者感受更清晰的品牌文化。同时,品牌口号可以向消费者和社会公众诠释品牌的核心价值,有利于统领员工的思想,规范员工的行为,统领品牌旗下的各项业务,为消费者提供品牌的记忆点。

品牌口号通常表现为一个短句或词组,其诉求点有三种:①我是谁?②我能给你什么?③我主张什么?第一个诉求点说的是品牌的行业特点,如当当网说"网上购物想(响)当当"。第二个诉求点说的是品牌给消费者带来的价值和利益,如欢乐谷说自己是"繁华都市开心地",世界之窗说"您给我一天,我给您一个世界",东京迪士尼乐园的品牌口号是"人人都快乐"。最常见的是第三个诉求点,说的是品牌所主张的价值观和人生信念,如福特主张生活就应该"活得精彩",安踏主张奋斗要"永不止步"(Keep moving),耐克主张年轻人"全力以赴"(Just do it)，等等。这些信念将与消费者产生共鸣，从而使消费者对品牌产生认同甚至是信仰。

（二）品牌口号的设计特点

1. 体现一种精神

无论是"网上购物想（响）当当"，还是"人人都快乐"，都体现了企业的真诚和工作精神，也表现了消费者的精神风貌，而"永不止步"更是体现了百折不挠、勇往直前、愈挫愈勇的体育精神。2008年北京奥运会的口号"同一个世界，同一个梦想"（One World One Dream），体现了主办城市的真诚、热情和海纳百川的胸怀。

2. 站在消费者的立场上

品牌口号不能仅站在企业的立场上，这样做会与消费者有距离感，只有站在消费者的立场上，兼顾企业的立场才容易被消费者接受、记住。例如，海王集团的品牌口号"健康成就未来"、中国移动的品牌口号"沟通从心开始"都是既站在消费者的立场上又兼顾企业的立场。

3. 独特，与众不同

与别的品牌口号雷同，没有创造力，会遭到消费者的嘲笑。诺基亚的品牌口号"科技以人为本"已经深入人心，你如果再做相同的产品渲染"科技"和"以人为本"显然不新颖，也没有创造力。在现实中，没有独特性的口号有很多，例如，法国的AIGLE（艾高）主要经营户外用品（鞋、服装等），其品牌口号"To get back in touch with nature"（带人类回归自然）的特性就比较弱。

4. 简练

品牌口号压缩成一句话，很容易让人记住。最好是英文3个单词以内，中文6个字以内。一般情况下，品牌口号的可接受标准是英文5个单词以内，中文7个字以内。

多个并列的单词组成的品牌口号，虽然韵律十足，也朗朗上口，但容易让人记不清顺序，而被遗忘。例如，北京某知名物业公司的品牌口号是"感恩、分享、发展"，听起来和看上去都非常好，但由于是三个单独的词，要真正记忆品牌口号及其排列次序并不容易。

5. 引领时尚生活

在产品日趋同质化的今天，如何做到让消费者认可，使自己出类拔萃，成了令企业颇为头疼的事情。品牌口号的设计要超越产品，引领时尚的生活方式。例如，百事公司推出"百事——新一代的选择"的品牌口号，让百事的产品紧追时尚类消费者。忠诚的百事可乐拥戴者把喝百事看作一种不落后于时代的标志。

在引领时尚生活方面，汽车类品牌口号表现得尤为突出。一句"驾乘乐趣，创新极限"让我们联想到一直以来立志成为"最好的驾驶工具"的宝马，让汽车成为快乐的源泉就是其所倡导的生活方式。

6. 便于消费者在生活中重复

口号像格言一样，在某些情况下，人们愿意说出来，表达自己的看法，或鼓励自己和别人去完成某项活动。例如，沃尔玛的"天天平价，始终如一"，虽然超出了7个字的标准，但消费者去购物时会不自觉地重复"天天平价，始终如一"，使其成为优秀的品牌口号。使用安踏户外用品的运动者,遇到困难时"永不止步"会给他征服困难的信心和决心。可重复性是一个非常好的品牌评判标准,消费者愿意在生活中重复,其记忆就会很持久,也容易口口相传。

(三)品牌口号的功能

1. 品牌口号体现了一个品牌的核心价值

品牌口号具有稳定性。企业规划出品牌的核心价值,在以后的10年、20年,乃至上百年的品牌建设过程中应该始终不渝地坚持。只有在漫长的岁月中以非凡的定力去做到这一点,才不会被风吹草动所干扰,让品牌的每一次营销活动、每一分广告费都为品牌做加法,起到向消费者传递核心价值或提示消费者联想到核心价值的作用。久而久之,核心价值就会在消费者脑海中留下深深的烙印,并成为品牌对消费者最有感染力的内涵。例如,舒肤佳的核心价值是"有效去除细菌、保护家人健康",多年来电视广告换了几个,但广告主题除了"除菌"还是"除菌"。戴比尔斯的"钻石恒久远,一颗永流传"口号一用就是几十年,其品牌传播的效果无与伦比。

2. 品牌口号涵盖了企业品牌的整体规划

品牌口号不同于广告口号。品牌口号定位于企业本身,强调企业的核心竞争力与品牌文化内涵,是长期的,甚至是企业的传家宝。我们在广告中通常能看到一些语句,那是为了配合广告主题画面和产品的特点而设计的广告语,并不是品牌口号。品牌口号与广告语或广告口号的差异在于:广告口号定位于产品本身,强调功能与促销所达到的效果,是短期行为。海王集团为其新产品海王金樽在电视上做广告,一方面宣传了"用海王金樽,第二天舒服一点"的产品功效,另一方面也不忘在海王的品牌下着重强调"健康成就未来",而后者才是海王的品牌口号。海王公司推出的"银得菲"宣传"治感冒快"的产品特点之后,再次强调其品牌口号"健康成就未来"。海王是做医药连锁的企业,做的是健康事业,其品牌口号无疑体现了企业的整体规划。

二、品牌音乐

品牌音乐是指用来传递品牌内涵的声音效果。从传播的角度来讲,有形有色还要有声。越来越多的企业开始整合视觉和听觉对品牌进行全方位设计。一些企业专门为品牌设计了专属的音乐,以便更好地推动品牌建设。俗话说,语言可以沟通你我,音乐却能震撼心灵。深圳大学管理学院周志民教授在其主编的《品牌管理》教材中总结了品牌音乐的作用。

1. 通过品牌音乐加深消费者对品牌名称的记忆

人们对节拍和音乐具有天然的接受能力与喜好倾向,有时名称不好读、不好记,配上音乐,记忆起来就顺畅多了。

2. 有助于消费者自行传播

生活中经常可以看到一些人不经意地哼出一首品牌音乐,特别是儿童对此更是乐此不疲。对他们而言,品牌音乐已脱去了商业化的外衣,只是一首旋律优美、朗朗上口的歌曲。然而,对于听者而言,听到这首歌的时候就会想到某个品牌,实际上形成了品牌广告的二次传播。消费者传唱的方式潜移默化地传播了品牌,而且成本低廉。因此,创作一段适合传唱的品牌音乐是品牌符号设计中的一项重要工作。

3. 跨越文化差异

音乐传载了灵魂和思想,这些对于不同文化背景下的人来说都是相通的。例如,贝多芬、巴赫、柴可夫斯基等音乐大师的作品风靡全球。

4. 增强品牌感染力

广告音乐能引起人的情绪反应,包括积极的情绪反应(如高兴、幸福、兴奋、感动、舒适等)和消极的情绪反应(如悲伤、焦躁、厌烦等)。精心设计音乐元素,可以使消费者在倾听音乐的同时,感受到品牌的魅力和内涵。例如,英特尔简单的品牌音乐让人心情愉悦,舍得酒业的"智慧人生,品味舍得",红色的背景、深红色的包装、恢宏的品牌音乐,让人们感受到了舍得酒品牌的恢宏、成就,而张含韵演唱的《酸酸甜甜就是我》使人们认同了蒙牛酸酸乳"酸酸甜甜"的少女情怀。

品牌标识音乐一般在广告片尾才出现,其作用是强化品牌的内涵和主张,所以在很长一段时间内都会保持不变,一些国际品牌甚至在不同国家还保持统一。例如,麦当劳"Balabababa,我就喜欢"(I'm lovin'it)的品牌音乐在全球120个国家同时推出。即使是多产品情况下,片尾音乐也是统一的,如飞利浦公司在电动剃须刀、液晶彩电等产品的广告片尾都会播放两个清脆的音节。

品牌音乐有时用定制音乐,有时也用现有音乐。定制音乐是指专为某个品牌原创的音乐,以体现音乐的独特性和专属性,如英特尔四个音节的品牌音乐是定制的,郭富城为美特斯·邦威演唱的《不寻常》也是如此;而现有音乐是指将已有的知名音乐用到某个具体的品牌上面,以其熟悉性来吸引观众,激发观众的热情,如"喜之郎"的广告采用了红遍中国的《吉祥三宝》作为背景音乐,让人记忆深刻。品牌音乐有时有歌词,有时无歌词。

三、品牌包装

我国国家标准(GB/T4122.1-1996)中给出了包装的定义:"(包装)为在流通过程中保护产品、方便贮运、促进销售,按一定技术方法而采用的容器、材料及辅助物等的总体名称。也指为了达到上述目的而采用容器、材料和辅助物的过程中施加一定技术方法等的操作活动。"包装已成为产品生产和流通过程中不可或缺的重要环节。

(一)品牌包装的功能

品牌包装在功能上更强调促销功能,主要体现在以下几个方面。

1. 助销功能

包装是一部半秒钟的商业广告,利用品牌名称、标识和包装图案设计,美化商品,制造一种品牌差异,用来吸引顾客,引起目标顾客的注意,或者建立目标顾客对一种产品的亲密关系,起到推动销售的作用。

2. 引导功能

通过包装的图文说明,引导消费者正确地消费、体验产品。

3. 体验转移功能

体现特定产品的文化品位,给人以愉悦的感受和审美的精神享受,创造附加值。包装给顾客的第一印象是十分深刻的,消费者对包装的偏好往往会转移到品牌与产品上,也就是说,包装的档次、质量、个性等都直接影响消费者对品牌与产品的判断和购买决策。低档包装给人的感觉是品牌与产品档次低,高档的包装也让人感觉品牌与产品是高档的。劣质的包装让人感觉是一个劣质的品牌,精致的包装让人感觉是一个优质的品牌。

4. 增值功能

卓越的包装让人情不自禁地观之、赏之,本身就是对品牌价值的艺术享受和深刻体验,具有对品牌的增值效应。包装是品牌风格显示的最佳载体,品牌的名称、标识、核心价值可以不变,包装的变化可以使品牌风格、时尚性等方面表现出新鲜感、时代感。2003年,可口可乐更换了新的包装,凸显了清新、活泼、立体的透视空间效果,虽然是"新瓶装老酒",却配合品牌定位,给百年品牌增添了活力和时尚,创新了品牌价值。

5. 教化功能

品牌包装是一种文化,包装设计与包装整体表现关系到人们的生活观念、生活方式的变化及环境保护意识的提高。包装也体现了一个国家和地区的政治、经济、文化艺术面貌。企业的品牌信誉是消费者崇拜的基础,而一个国家的政治、经济、文化艺术是品牌走遍天下的名片和助推剂。

(二)品牌包装的图案设计

品牌包装设计应从商标、图案、色彩、造型、材料等构成要素入手,在考虑产品特性的基础上,遵循品牌设计的一些原则,除保护产品、美化产品、方便使用等基本原则外,现代包装更强调适用性原则、美观原则和经济原则,使各项设计要素协调搭配,相得益彰,以得到最佳的包装设计方案。品牌包装从营销的角度出发,包装图案和色彩设计是凸显产品个性的重要因素,个性化的品牌形象是最有效的促销手段。

包装图案中的产品图片、文字和背景的配置,必须以吸引顾客关注为中心,直接推销品牌。包装图案对顾客的刺激较之品牌名称更详细、更强烈、更有说服力,往往伴有即效性的购买行为。包装图案设计要做到下面几点。

1. 图案要充分展示商品

形式与内容要表里如一,一看包装即可知晓产品本身。①用形象逼真的彩色照片真实地再现产品。例如,在食物包装中逼真的彩色照片将色、味、形表现得令人垂涎欲滴。②直接展示产品本身。例如,全透明包装、开天窗包装在食物、纺织品、轻工产品包装中比较流行。③夸大商品形象色彩,快速地凭色彩确知包装物的内容。

2. 要有详细的文字说明

在包装图案上要有关于产品的原料、配制、功效、使用和养护等的详细说明,必要时还应配上简洁的示意图。

3. 统一设计

一家企业以统一品牌商标出产的产品,无论品种、规格、包装的大小、外形、包装的造型与图案设计,均采用统一格式甚至同样的色调,给人以统一的印象,使顾客一望即知产品系何家品牌。

4. 功效设计

功效设计包括防潮、防霉、防蛀、防震、防漏、防碎、防挤压等的保护功能设计与方便商店陈列、销售，方便顾客携带、使用等的方便功能设计。

包装图案的设计手法要求以其简朴的线条、生动的个性人物、搭配合理的色彩等给消费者留下深刻的印象。例如，苏格兰威士忌酒中的皇家礼炮21是经由21年精心酿制而成的，用蓝、红、绿三种颜色的宫廷御用精制瓷瓶盛装，瓶身上刻有持剑跨马的骑士形象，品牌商标图案上有两架礼炮，并配有苏格兰威士忌协会颁发的21年酒龄的鉴定证书，整个包装显得典雅、富贵，以至于有的人喝完酒后，将酒瓶细心地珍藏起来。

要注意包装图案设计禁忌。产品的包装只有适应不同国家或地区的不同风俗习惯和价值观念，才有可能赢得当地市场的认可。包装图案设计禁忌可分为人物、动物、植物和几何图形禁忌等。

（三）品牌包装的色彩设计

色彩在包装设计中有着特别重要的地位。在竞争激烈的产品市场上，要使产品具有显著区别于其他产品的视觉特征，更富有诱惑消费者的魅力，刺激和引导消费，以及增强人们对品牌的记忆，都离不开色彩的设计与运用。为了更好地把握不同种类产品包装色彩设计的不同要求，我们简单地将消费品划分为三大类，分别阐述色彩设计的基本要求。

1. 奢侈品

奢侈品包括化妆品中的高档香水、饰品、品牌香烟、酒类、异国情调名贵特产等。这类产品特别要求独特的个性，色彩设计需要具有特殊的气氛感和高价、名贵感。例如，法国高档香水或化妆品要有神秘的魅力、不可思议的气氛，显示出巴黎的浪漫情调。这类产品的包装形状或色彩都应设计得优雅大方。

2. 日常所需的食物

日常所需的食物包括罐头、饼干、调味品、咖啡、红茶等。这类产品包装的色彩设计应具备两点特征：一是能引起消费者的食欲；二是要刻意凸显产品形象，如矿泉水包装采用天蓝色，暗示凉爽和清纯，并采用全透明的塑料瓶，充分展示产品的特征。

3. 大众化商品

大众化商品包括中低档化妆品、香皂、卫生防护用品等。这类产品定位于大众化市场，其包装色彩设计要求包括：一是显示易于亲近的气氛感；二是表现出产品的优质感；三是使消费者能在短时间内辨别出该品牌。

第三章
品牌设计

授课视频

复习思考题

1. 简单总结品牌命名的历史策略。
2. 品牌命名有哪些原则？

3. 试用品牌命名流程为一个新产品命名。
4. 品牌标志的作用是什么？品牌标志设计有什么原则？
5. 品牌标志设计有哪些类型？
6. 品牌口号设计有哪些诉求？设计的原则有哪些？
7. 简述品牌音乐的功能。
8. 简述品牌包装的功能。
9. 简述品牌包装图案设计的基本思路和方法。

案例分析

滴滴出行的品牌之路

一、发展历程

2012年6月6日，北京小桔科技有限公司成立，经过3个月的准备与司机端的推广，9月9日"嘀嘀打车"在北京上线。在引进腾讯、淡马锡、国际投资集团DST集团等战略投资者的同时，开启微信支付打车费"补贴"营销活动，2014年3月，用户数超过1亿，司机数超过100万，成为移动互联网最大日均订单交易平台。

二、品牌设计

（一）从"嘀嘀"到"滴滴"，无奈的选择

"嘀嘀打车"系列软件在北京上线，不仅放在应用商店供手机用户下载，还在各种广告和商业活动中使用"嘀嘀"商标。"嘀嘀"本身是一个象声词，是汽车鸣笛的声音，这样的象声词用于打车软件的品牌可以说极其贴切，颇具创意。"嘀嘀打车——指尖上的Taxi"的形象、口号和"笑眯眯"的出租车标志（见图3-6），表明"嘀嘀打车"方便客户与出租车的联系和愉快出行的含义。

图3-6 嘀嘀打车商标

2012年11月28日，北京小桔科技有限公司申请了图形、文字组合商标"嘀嘀打车"，但"嘀嘀"商标被杭州妙影微电子有限公司注册在先，该公司起诉北京小桔科技有限公司商标侵权，要求其停止使用"嘀嘀"商标并赔偿损失。得知该商标有冲突后，北京小桔科技有限公司试图在寻求商标复议的同时购买该品牌，但最终未能成功。2014年1月13日国家工商行政管理总局驳回北京小桔科技有限公司的"嘀嘀"商标申请。2014年5月20日，嘀嘀打车正式变更为"滴滴打车"，寓意"滴水之恩，涌泉相报"。品牌标识保留了"笑眯眯"愉快出行的出租车标志（见图3-7），标志的下

图3-7 滴滴打车商标

面标出了体现打车效率的品牌口号"滴滴一下,马上出发"。

滴滴打车的问世整合了国内出租车行业,极大地方便了广大消费者。滴滴打车一举成功,由此拉开了国内出行O2O行业发展的序幕,同时也开启了一场持续竞争的烧钱之战,各类细分应用层出不穷。

(二)从"滴滴打车"到"滴滴出行",谋划"出行"蓝图

经过3年的发展,"滴滴打车"应用分为打车、专车、拼车、代驾和租车五个细分行业,俨然坐稳了打车类应用的第一把交椅,快捷方便的App打车也逐渐风靡全国。随着出行行业进一步兼并融合,每个细分行业的竞争都异常激烈。

在资本力量的推动下,"滴滴打车"已经不满足于"滴滴"仅限于打车类的优势,而是希望解决大众更多的便捷出行需求,进一步改变行业生态。2015年9月9日,"滴滴打车"更名"滴滴出行"并启用新标识——一个扭转的桔色大写字母D(见图3-8),主动放弃简单直白的"打车"直观功能诉求,换成需要消费者去做出思考的"出行"诉求。伴随此次滴滴品牌升级、更换新标识,滴滴发布了全新版本的"滴滴出行"App。从战略的角度看,更名"滴滴出行"是超前策略,展示了经营者的发展布局,表明滴滴未来发展的终极目标。

图3-8 滴滴出行的标识

新标识的颜色延续了滴滴的原有品牌色桔色,设计上采用了滴滴拼音首字母D的抽象化设计:一方面象征着微笑,表达了"滴滴一下,美好出行"的品牌口号;另一方面,也抽象描绘了道路形象,代表了滴滴所处的行业。新的标识去除了单纯的出租车特征,突出并放大了美好出行的"笑眯眯"特征,体现了品牌标识的连续性。滴滴公司声称其新标识是字母D和笑容的巧妙结合,而且有着特别的含义。它代表了滴滴的"美好"愿景,D的设计同时也象征抽象化的道路,代表出行行业。而标识右上角的缺口,表明了滴滴追求极致、永不满足的文化,追求完美,永远都觉得"差一点"。

三、滴滴打车的发展趋势

滴滴对商标进行了保护,已对共计31个品牌进行了商标保护。除去大家已经熟知的滴滴、滴滴打车、滴滴专车、滴滴拼车和滴滴顺风车等品牌外,滴滴出行还布局了滴滴大学、滴滴地图、滴滴导航、滴滴公交、快滴之家和滴米等品牌,表明未来滴滴的业务将会全面覆盖出租车、"公交(公用)、出租(客运)、专车(专用)"等几乎涉及市民乘坐机动车出行

的所有领域。

滴滴出行未来可能还会涉足车辆检修、零配件等相关线下维修业态。例如,滴滴打车提前布局涉及"培训业务"的"滴滴大学"及"车辆检修"的"快滴之家",表明未来滴滴可能会涉足更多与车辆服务相关的传统领域。

滴滴已经提前布局滴滴导航、滴滴地图等商标,不排除滴滴也会效仿优步通过收购或参股介入"地图"和"导航"领域。相较于传统地图厂商而言,滴滴基于用户需求产生的"地图"和"导航"业务可能更有想象空间和发展前景。

值得一提的是,滴滴出行的商标保护策略和节奏似乎大幅提速,同时也纠正了创业初期的一些错误做法,对尚未上线的服务提前进行了商标布局。

资料来源:滴滴出行—百度百科;http://jincuodao.baijia.baidu.com/article/64397;http://www.ceweekly.cn/2015/0215/104360.shtml.

案例讨论思考题

1. 从"嘀嘀"到"滴滴"的品牌和标识变化中,你可以得到什么启示?
2. "滴滴打车"改名"滴滴出行"表明了"滴滴"怎样的战略蓝图?
3. "滴滴"的品牌之路源于资本的力量,你对此有何理解?

第四章 品牌定位

【学习目的与要求】
(1) 掌握品牌定位的定义和历史发展；
(2) 掌握品牌定位的三个维度的分析；
(3) 掌握品牌定位的四种方法；
(4) 理解品牌定位的策略。

扩展阅读 4.1
《孙子兵法》与品牌定位

在商品极度丰富的买方市场上，同类产品争夺消费者的竞争日趋激烈，企业千方百计地通过塑造品牌来赢得消费者，使自己的品牌在消费者心中占有一席之地，让消费者在产生某种需求时能立即联想到该品牌。企业总是试图有效地与其他品牌进行区分，形成自己的特色。为此，企业要研究消费者的购买心理和行为、竞争对手的定位策略和产品本身的特点，准确地进行品牌定位。

第一节 品牌定位理论

定位是当今营销和传播领域最富魅力的术语，也是经济发展中应用比较高的一个词汇。例如，北京 CBD 的定位，以及全国各个城市都在进行的发展规划和定位等，无疑都是在追求充分利用资源，促进经济发展。

一、品牌定位的定义

定位在品牌经营和市场营销中有着不可估量的作用，有人甚至说：定位正确了，营销就成功了一半。在产品的生产经营过程中，与定位相关的三个概念是产品定位、市场定位和品牌定位，三个定位之间既相互关联，又各有侧重。

1. 产品定位

产品定位是通过突出产品符合消费者需求的鲜明特点，确立产品在市场竞争中的地位，促使消费者树立选购该产品的稳固印象的过程。产品定位包括产品实体定位和广告观念定位。产品实体定位是产品功能、品质、用途能给消费者带来的新的利益，换言之，产品定位的核心是在产品的设计和生产中,采用什么样的原料、技术和工艺来生产产品,从而决定产品具有什么功能、什么品质,能给消费者带来哪些新的利益。广告观念定位是根据产品的品质、功能和利益,在目标客户的心目中为产品创造一定的特色,赋予一定的形象,以适应顾客一定的需要和偏好。

2. 市场定位

根据市场分析明确产品的目标消费群体(市场上的客户和潜在客户),并在目标消费群体的心目中塑造产品个性特征、品牌或组织的形象,更好地满足目标消费群体的需求。企业根据竞争者现有产品在市场上所处的位置,针对消费者或用户对该产品某种特征或属性的重视程度,强有力地塑造本企业产品与众不同的、给人鲜明印象的个性或形象,并把这种形象生动地传递给顾客,从而使该产品在市场上确定适当的位置。市场定位的核心是确定产品的目标消费群体。

3. 品牌定位

艾尔·里斯(Al Ries)和杰克·特劳特(Jack Trout)在其著作中提出,品牌定位是针对现有产品的创造性的思维活动,它不是对产品采取什么行动,而是指要针对潜在顾客的心理采取行动,使品牌与其所对应的目标消费者群建立一种内在的联系,将产品定位在顾客的心中。定位并不是改变产品本身,而是要在消费者心中占据一个有利的位置。以此为基础的品牌定位指的是建立一个与目标市场相关的品牌形象的过程。换言之,品牌定位是指使某个特定品牌在消费者的心中占据一个有利的位置,并与消费者建立一种内在的联系,然后持续维系这种联系,一旦某种需要产生,人们会先想到这一品牌。

在品牌定位实践中,往往以产品定位和市场定位为基础,找到品牌与消费者需求的契合点。这个契合点可以聚焦产品功能、消费时尚,也可以聚焦品牌文化。然后运用传播渠道宣传这个契合点,使目标消费群产生心理共鸣,在消费者心中占据一个位置,形成品牌定位。

产品定位、市场定位和品牌定位的过程,概括了一种品牌定位的思路,在实践中形成了一种品牌定位的方法。例如,褚橙的品牌定位过程,首先是产品定位。2002年,褚时健开始在山地种植冰糖橙。云南的气候环境非常适合水果的生长,2 000小时的年日照量、环绕360度的均衡日照、1 200毫米的年降雨量、21℃的自然恒温、昼夜温差形成了适合亚洲人口感的1∶24黄金酸甜比,特有的有机肥料成就了让消费者放心的冰糖橙。强调种植环境、品质和品种,介绍绿色种植过程,这样的产品定位为市场竞争奠定了基础。

其次是市场定位。一开始褚橙的市场定位是媒体人、企业家和知识分子。这些人熟知褚时健大喜大悲、激荡人心的创业故事,也崇敬他不屈不挠的奋斗精神。在市场定位的群体中有良好的形象,可以转移并形成褚橙的品牌形象。2012年开始网络销售,"品质+人物故事+互联网营销"的模式奠定了褚橙品牌成功的基础。

最后是品牌定位。2012年10月27日,一家媒体的官方微博发布了《褚橙进京》的文章。由于褚时健的知名度,微博文章在24小时内被转发7 000多次。著名企业家王石引用巴顿将军名句:"衡量一个人成功的标志,不是看他登到顶峰的高度,而是看他跌到低谷的反弹力"跟进并进行评论,又引发4 000多次转发,并得到大批企业精英人士的评论。这些人对褚橙的推崇很快变成了品牌的营销力量,让人们感受到了褚橙的影响力。

媒体人的"人生总有起落,精神终可传承(橙)"的品牌文化定位,更是把褚橙推上了"励志"橙的定位高峰。"产品品质＋励志故事＋文化包装＋互联网电商＋社会媒体宣传"使褚橙的消费群体快速延伸到"60后""70后""80后"和"90后","品褚橙,任平生"的网络媒体品牌口号,推动褚橙品牌走向成功的巅峰。

二、品牌定位的历史发展

从定位理论的产生和发展历史来看,定位理论的演进主要经历了三个阶段,即 USP 理论阶段、品牌形象理论阶段和定位理论阶段。

（一）USP 理论

20 世纪 50 年代之前,市场上的供求关系基本上处于供不应求的态势,卖方市场占主导。受当时生产力发展水平的限制,消费者比较注重实质利益,注意力集中在产品的属性与功能上。这一阶段消费者已经自然而然地对某种产品形成了自己的看法,尽管这种看法可能是模糊的。但是,50 年代后期,科技进步和社会发展使企业产能迅速扩大,产品间的差异越来越小,同质性越来越高,令市场竞争日益激烈。标准化的同质产品或同质化的产品信息让消费者在众多可选择的商品面前显得无所适从。产品本身的优势在竞争中被削弱,单纯依靠对产品本身的功能和特征来吸引消费者已显得越来越力不从心了,差异化的营销成为企业主要的战略选择。在这种背景下,罗瑟·瑞夫斯(Rosser Reeves)提出了 USP(unique selling proposition)理论,即"独特的销售卖点"。他在《广告实效的奥秘》(*Reality in Advertising*)一书中概括了广告创意和发展广告信息的策略,并称之为"独特的销售主题"。他认为在确定广告主题时要把注意力集中在产品的特点和消费者的利益上,通过产品间差异的分析,选出消费者最易接受的特点作为广告主题。该理论的要点如下。

（1）找出品牌独具的特性——Unique。这个特性必须是独特的、唯一的,是其他同质竞争商品从未采用的。即广告必须说出产品的独特之处,这一独特之处必须是竞争对手做不到或无法提供的,这个独特性可以来源于产品,也可以来源于概念创意。

（2）适合消费者需求的销售——Selling。广告所强调的内容必须对销售有实质作用,能打动顾客,促使其前来购买。

（3）发挥建议的功能——Proposition。必须包含特定的产品效益,即每一则广告都必须准确无误地告诉消费者,购买广告中的产品能得到什么好处。购买建议要善于把握消费者的需求,引导消费者的情绪,落实品牌产品的效益。

（二）品牌形象理论

20 世纪 60 年代以后,科技进步和规模化的大生产使新建立的企业可以迅速仿造出相近的产品,产品间的差异越来越小,同质化程度越来越高,众多品牌不断涌现,市场竞争日益激烈。社会化大生产的分工协作原则使不同企业都在按照相同的标准生产同样的产品,标准化的生产使产品难以产生较大的优势差别。

同时,随着生活水平的提高,消费者的购买心理开始变化,由注重实效向兼顾心理满足转变。消费者购买不仅追求"实质利益"而且追求"心理利益"。人们不仅注重产品的特性,更注重产品背后的企业形象和产品声誉。企业要获取市场竞争的优势,应使自己的品牌具备有别于其他竞争者的形象。在这一背景下,广告大师大卫·麦肯兹·奥格威(David MacKenzie Ogilvy)首先提出了品牌形象(brand image)理论。该理论的要点如下。

(1) 创造差异性。品牌因其差异性而给消费者留下深刻的印象。品牌之间的相似点越多,消费者选择的可能性就越小。通过差异性为品牌树立一种突出的形象,可以为企业获得较大的市场占有率和利润。品牌形象是创作具有销售力的广告的必要手段。

(2) 广告是对品牌形象的长期投资。品牌是能给企业带来持续利润的长期资产。通过广告积累消费者心中的品牌形象,也就是对品牌进行长期投资。一般来说,强势的品牌享有较高的利润空间。

(3) 描述品牌形象。属于某种产品概念的各个品牌之间,如果没有品质上的差异,那么决定竞争胜负的关键是消费者对于商标和企业外在形象的印象。因此,描绘品牌的形象比强调产品的具体功能特征更为重要。

(三) 定位理论

1969年6月,艾尔·里斯和杰克·特劳特首次提出了定位的概念。1979年,两位大师再次合作,出版了第一部论述定位的专著《广告攻心战略——品牌定位》。1981年,麦格劳-希尔出版社出版了《定位》一书,首次将定位策略上升为系统的定位理论。1995年,特劳特又与瑞维金合作,出版了《新定位》。经过多年的实践和发展,定位理论不断成熟和完善,其原则、内涵、种类和传播等内容不断丰富,已经成为营销主流指导思想。

艾尔·里斯和杰克·特劳特认为,消费者的大脑记忆是有限的、有序的,在他们的大脑中存在一级级小阶梯,他们将产品或多个方面的要求在这些小阶梯上排队,而定位就是要找到这些小阶梯,并将产品与某一阶梯联系上。

定位理论认为现有的产品在顾客心目中通常都有一个位置,因而定位应强调通过突出符合消费者心理需求的鲜明特点,确定特定品牌在商品竞争中的方位,以方便消费者处理大量的商品信息。

定位观念的要点是在"消费者心中"与"相对于竞争对手"相对应,找到自己的位置,这正是定位理论与USP理论及品牌形象理论的主要区别。定位是一种攻心战略,不是去创作某种新奇的与众不同的东西,而是去操作已存在于受众心中的东西,以受众心智为出发点,以消费者需求为导向,在价格、时间、功能、效果、情感、享受、安全、身份、价值等方面占有一个独特的定位。这不像传统的逻辑那样,从产品中寻找,而是从消费者需求出发,在消费者的心理层面寻找,从这个角度来说,定位观念具有下列特征。

(1) 定位为受众有限的心智提供一种简化的信息。人们学会在心智上划分等级,不同的等级代表不同的产品与品牌,这样简化了复杂的信息处理。定位正是适应了受众的简化心理,直指受众的心智,在受众心理阶梯上寻找一个位置,或者重新构建一定的心理阶梯。

(2) 定位借助的是一种位序符号。USP策略运用的是特征代码,即利用人类通过把握事物特征来把握事物的原理,从产品概念中抽取某些特征来指代产品,让受众在心中将这些特征意象转化为产品与意义,从而标志和理解产品。品牌形象策略运用的是象征性代码,利用广告投射一个形象,这一形象的性格和意义象征品牌,使受众在心中将形象性格、品牌及消费者自身融合起来。定位策略运用的是数列代码中的位序代码,比前两种更简化与抽象。位序代码代表消费者心中的排序和量度,当定位将某一位置赋予某一品牌时,这一品牌就成了位置符号的内容,人们在心目中就会将这一位置具有和包容的价值及其他信息附加在品牌上。

(3) 定位与受众心理的保守性和可塑性。消费者现行的心智状态决定了消费者心理认知的选择性,即选择性注意、选择性理解和选择性记忆。这是认识结构的保守性和顽固性,但是消费者的心智在一定条件下又具有可变性和可塑性。定位要考虑受众心中已有的有序网络,同时又可修正、改变或重建心理位序,形成有利于自己品牌的心理位序序列。营销者应寻找、创造、利用有利于定位的条件,通过主动的传播与沟通,在消费者心中占据有利位置。

三、品牌定位的原则

品牌定位是品牌成功的关键。品牌定位应该遵循以下原则。

1. 心智主导原则

品牌定位是品牌与其所对应的目标消费者建立了一种内在的联系,并在消费者心中占据了一个有价值的位置。品牌定位是根据目标消费者的需求所规划设计的一种传播策略,目标是利用简洁的定位口号,通过品牌传播活动拨动消费者需求的心弦,激发、引导消费者的购买欲望,并赢得消费者的忠诚。因此,品牌定位必须基于消费者的需求和消费者的心智变化规律,以提高品牌定位的传播效率。

2. 差异化原则

品牌定位的本质是塑造品牌的差异性。在同质化的时代,差异化成为企业制胜的法宝,如果品牌定位不能凸显品牌的差异性特征,甚至跟随其他品牌的特征描述,在众多的竞争品牌中就无法区别于竞争对手。品牌差异化定位的塑造需要分析消费者的需求和市场状况,从而在市场上找到消费者未实现的诉求的空白点,然后利用企业资源技能型配称,把空白点变成品牌的定位点。

3. 稳定性原则

除非原定位不合时宜,否则品牌定位不能随意更改,要确保品牌定位的相对稳定性。品牌定位为消费者提供了一个购买的理由,这种购买的理由是会随经济发展和时代变迁而变化的,但定位不能随时变化,因此品牌定位点不能过窄。品牌定位点尽量不要围绕产品属性进行,避免产品生命周期和品牌延伸对品牌定位的影响过大,最好围绕个性、感情、理念等方面进行品牌定位。在稳定的同时也为品牌定位的动态变化预留空间。例如,沃尔沃汽车的品牌定位是"安全",而汽车驾驶永恒的主题就是安全。

4. 简明原则

品牌定位是品牌传播的基础,在信息爆炸的时代,品牌定位信息必须简明扼要,只有这样才能抓住消费者的心智。因此,品牌定位最终反映为定位口号时,一定要遵循简明原则,使品牌定位"简明扼要,朗朗上口",便于消费者接收、记忆和相互传播,增强定位的传播效率。例如,一句"喝王老吉,不上火"使王老吉饮料"火"遍全国。

第二节　品牌定位的过程

品牌定位是一个比较复杂的过程,除了宏观环境、行业环境、企业情况分析外,主要包括三个方面的分析,即消费者分析、竞争对手分析、产品的共同点和差异点分析。每一个分析过程都可以产生一个定位,综合分析判断可以相互印证并给决策者的品牌定位决策提供参考,然后根据企业的各种资源对品牌定位进行运营配称和品牌定位传播。

一、品牌定位分析

品牌定位需要对目标消费者、竞争者、产品共同点和差异点进行分析。首先要对市场状况和消费者需求进行分析,然后对竞争对手的竞争特征进行分析,最后还要分析自己产品与市场同类产品的共同点和差异点。每个要素的分析都不是孤立的,而是相互交叉和联系的(见图4-1)。

图4-1　品牌成功定位的三要素

(一)目标消费者分析

品牌定位不是在产品上动手脚,而是在消费者心智上动脑筋,把产品内在最独特的那部分特点放在消费者心里。目标消费者分析是品牌定位的重要环节,可以形成品牌定位的一种思路和方法。目标消费者分析需要分三步完成。

1. 找位

企业要满足谁的需要,这是选择目标消费者的过程,实际上也是市场定位的过程。既然要在消费者的心智上动脑筋,就要准确地确定产品的最终消费者是谁、产品的购买者是谁、产品购买的决策者是谁、产品购买的参谋者是谁。例如,儿童果冻的最终消费者是儿童,而购买者可能是他的父母,决策者可能是父母也可能是爷爷、奶奶、姥姥、姥爷等。目标消费者的确定,决定了你要把你的主张放到谁的心智中。要针对目标消费者的心理需求和行为规律采取行动,因为他能对是否购买你的产品起决定性的作用。

2. 定位

企业要满足谁的什么需要,这是品牌的定位过程。当具有决策权的目标消费者确定后,就要分析他最需要的产品属性、品牌个性,以及他追求的利益是什么。在这些属性、个性、利益中,哪些在市场上还找不到,也就是确定消费者的需求未得到满足的部分,然后在产品和宣传上制定满足消费者需求的方案。例如,假如购买果冻的决策者是父母,他们最注重孩子的聪明健康,而市场上还没有一个果冻能满足这方面的需求,那就要组织专家对果冻的配方进行深入研究,增加有利于智力发育及营养平衡的元素,促进孩子健康成长,并把自己的主张告诉消费者。

3. 到位

企业如何满足消费者需要,这是营销品牌定位的过程。通过产品、价格、渠道、沟通、促销和公关等活动将品牌的定位信息传达到消费者心中,在消费者心中占据确立的位置。企业发现了目标消费者未满足的需求,就相当于探险者发现了宝藏,需要细心挖掘才能实现利益最大化。满足消费者的需求,要制定详细的产品方案和传播方案。仍以果冻为例,在按新配方生产的产品上市时,通过专家荐言和权威的检验报告来告诉父母,吃了我们企业生产的品牌果冻,孩子会聪明健康。此外,可以开展场面浩大的促销活动,还可以主办或承办赞助幼儿园等机构的公益活动,也可以在社区做"幼儿如何聪明健康"的主题活动。通过多渠道、到位的品牌定位传播,确保品牌定位的有效性。

(二) 竞争对手分析

"知彼知己,百战不殆。"企业要成功地进行品牌定位,需要对竞争对手进行分析,并在分析过程中做好以下几个方面的工作。

1. 对同行业的竞争者的相关情况进行细致分析

具体地说,要了解行业内竞争者的数量、各自的市场份额、在市场中所处的竞争地位、各竞争者的优劣势及最近的发展动向等。这是竞争者分析的基础工作。

2. 确定自己的竞争对手

根据目标消费者的需求和自己的优势确定自己的竞争对手。选择一个品牌定位的地标,即通过品牌定位选择一个自己要达到的目标,把自己纳入消费者的选购清单中。在品牌定位的过程中,选取市场上最强势的竞争对手进行品牌定位是最有效的,因为消费者总是关注热点、聚焦热点。选取最强势的竞争对手容易引起顾客的关注,激发新的心智认知,让自己的品牌进入消费者心智。

3. 竞争对手的强势研究

竞争对手的强势是企业品牌定位很好的基础,因此要对其强势进行研究。竞争对手的强势可能是一个品牌,也可能是一个品类,还可能是一个产品,更可能是一个特点。企业都试图在确定竞争对手的强势后,找到自己品牌与强势品牌的品类、产品、特点的相同点和差异点,以便所塑造的品牌定位与竞争对手的定位既相似又有所区别。

4. 在竞争对手的对立面确定自己的品牌定位

借助自己的优势资源创造消费者未满足的需求,明确竞争对手的强势后,结合上述三个方面的情况,在竞争对手的对立面确定自己的品牌定位。例如,奔驰是市场上领先的汽车品牌,归因于其良好的"乘坐"功能——宽敞、舒适、豪华、尊贵,品牌定位于乘坐,宝马在其对立面确立了自己的品牌定位——驾驶乐趣,强调自己的驾驶性能良好,倡导"坐奔驰,开宝马"。

在品牌定位实践中,竞争者分析过程可形成一种品牌定位的思路和方法。我们以贵州茅台与泸州老窖为例。贵州茅台酒厂位于贵州省的赤水河畔,是大曲酱香型白酒的鼻祖和典型代表,先后多次荣获各种国际金奖和国内名酒评比之冠。贵州茅台酿造所用的是赤水河水,拥有独到的酱香工艺,具有始于汉代、盛于明清的悠久的酒文化,被定位为"国酒"。泸州老窖酒厂位于四川省泸州市的赤水河畔,是浓香型白酒的开山鼻祖。泸州酒业始于秦汉,兴于唐宋,盛于明清,传统酿制技艺入选首批国家级非物质文化遗产,1573国宝窖池群是行业首家全国重点文物保护单位。泸州老窖与贵州茅台的条件相当,但一开始泸州老窖不论是价格还是品牌声誉都无法与贵州茅台相比。后来泸州老窖根据竞争者分析,在贵州茅台"国酒"的对立面树立了自己的定位,塑造了"国窖1573"的品牌,突出窖藏文化特征和1573历史符号。"国窖1573"很快被市场认可并备受赞誉,在价格和声誉上可以与贵州茅台相媲美。

(三)产品的共同点和差异点分析

进行产品的共同点和差异点分析,目的是把自己的品牌与市场领导品牌放在同档次的类别中,纳入目标消费者选择的清单,表明本品牌与竞争品牌一样具有卖点,甚至更胜一筹。

1. 共同点分析

分析共同点,是比照竞争对手的产品特点进行定位。例如,乐百氏纯净水通过诉说自己的产品经过"二十七层净化"来强调水的纯净,而屈臣氏蒸馏水则通过诉说自己在生产环节质量控制的严格程度来强调水的纯净;蒙牛根据消费者需求分别推出高档牛奶品牌特仑苏和酸奶品牌纯甄后,伊利也比照其品质、价格和消费者定位等因素推出牛奶品牌金典和酸奶品牌安慕希。特仑苏与金典、纯甄与安慕希已经成为市场上的高档牛奶和酸奶品牌。三元、光明等其他奶业企业也纷纷效仿,推出相同市场定位的产品,把自己的产品纳入具有高档牛奶和酸奶需求的选择清单。

2. 差异点分析

要使品牌脱颖而出,给消费者一个不同的选择,管理者必须提炼出品牌的差异点。差异点可以通过制造过程的技术水平、制造工艺和最终产品品质等形成实体定位,也可以通过创造形成概念定位。例如,宝洁为消费者提供了一系列差异点鲜明的洗发水品牌,海飞丝(去头屑)、飘柔(柔顺)、沙宣(保湿)、潘婷(营养);汽车品牌也都在强调自己的差异点定位,法拉利强调速度、奔驰强调名望、宝马强调驾驶乐趣、沃尔沃强调安全。差异点可以是功能和品质,也可以是感情的、文化的概念,但所有差异点要注意先入为主的原则,也都需要运营支撑。

以上三个方面的分析可以整合成一个品牌定位系统,用品牌定位的描述方式表述出来。例如,在品牌定位文件中,品牌定位可以表述为:××(品牌)的产品能够为××(目标顾客)带来××(独特价值),这种价值是××(竞争品牌)所不具备的,因为它含有××(支持点)。举例来说,沃尔沃汽车能够为关注安全的高收入者带来安全的独特价值,这种价值是宝马、奔驰等竞争品牌所不具备的,因为它几十年来一直专注于汽车安全技术的研究,至今已研制出多个安全专利技术。但在品牌定位传播中,要转化为简洁、经典的品牌口号。

二、品牌定位的运营配称

品牌定位的运营配称就是给消费者一个相信的依据和理由，告诉消费者他们的诉求是什么，自己的品牌是如何满足这种需求的，并给出满足这种需求共同点或差异点的依据。对于功能性的品牌定位点，常见的配称依据包括技术、成分、外观等因素。例如，沃尔沃汽车的品牌定位于"安全"，因为安全性能是每位驾驶员和乘员高度关注的汽车品质，也是很多汽车品牌想要争夺消费者的心智资源。沃尔沃要稳定地保持这一品牌定位，必须在设计、生产中不断挖掘提高安全的技术设计，提供让消费者相信沃尔沃是最安全的依据。沃尔沃是最先购买三点式安全带专利并将其安装在汽车上的厂家。它还为了公众的利益把专利无偿提供给其他汽车生产厂家，使汽车事故死亡率下降了近50%，使汽车安全进入了一个新的时代。此后，沃尔沃一直追求与安全有关的技术发明和应用，如防侧撞钢板、一次成型的整架钢铸、车载免提手机等。这种"安全"的首发依据，传播给消费者，给了消费者相信沃尔沃是最安全的理由，使沃尔沃牢牢守住了这个品牌定位点。

第三节　品牌定位技术

一、三维品牌定位感知图

品牌定位过程中的共同点和差异点相辅相成，但品牌要在众多品牌中独树一帜，还需要寻求或提炼差异点，使消费者在同类品牌中能有一个不同的选择理由和依据。一般情况下，消费者选择注重四个方面的利益：功能性利益；财务性利益；情感性利益；社交性利益。寻找差异点就围绕这四个方面展开。在选择过程中，不一定要四个方面都面面俱到，可以在各种利益中确定消费者最关心的一两个属性，从而确定差异点。

感知图是在两个维度上寻找差异点的一种技术方法。首先，通过市场调查了解影响消费者购买的关键属性，然后统计分析这些属性的重要性，确定两个重要性较高的属性作为感知图的两个维度。两个属性的确定非常关键，它们基本决定了品牌定位点的选择。其次，在二维感知图中，找到每个竞争品牌的相应位置，如果需要，可以以标定的位置为圆心，以一定的半径画圆，以圆的半径或面积表示其市场份额等市场势力因素，这样二维图可以变为三维图(如图4-2所示)。

这样处理有利于确定差异点和定位点，消费者对两个属性的期望就可以在感知图上表达出来。通过感知图，企业可以避开竞争品牌的位置或其他品牌势力较强的位置，找到竞争空白点，结合目标消费者的需要，在感知图中确定品牌定位。

例如，图4-2反映了一个企业面对的同类品牌的定位情况。企业在品牌定位中，选择品质和价格作为关键属性，构建了三维感知图。圆的大小表示市场份额：圆A表示一个追求高品质但由于规模可以接受较低价格的细分市场；圆B表示一个追求高品质、高价格的细分市场；圆C表示一个追求中档品质、中档价格的细分市场；圆D表示一个接受中档品质、较低价格的细分市场；圆E表示一个接受较低品质、较高价格的细分市场。从各

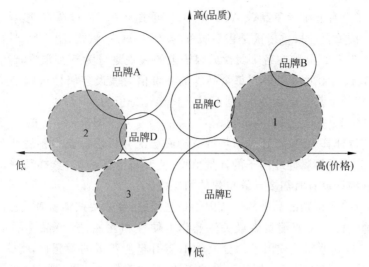

图 4-2　三维品牌定位感知图

品牌的定位点和势力范围来看,企业的品牌定位有三个区域可以选择(图中虚圆部位)。圆 1 和圆 2 附近都被多个品牌占据,竞争很激烈,唯有圆 3 附近还是一个空白点。圆 3 的品牌定位是以较低的价格提供基本产品质量的品牌,是一个大众消费品牌,但市场空间相对较大。如果企业想控制品牌的制高点,在生产、销售方面有一定的经验,想为高收入、高消费的目标群体提供产品和服务,那么圆 1 附近的定位也是一个很好的选择,品牌定位是较高的品质、较高的价格,但如果 B、C 品牌扩大规模,拓展市场空间,竞争会比较激烈。

二、品牌定位的排比图

随着社会的不断进步和经济的飞速发展,消费者的需求日益多元化,消费者对产品的要求也越来越高,两个属性不能满足其判断决策的需要,有必要采取多属性的分析和品牌定位方法。排比图就是一种多因素品牌定位方法。

首先,根据专家意见和采取消费者调查的方法,确定所有影响消费者购买决策的属性或特征因子;其次,根据调研结果对影响属性或特征因子进行重要性排序;最后,根据消费者对本品牌及竞争品牌的属性或特征因子评价分值,在排比图中标出各品牌的位置,从中可知各品牌的差距,从而明确本品牌未来的定位方向(如图 4-3 所示)。

影响因子	1	2	3	4	5	重要性	
质量	A	B	C	E	D	1	低
性能	A			BC	DE	2	
耐用性		DE		CB	A	3	
款式	A	E		B	DC	4	
操作方便性	A			BE	CD	5	
售后服务	A	B		EC	D	6	高
	低				高		

图 4-3　品牌定位排比图

例如,市场上有五个竞争品牌 A、B、C、D、E 可供参考。通过调查,影响品牌购买决策的属性或因子按重要性权重依次是售后服务、操作方便性、款式、耐用性、性能、质量,权重依次是 6、5、4、3、2、1,品牌在各个属性或因子上的表现划分为 5 个层次,5 个层次的分值依次是 1、2、3、4、5,由此可以得到每个品牌的评价值。假设各属性或因子被关注的程度是平等的,即每一个都要受到关注,则 E 的品牌定位分值为

$$(4 \times 1)+(5 \times 2)+(1 \times 3)+(2 \times 4)+(4 \times 5)+(4 \times 6)=69$$

在这种定位计算中,可以通过市场调查法或层次分析法等获得各属性和因子的权重值,也可以细分质量等属性或因子的计量单位,使其得分更准确,这样品牌定位的分值也会更准确。这种计算有时需要计算机软件的支持。

事实上,消费者认知的品牌属性或因子是有限的,企业要按消费者关注的因子和市场空间进行品牌定位。假如消费者最关注操作方便性和性能,则 D 品牌的定位就比较合适,但对 D 品牌,其他属性或因子的分值就不会引起消费者的敏感性,考虑成本和效益,不应在质量、款式、售后服务上倾注过多的资源,只要确保行业平均状态,就不会影响消费者的选择决策。

第四节　品牌定位策略

扩展阅读 4.2
追求深层次的品牌内涵,从精准品牌定位开始

品牌定位策略分为四个维度,即产品维度的品牌定位、竞争维度的品牌定位、消费者维度的品牌定位和战略层面的品牌定位。事实上,品牌定位是一个综合的过程,要综合考虑战略层面,也要考虑产品、消费者和竞争者。品牌定位策略实际上就是前述品牌定位思路的应用。

一、产品维度的品牌定位

(一) USP 定位

USP 定位策略是指在对产品品牌与目标消费者进行分析和研究的基础上,寻找产品中最符合消费者需要、竞争对手不具备或不容易模仿的特点来进行品牌定位的策略。例如,汽车的安全性一直是消费者关注的焦点,沃尔沃持续开发、培育汽车的安全性作为独特的卖点,在与奔驰、宝马、雷克萨斯等安全性较高的汽车竞争时,牢牢地捍卫了自己"安全"的品牌定位。

(二) 类别定位

类别定位策略是将自己的产品与某些知名而又属常见的普通类型的产品区别开来,给自己的产品定位,使其与其他竞争产品不同。例如,在饮用水市场上,农夫山泉注重山泉水资源的垄断,就近建厂,逐渐减少并退出纯净水的生产和销售,然后,通过传播渠道宣称纯净水不利于人类健康,郑重宣布退出纯净水生产和销售,使农夫山泉的市场份额迅速

升高,而以纯净水为主的其他厂家却陷入被动。再如,在饮料市场上,美国的七喜汽水宣称自己是"非可乐"型饮料,将自己与可口可乐和百事可乐区分开来,突出其与两"乐"的区别,因而吸引了相当部分的可口可乐和百事可乐的原有消费者,一举成为美国第三大软饮料。

(三) 利益定位

利用产品给消费者带来的利益进行品牌定位。这个利益主要是指功能性利益,必须是该品牌最早开发或表达出来的。如果产品有功能上的创新,或能为消费者提供独特的功能,利用功能性利益进行品牌定位就十分明智。但由于消费者能记住的信息是有限的,往往只对某一功能有强烈诉求,容易产生深刻的印象,因此品牌利益定位向消费者承诺一个利益点的单一诉求往往更能突出品牌的个性,获得成功的定位。例如,洗发水中飘柔的利益承诺是"柔顺"、海飞丝是"去头屑"、潘婷是"健康亮泽"、夏士莲是"中药滋润",这些定位都能吸引一大批消费者,分别满足他们的特殊要求。

二、竞争维度的品牌定位

(一) 首席定位

首席定位即宣传自身品牌是同行业中实力最强、成为市场领导者的市场定位。例如,企业在广告宣传中使用正宗的、第一家、市场占有率第一、销售量第一等口号,就是首席定位策略的运用,如百威啤酒宣称是"全世界最大、最有名的美国啤酒"。在现今信息爆炸的社会里,各种广告、信息、商品品牌多如繁星,消费者对大多数一般的无特色的信息毫无印象,但对"第一"印象非常深刻,首席定位能使消费者在短时间内记住品牌。

(二) 比附定位

比附定位也称攀附名牌,是指对应名牌来给自己的产品定位,利用名牌的影响力和市场地位使自己的品牌获取无形的利益。常见的比附定位主要有以下三种。

1. 甘居"第二"策略

这种品牌定位策略就是明确承认在同类中,自己的品牌不是最强的,只不过是第二而已。使用这种策略会使消费者对企业产生一种谦虚诚恳的印象,相信企业的宣传是真实可靠的,从而较容易使消费者记住这个通常难以进入人们心智的序位。最为经典的例子是内蒙古的蒙牛奶业。创业之初蒙牛宣传自己的品牌定位,号称是"内蒙古奶业第二品牌",从而赢得了消费者的认可,并拥有了很多忠诚的客户。

2. "攀龙附凤"策略

这种品牌定位策略也承认同类中已有实力强大、广负盛名的品牌,本品牌的实力和影响力无法与该品牌相比,但在某地区或在某一方面可与这一最受消费者欢迎和信赖的品牌相媲美。例如,内蒙古的宁城老窖的宣传语是"宁城老窖——塞外茅台"。

3. "高级俱乐部"策略

许多实力一般的品牌经常采用这种定位方式。这些品牌借助群体的声望和模糊的手法,打出某种具有法定成分的俱乐部式的高级团体牌子,强调自己是这一高级群体的一员,从而提高自己的地位形象,如宣称自己是"××行业的全国50强之一""十大驰名商标之一"等。例如,美国克莱斯勒汽车公司宣称自己是美国"三大汽车公司之一",使消费者认为克莱斯勒与第一、第二一样都是知名轿车,从而取得了良好的效果。

(三) 对比定位

对比定位是指通过与竞争对手的客观比较来确定自己的市场地位的定位,也可称为排挤竞争对手的定位。运用该定位策略,企业设法改变竞争者在消费者心目中的现有形象,找出其缺点或弱点,并用自己的品牌进行对比,以自身的优势与竞争对手的弱势相比,从而确立自己的地位,让自己的品牌在消费者心目中占有一席之地。例如,在止痛药市场上,由于阿司匹林有引发肠胃微量出血的可能,泰诺就对此发起针对性的广告,宣传"为了千千万万不宜使用阿司匹林的人们,请大家选用泰诺",最终,泰诺击败了占"领导者"地位的阿司匹林。又如,农夫山泉通过天然水与纯净水的客观比较,确定天然水优于纯净水的事实,并宣布停产纯净水,只生产天然水,鲜明地亮出自己的定位,从娃哈哈等纯净水生产商手中抢夺市场份额。

三、消费者维度的品牌定位

(一) 消费群体定位

消费群体定位策略以某类消费群体为诉求对象,突出产品专为该类消费群体服务,来获得目标消费群体的认同。把品牌与消费者结合起来,有利于增进消费者的归属感,使其产生"我自己的品牌"的感觉,从而诱导目标消费者购买产品。例如,太太口服液定位的消费群体是中年女性,宣扬"太太口服液,十足女人味";金利来定位为"男人的世界";哈尔滨制药的护彤定位为"儿童感冒药";百事可乐定位为"青年一代的可乐"等都是消费群体定位策略的运用。

(二) 情景定位

情景定位是将品牌与特定的环境、条件、场合下产品的使用情况相联系,从而引起消费者在该特定情况下对该品牌产生联想。使用这种品牌定位策略,可以使消费者在自己所处的情景中自然而然地联想到该品牌,从而将品牌定位传播给消费者。例如,启东盖天力制药公司生产的"白加黑"感冒片根据人们生活工作在白天和黑夜的不同,将感冒片分成白片和黑片两种,"白天服白片不瞌睡,晚上服黑片睡得香",就是典型的情景定位。感冒时白天就会想到服用"白加黑"感冒片的白片,晚上则会自然而然地服用黑片。还有"八点以后"巧克力薄饼声称是"适合八点以后吃饭的甜点",也是情景定位。

(三) 市场空当定位

市场空当定位是指企业寻求市场上尚无厂商重视,但为许多消费者所重视的、尚未被开发的市场,从而使自己推出的产品能适应这一潜在目标市场的需要。市场机会是无限的,全靠企业发掘机会的能力。例如,美国M&M公司生产的巧克力以"只溶在口,不溶在手"为诉求点,抓住了市场的空当,定位获得极大成功;可口可乐公司推出的果汁品牌"酷儿"在营销界堪称成功的典范,一个重要原因是它瞄准了儿童果汁饮料市场无领导品牌这一市场空当。

四、战略层面的品牌定位

(一)概念定位

概念定位就是以一个新的理念或概念包装产品,使产品、品牌在消费者心智中占据一个新的位置,形成新的概念,甚至形成一种思维定式,以获得消费者的认同,使其产生购买欲望的定位策略。这种概念或理念往往含有人性化的价值,消费者第一次接触,很容易进入人的心智,因此这种定位策略运用非常广泛。这类产品可以是老产品,也可以是新产品,尤其对于新产品及产品属性特征不是很突出,与同类产品差别化不是很大的产品,这种定位策略十分有效。例如,宝洁公司在美国推出一次性纸尿布时,品牌定位宣传母亲使用"方便",销售额迟迟上不去,后来定位为"母爱",宣传保持婴儿体表干燥、舒适和卫生,满足了妈妈们关爱体贴婴儿的诉求,得到了市场的认同。另一个概念定位极其成功的案例是"脑白金",它不在功能等方面定位,而是定位于"礼品"的概念,宣传"收礼只收脑白金",大力倡导给自己的爸爸妈妈送礼的概念,比较容易让消费者接受这种诱导式购买。

(二)情感定位

这种定位策略是指运用产品直接或间接地冲击消费者的情感体验而进行定位,以消费者的情感为诉求,用一定的情感唤起消费者内心深处的认同和共鸣,适应或改变消费者的心理。这种定位策略基于消费者是感性的这一重要属性。在同类产品和替代产品竞争激烈的情况下,情感定位策略作用特别突出。例如,浙江纳爱斯的雕牌洗衣粉,在品牌塑造上大打情感牌,其"下岗篇"以"……妈妈,我能帮您干活啦"的真情流露引起了消费者强烈的情感共鸣;"后妈篇"以母亲对儿女的关怀打动了很多母亲,成功的情感定位使"纳爱斯"和"雕牌"深入人心。此外,丽珠得乐的"其实男人更需要关怀"和穿"红豆"衬衣产生相思情怀也是情感定位策略的绝妙运用。

(三)文化定位

文化定位是指将文化内涵融入品牌,形成文化上的品牌差异的品牌定位策略。文化定位不仅可以大大提高品牌的品位,而且可以使品牌形象独具特色。产品的功能与属性容易被模仿,而品牌的文化却很难模仿。品牌文化定位按照文化内容的不同又分为下面两种定位策略。

1. 以民族精神为代表的历史文化

这种定位策略将本民族的民族精神和历史文化渗透到产品品牌中,使消费者认为该品牌就是该民族的产品,从而提高品牌影响力和感染力。可口可乐不仅是一种享誉全球的碳酸饮料品牌,更是美国文化的象征;麦当劳蕴含着工作标准化、高效率、快节奏的美国文化；奔驰品牌则代表"组织严谨、品质高贵和极富效率"的德国文化；珠江云峰酒业推出的小糊涂仙酒，借"聪明"与"糊涂"反衬，将郑板桥的"难得糊涂"的名言融入酒中；舍得酒倡导的"舍得精神"成功地实现了文化定位；百年张裕以其浓厚的文化底蕴和葡萄文化资源，塑造了"传奇品质，百年张裕"的文化定位；麦氏咖啡进入中国，发现中国人非常重视友情，提出了"好东西与好朋友分享"的品牌定位，利用文化拉近了与中国消费者的距离，创造了极佳的市场效果。

2. 以企业经营理念为代表的现代文化

这种定位策略将企业自身的经营理念融入产品品牌中，用具有鲜明特点的经营理念作为品牌的定位诉求，并在营销与品牌管理的各个方面和环节向消费者传播。诺基亚的"科技以人为本"、TCL的"为顾客创造价值"、海尔的"真诚到永远"等都是经营理念定位的典型代表。这些成功的文化定位不但宣传了企业的经营理念，更重要的是让消费者对其品牌产生了认同感，提高了这些品牌的美誉度和消费者的忠诚度。

复习思考题

1. 简述品牌定位理论发展的三个阶段及内容。
2. 特劳特的心理占位奠定了品牌定位的基础，你对此有何看法？
3. 简述品牌定位的原则。
4. 简述品牌定位的消费者分析过程。
5. 简述品牌定位的竞争者分析过程。
6. 为什么进行品牌定位前要分析自己产品的差异点和共同点？
7. 如何进行品牌定位的运营配称？
8. 如何运用品牌定位的感知图方法和排比图方法？
9. 简述品牌定位的策略。

案例分析

红罐王老吉品牌定位战略

一、背景

2002年以前，红色罐装王老吉（以下简称"红罐王老吉"）是一个活得很不错的品牌，在广东、浙南地区销量稳定，盈利状况良好，有比较固定的消费群，销售业绩连续几年维持在1亿多元。发展到这个规模后，加多宝的管理层发现，要把企业做大，要走向全国，就必须克服一连串的问题，甚至原本的一些优势也成为企业继续成长的障碍。而所有困扰中，最核心的问题是企业不得不面临一个现实难题——红罐王老吉当"凉茶"卖，还是当"饮料"卖？

现实难题表现一：广东、浙南消费者对红罐王老吉认知混乱。在广东，传统凉茶因降火功效显著，消费者普遍将其当成"药"服用，无须也不能经常饮用。而王老吉这个具有上百年历史的品牌就是凉茶的代称，可谓说起凉茶就会想到王老吉，说起王老吉就会想到凉茶。因此，红罐王老吉受品牌名称所累，并不能很顺利地让广东人将其当成一种可以经常饮用的饮料，销量大大受限。

另外，加多宝生产的红罐王老吉配方源自香港王氏后人，是经国家审核批准的食字号产品，其气味、颜色、包装都与广东消费者观念中的传统凉茶有很大区别，而且口感偏甜，按中国"良药苦口"的传统观念，消费者自然感觉其"降火"药力不足，当产生"降火"需求时，不如到凉茶铺购买，或自家煎煮。所以对消费者来说，在最讲究"功效"的凉茶中，它也不是一个好的选择。

在广东，红罐王老吉拥有凉茶始祖王老吉的品牌，却长着一副饮料化的面孔，让消费者觉得"它好像是凉茶，又好像是饮料"，陷入认知混乱。

而在加多宝的另一个主要销售区域浙南（主要是温州、台州、丽水三地），消费者将红罐王老吉与康师傅茶、旺仔牛奶等饮料相提并论，没有不适合长期饮用的禁忌。加之当地在外华人众多，经他们的引导带动，红罐王老吉很快成为当地最畅销的产品。企业担心红罐王老吉可能会成为来去匆匆的时尚，如同当年在浙南红极一时的椰树椰汁，很快又被新的时髦产品替代，一夜之间在大街小巷上消失得干干净净。

面对消费者这些混乱的认知，企业急需通过广告提供一个强势的引导，明确红罐王老吉的核心价值，并与竞争对手区别开来。

现实难题表现二：红罐王老吉无法走出广东、浙南。在两广以外，人们并没有凉茶的概念，内地消费者"降火"的需求已经被填补，他们大多是通过服用牛黄解毒片之类的药物来解决。

做凉茶困难重重，做饮料同样危机四伏。放眼整个饮料行业，以可口可乐、百事可乐为代表的碳酸饮料，以康师傅、统一为代表的茶饮料、果汁饮料更是处在难以撼动的市场领先地位。

而且，红罐王老吉以金银花、甘草、菊花等草本植物熬制，有淡淡的中药味，对口味至上的饮料而言，的确存在不小的障碍。加之红罐王老吉3.5元的零售价，如果加多宝不能使红罐王老吉与竞争产品区分开来，它就永远走不出饮料行业"列强"的阴影。这就使红罐王老吉处于一个极为尴尬的境地：既不能固守两地，也无法在全国范围推广。

现实难题表现三：推广概念模糊。如果用"凉茶"概念来推广，加多宝公司担心其销量将受到限制，但作为"饮料"推广又没有找到合适的区隔，因此在广告宣传上不得不模棱两可。

在红罐王老吉前几年的推广中，消费者不知道为什么要买它，企业也不知道怎么去卖它。在这样的状态下红罐王老吉居然还平平安安地度过了好几年。出现这种现象，外在的原因是中国市场还不成熟，存在许多市场空白；内在的原因是这个产品本身具有一种不可替代性，刚好能够填补这个位置。但在发展到一定规模之后，企业要想做大，就必须搞清楚一个问题：消费者为什么买我的产品？

二、重新定位

2002年年底,加多宝找到成美营销顾问公司(以下简称"成美"),初衷是想为红罐王老吉拍一条以赞助奥运会为主题的广告片,要以"体育、健康"的口号来进行宣传,以期推动销售。成美经初步研究后发现,红罐王老吉的销售问题不是通过拍广告就可以解决的,首先要解决的是品牌定位。

红罐王老吉品牌从未经过系统、严谨的定位,企业都无法回答红罐王老吉究竟是什么,消费者就更不用说了,完全不清楚为什么要买它——这是红罐王老吉缺乏品牌定位所致。这个根本问题不解决,拍什么样"有创意"的广告片都无济于事。正如广告大师大卫·奥格威所说:一个广告运动的效果更多的是取决于你产品的定位,而不是你怎样写广告(创意)。经过一轮深入沟通,加多宝公司最后接受了建议,委托成美先对红罐王老吉进行品牌定位。

按常规做法,品牌的建立都是以消费者需求为基础展开,因而大家的结论与做法亦大同小异,仅仅符合消费者的需求并不能让红罐王老吉形成差异。而品牌定位的制定是在满足消费者需求的基础上,通过了解消费者认知,提出与竞争者不同的主张。

又因为消费者的认知几乎不可改变,所以品牌定位只能顺应消费者的认知而不能与之冲突。如果人们心目中对红罐王老吉有了明确的看法,最好不要去尝试冒犯或挑战。就像消费者认为茅台不可能是一个好的"啤酒"一样,所以红罐王老吉的品牌定位不能与广东、浙南消费者的现有认知发生冲突,才可能稳定现有销量,为企业创造生存及扩张的机会。

为了了解消费者的认知,成美的研究人员一方面研究红罐王老吉、竞争者传播的信息,另一方面与加多宝内部、经销商、零售商进行大量访谈。完成上述工作后,成美聘请市场调查公司对王老吉现有用户进行调查。以此为基础,研究人员进行综合分析,厘清红罐王老吉在消费者心智中的位置,即在哪个细分市场上参与竞争。

成美在研究中发现,广东的消费者主要在烧烤、登山等场合饮用红罐王老吉。其原因不外乎"吃烧烤容易上火,喝一罐先预防一下""可能会上火,但这时候没有必要吃牛黄解毒片"。

而在浙南,饮用场合主要集中在"外出就餐、聚会、家庭"。在了解当地饮食文化的过程中,研究人员发现:该地区消费者对于"上火"的担忧比广东有过之而无不及,如消费者座谈会桌上的话梅蜜饯、可口可乐都被说成了"会上火"的危险品而无人问津。而他们对红罐王老吉的评价是"健康,小孩、老人都能喝,不会引起上火"。这些观念可能并没有科学依据,但这就是浙南消费者头脑中的观念,也是研究需要关注的"唯一的事实"。

消费者的这些认知和购买消费行为均表明,消费者对红罐王老吉并无"治疗"要求,而是作为一种功能饮料购买,购买红罐王老吉的真实动机是用于"预防上火",如希望在品尝烧烤时减少上火情况发生等,真正上火以后可能会采用药物(如牛黄解毒片、传统凉茶类)治疗。

再进一步研究消费者对竞争产品的看法,则发现红罐王老吉的直接竞争产品,如菊花茶、清凉茶等由于缺乏品牌推广,仅仅是低价渗透市场,并未占据"预防上火的饮料"的定位,而可乐、茶饮料、果汁饮料、水等明显不具备"预防上火"的功能,只是间接的竞争。

同时,任何一个品牌定位的成立都必须是该品牌最有能力占据的,即有据可依。例如,可口可乐说"正宗的可乐",是因为它就是可乐的发明者。研究人员对于企业、产品自身在消费者心智中的认知进行了研究,结果表明,红罐王老吉的"凉茶始祖"身份、神秘中草药配方、175年的历史等,显然有能力占据"预防上火的饮料"这一定位。

由于"预防上火"是消费者购买红罐王老吉的真实动机,自然有利于巩固加强原有市场,而能否满足企业对于新定位"进军全国市场"的期望,则成为研究的下一步工作。二手资料、专家访谈等研究表明,中国几千年的中医概念"清热祛火"在全国广为普及,"上火"的概念也在各地深入人心,这就使红罐王老吉突破了凉茶概念的地域局限。研究人员认为:"做好了这个宣传概念的转移,只要有中国人的地方,红罐王老吉就能活下去。"

至此,品牌定位的研究基本完成。成美给红罐王老吉品牌定位——"预防上火的饮料",独特的价值在于——喝红罐王老吉能预防上火,让消费者无忧地尽情享受生活:吃煎炸、香辣美食、烧烤,通宵达旦看足球⋯⋯这样定位红罐王老吉,是从现实格局通盘考虑,主要益处有三。

其一,有利于红罐王老吉走出广东、浙南。由于"上火"是一个全国普遍性的中医概念,而不再像"凉茶"那样局限于两广地区,这就为红罐王老吉走向全国彻底扫除了障碍。

其二,避免红罐王老吉与国内外饮料巨头直接竞争,形成独特区隔。

其三,成功地将红罐王老吉产品的劣势转化为优势。淡淡的中药味成功转变为"预防上火"的有力支撑;3.5元的零售价格,因为"预防上火"的功能,不再"高不可攀";王老吉的品牌有悠久的历史,成为预防上火"正宗"的有力支撑。

成美在提交的报告中建议在维护原有销售渠道的基础上,加大力度开拓餐饮渠道,在一批酒楼打造旗舰店的形象,重点选择湘菜馆、川菜馆、火锅店、烧烤店等。

凭借在饮料市场上的丰富经验和敏锐的市场直觉,加多宝董事长陈鸿道当场拍板,全盘接受该报告的建议,决定立即根据品牌定位对红罐王老吉展开全面推广。

三、品牌定位的推广

明确了品牌要在消费者心目中占据什么定位,接下来的重要工作就是推广品牌,让它真正地进入人心,让大家都知道品牌的定位,从而持久、有力地影响消费者的购买决策。

紧接着,成美为红罐王老吉确定了推广主题"怕上火,喝王老吉",在传播上尽量凸显红罐王老吉作为饮料的性质。在第一阶段的广告宣传中,红罐王老吉都以轻松、欢快、健康的形象出现,避免出现对症下药式的负面诉求,从而把红罐王老吉和"传统凉茶"区分开来。为了更好地唤起消费者的需求,电视广告选用了消费者认为日常生活中最易上火的五个场景:吃火锅、通宵看球、吃油炸食品、吃烧烤和夏日阳光浴,画面中人们在开心享受上述活动的同时,纷纷畅饮红罐王老吉。结合时尚、动感十足的广告歌反复吟唱"不用害怕什么,尽情享受生活,怕上火,喝王老吉",使消费者在吃火锅、烧烤时,自然联想到红罐王老吉,从而促成购买。

2003年年初,企业用于红罐王老吉推广的总预算仅为1 000万元,这是根据2002年的实际销量来划拨的。红罐王老吉当时的销售主要集中在深圳、东莞和浙南三个区域,因此投放量相对充足。随着定位广告的第一轮投放,红罐王老吉的销量迅速上升,给了企业极大的信心,于是不断追加推广费用,滚动发展。到2003年年底,广告投放累计超过4 000万元(不包括购买2004年中央电视台广告时段的费用),年销量达到了6亿元——这种量力而行、滚动发展的模式非常适合国内许多志在全国市场,但力量暂时不足的企业。

红罐王老吉成功的品牌定位和传播,给这个有着175年历史的、有着浓厚岭南特色的产品带来了巨大的效益:2003年红罐王老吉的销售额比上一年同期增长了近4倍,由2002年的1亿多元猛增至6亿元,并以迅雷不及掩耳之势冲出广东;2004年,尽管企业不断扩大产能,仍供不应求,订单如雪片般纷至沓来,全年销量突破10亿元;以后几年持续高速增长,2008年销量突破100亿元大关。

资料来源:https://www.doc88.com/p-3995549201812.html?s=re&id3.

——本案例受邀《哈佛商业评论》整理,刊于其中文版2004年11月号。

案例讨论思考题

1. 加多宝公司在品牌定位过程中成功的关键是什么?
2. 品牌定位与产品走出广东、浙南有什么样的联系?
3. 结合案例,谈谈如何理解品牌定位中的消费者需求和产品差异点及共同点分析。
4. 如何理解王老吉在品牌定位后的运营配称?

第五章 品牌个性

【学习目的与要求】
(1) 理解品牌个性的内涵和特征；
(2) 理解美国品牌的个性维度；
(3) 理解中国品牌的个性维度；
(4) 理解品牌个性的来源；
(5) 掌握品牌个性特征的塑造方法。

人与人之间的差别不仅表现在相貌、身高、体形等物理层面，更重要的是表现在个性层面。个性是一个心理学概念，在西方又称人格，是指一个人区别于他人的，在不同环境中显现出来的、相对稳定的、影响人的外显和内隐性行为模式的心理特征的总和。例如，有的人活泼，有的人孤僻，有的人开朗，有的人沉闷，有的人高傲，有的人谦卑……个性是人的本质区别，世界上没有两个人的个性是完全一样的。当品牌被赋予个性而具有人格化的特征时，品牌就有了超越产品本身，却更能令其区别于其他竞争品的要素。品牌的个性与人的个性相对应，使品牌表现出特殊的文化品格和精神气质。

扩展阅读 5.1
可口可乐换包装卖萌

第一节 品牌个性的内涵

可以从多个角度识别品牌。从符号的角度，有品牌名称、标志、包装等；从产品的角度，有产品的质量、利益、属性和用途等；还有更深层次的品牌个性特征、文化特征和反映消费者的形象特征。在产品同质化的今天，产品质量、品种、价格等因素已经很难彼此区分，品牌独有的个性特征成为识别品牌的核心要素。

一、品牌个性的定义

《心理学大词典》中给出的个性定义为：个性，也称人格，是指一个人的整个精神面貌，即具有一定倾向性的心理特征的总和。个性结构是多层次的、由复杂的心理特征的独特结合构成的整体。这些层次有：①能力。完成某种活动的潜在可能性的特征。②气质。心理活动的动力特征。③性格。完成活动任务的态度和行为方式的特征。④活动倾向方面的特征，如动机、兴趣、理想、信念等。这些特征相互联系、有机结合为一个整体，对人的行为进行调节和控制。

美国斯坦福大学品牌个性研究专家詹尼弗·艾克(Jennifer Aaker)给出的品牌个性的定义是：品牌个性是指与品牌相连的一整套人格化特征。

品牌实务专家林恩·阿普绍(Lynn Upshow)认为，品牌个性是指每个品牌向外展示的个性，是品牌带给生活的东西，也是品牌与现在和将来的消费者相联系的纽带。它有魅力，能与消费者和潜在消费者进行情感方面的交流。

迄今为止，研究者对品牌个性的定义仍然存有争议。因为人的个性是个人成长过程中由先天的素质与后天的学习和经历共同作用的结果，人可以具有个性、塑造个性和展现个性，品牌本身只是一个没有生命的客体，严格来说，品牌并不具备个性。但是，品牌所具有的象征性意义及其所传达的信息远超过它的功效，消费者在购买和消费品牌产品并与品牌互动的过程中，往往会与品牌建立一定的情感和关系，消费者也常常将品牌视为带有某些人格特征的"朋友"。从这个意义上看，品牌也具有了生命，具备了独一无二的个性特征。

品牌与人一样，有的品牌具有鲜明的个性特征，接触一次就让顾客终生难忘，而有的品牌平淡如水、毫无性格，很快就会被遗忘。塑造品牌个性，使消费者快速认知，进而激发联想，最后忠诚于品牌，是品牌管理的重要内容。

二、品牌的个性特征

1. 品牌个性的差异性

品牌个性的差异性是指品牌个体间相互区别的那些独有的特征。品牌所有者总是期望自己的品牌与别的品牌不一样，以便独占属于自己的那部分市场，准确服务自己的目标顾客。在品种繁多的产品世界中，许多品牌的品质、价格，甚至定位差异都不大，而个性却给了品牌一个脱颖而出的机会，并在消费者脑海里保留自己的位置，以展示自己与众不同的魅力。例如，舍得酒的目标消费群体为社会精英阶层，而身处这个阶层的人可谓历经酸甜苦辣、尝尽人间百味，舍与得贯穿了他们的奋斗历程。舍得酒塑造了"智慧人生，品味舍得"，表现了志存高远、心怀坦荡、内敛而含蓄、儒雅而谦和的个性特征，突出了"中华第一文化酒"的个性。

2. 品牌个性的稳定性

品牌个性都需要保持一定的稳定性，因为稳定的品牌个性是持久占据顾客心智的关键，也是品牌形象与消费者体验相结合的共鸣点。如果品牌没有内在的稳定性及相应的行为特征，那么消费者就无法辨别品牌的个性，自然就谈不上与消费者的个性相吻合，最终会在消费者心目中失去魅力。就如同一个人，上午开朗热情，下午却沉闷冷淡，一会儿高兴得手舞足蹈，一会儿又痛哭流涕，别人与他接触会感觉茫然不知所措。

3. 品牌个性的对应性

在我们熟悉的群体中，我们对每个人的个性都很了解，如果发生了危机事件，我们就知道哪个人会勇往直前、哪个人会懦弱退缩,这是把人的个性与事件处理的理性反应对应起来了。品牌个性也具有这一特征,如你穿的衣服、开的车、喝的饮料等,都有着个人的取向。在张扬个性的时代,人们按照自己的个性选择自己喜欢的品牌,只有在品牌个性与消费者个性对应的情况下,消费者才会主动购买,否则很难打动消费者。例如,在汽车消费市场上,你会发现许多有趣的现象:商界精英一般不选择奥迪、大学教授一般不选择奔驰、政府官员一般不选择宝马,原因是什么呢?因为这些品牌彰显的个性与消费群体的性格不相符。

第二节 品牌个性维度

Tepus 和 Christal(1961)通过整理分析并研究成千上万份数据资料,提出了人类个性的大五模型,后又经过几代科学家的努力完善,形成了一套完备的测量量表体系。大五模型将各种个性特征划分为神经质(neuroticism)、外向性(extraversion)、开放性(openness)、随和性(agreeableness)和谨慎性(conscientiousness)五大个性维度和 30 个维度特征(见表 5-1)。

表 5-1　人格个性大五模型的主要特征和组成成分

主要特征	组成成分
神经质	焦虑、愤怒、沮丧、自我、冲动、易受伤
外向性	热情、社交、专断、活跃、寻求刺激、积极
开放性	幻想、艺术、敏感、实践、思考、有价值
随和性	值得信任、直率、利他、顺从、谦虚、脆弱
谨慎性	能干、讲次序、忠实尽职、追求成就、自律、深思熟虑

资料来源:张俊妮,等. 品牌个性与消费者个性相关关系的实证研究[J]. 经济科学,2005(6).

由于模型中五个概括性的个性要素几乎涵盖了绝大多数的个性特征,具有代表性和典型性,因此大五模型被认为构成了一个合理的个性框架,能够比较准确地测试出人类的个性特征。同时,大五模型具有生理学和心理学的双重理论基础,不仅是一个语言词汇分析归类的结果,也是建立在生理学、心理学,甚至进化论等基础上的研究成果。因此,大五模型在心理学、消费者行为学、人力资源管理等多个学术研究领域得到应用,其有效性和可靠性也得到了证实。

一、美国品牌的个性维度

为了描述品牌的个性特征,学术界把人类个性特征的五个维度投射到品牌的个性上,得到了品牌个性特征的五个维度。最具代表性的是美国学者詹尼弗·艾克的品牌个性特征大五模型。1997 年,詹尼弗·艾克在《市场研究》杂志上发表了一篇名为《品牌的个性维度》的论文,认为品牌个性可以直接由消费者个性来表现,是人类个性特征投射到品牌上的结果,并强调了情感在品牌中的重要性。她将品牌个性定义为"与品牌特定使用者相关联的人类特性集合",以此定义为基础,根据西方人格理论的大五模型,从个性心理学维度出发,以美国文化为背景,以西方知名品牌为研究对象,依靠现代统计技术,发展了一个系统的品牌个性维度体系。这个体系包括五大维度,即真诚(sincerity)、兴奋(excitement)、能力(competence)、教养(sophistication)和强韧(ruggedness)。

在研究过程中,詹尼弗·艾克初步获得了309个意义比较单一的品牌个性形容词,并通过淘汰测试获得了114个用于测试品牌个性特质的词汇,然后通过对631个具有代表性(代表美国)的样本、37个品牌的初步测试,得到了一个包括5个维度的品牌特征量表,在5个维度下面有15个次级维度和42个品牌个性特征(如表5-2所示)。

表5-2　美国品牌的个性维度及其特性体现

品牌个性维度	品牌个性次级维度	品牌个性特征
真诚	脚踏实地	纯朴的、小镇的、家庭为重的
	诚实	真诚的、诚心的、真实的
	健康	原创的、健康的
	愉悦	愉悦的、感情丰富的、友好的
兴奋	大胆	时髦的、大胆的、令人兴奋的
	活泼	酷的、活泼的、年轻的
	有想象力	独特的、有想象力的
	时尚	时尚的、独立的、现代的
能力	可靠	可信的、勤奋的、安全的
	智慧	智慧的、技术的、团结的
	成功	成功的、领导者的、自信的
教养	上流社会	上流社会的、富有魅力的、优雅的
	迷人	迷人的、女性化的、柔顺的
强韧	户外	户外的、男性化的、西部的
	结实	粗犷的、强硬的

艾克提出的品牌个性特征大五模型中的真诚、兴奋和能力与人的个性特征中的随和性、外向性和谨慎性具有一一对应的关系,为研究品牌个性与消费者个性之间的关系提供了有价值的参考。

这个模型对很多品牌个性特征描述得非常贴切,一些成功品牌的个性表现得尤其突出。例如,康柏和柯达"真诚"的品牌个性非常明显,耐克在"强韧"的品牌个性上表现得非常突出,保时捷具有"兴奋"的品牌个性,摩托罗拉和 IBM 的品牌个性是"能力",劳力士和香奈儿代表了上层社会有"教养"的男人和女人。如同人的个性是复杂的一样,品牌也可能同时具有多种个性,如麦当劳在真诚和能力个性上得分很高。同时,品牌个性与产品类别有关,强韧是李维斯牛仔的正面驱动因素,却是麦当劳的负面驱动因素。刺激的个性更适合汽车、体育用品、服装、电子产品等。

二、中国品牌的个性维度

2001年中山大学卢泰宏教授等在国外品牌个性研究的基础上,对中国本土的品牌个性进行了调查研究,调查的范围包括552名消费者及40个国内知名品牌。问卷调查中使用了98个品牌个性描述性词汇,利用多种方法进行分析和相互印证,最后纳入因子分析的品牌个性词汇共有66个,并得到了五个因子提取方案。

第一个因子囊括了最多的品牌个性词汇,可解释的品牌个性词汇达28个,主要词汇有平和的、环保的、和谐的、仁慈的、家庭的、温馨的、经济的、正直的、有义气的、忠诚的、务实的、勤奋的。这些词汇一般用来形容人们所具有的优良品行和高尚品质,表达的是"爱人"及"爱物"之意。这些词汇都属于古汉语中"仁"的范畴,因此可以把第一个中国品牌个性维度命名为"仁"。

第二个因子所包括的品牌个性词汇有14个,主要词汇有专业的、权威的、可信赖的、专家的、领导者的、沉稳的、成熟的、负责任的、严谨的、创新的、有文化的。因此,可以用"术"或"才"来命名第二个因子。但考虑到与第一个因子相对应,这里使用了一个比"术"或"才"更抽象的词"智"来命名第二个因子。因为在古汉语中,"智"的外延不仅局限于"术、数"或者"才",也包括睿智、沉稳、严谨、贤能等。这样能更加贴切地描述该维度中所包括的词汇,也更能体现中国文化传统。

第三个因子包括8个品牌个性词汇——勇敢的、威严的、果断的、动感的、奔放的、强壮的、新颖的、粗犷的。这些词汇可以用来形容"勇"所具有的不惧、不避难的个性特征,既包括作为一种道德的勇(如勇敢、果断等),也包括作为个人形象特征的勇(如强壮的、粗犷的等)。对于第三个品牌个性维度,可以命名为"勇"。

第四个因子包括8个品牌个性词汇,如欢乐的、吉祥的、乐观的、自信的、积极的、酷的、时尚的。这一维度中的词汇都是用来形容高兴的、乐观的、自信的、时尚的外在形象特征的。仔细分析这些词汇,可以发现几个层次的含义:来自内心的积极、自信和乐观;表现为外在形象的时尚和酷,以及既有表达群体的欢乐,也有表达个体的欢乐。这些词汇反映的都是"乐",只是"乐"的表现形式有所不同。因此,对于这一品牌的个性维度,可以命名为"乐"。

第五个因子也包括8个品牌个性词汇,如高雅的、浪漫的、有品位的、体面的、气派的、有魅力的、美丽的。这些词汇可以用来形容儒雅的言行风范,浪漫的、理想的个性以及秀丽、端庄的容貌特征,或者体现别人对自己的尊重。这些词汇中有些与中国传统文化中的"雅"相联系,有些则与现代意义的"雅"相联系。总之,这一品牌个性维度可以用"雅"来命名。

同时,卢泰宏等还对中国品牌个性维度的内部结构进行了层级细化(如表5-3所示)。

表 5-3　中国品牌的个性维度及其特性表现

品牌个性维度	品牌个性次级维度	品牌个性特征
仁	诚、家	温馨的、诚实的、家庭的
	和	和谐的、平和的、环保的
	仁义	正直的、有义气的、仁慈的
	朴	质朴的、传统的、怀旧的
	俭	平易近人的、友善的、经济的
智	稳、谨	沉稳的、严谨的、有文化的
	专业	专业的、可信赖的、领导者
	创新	进取的、有魄力的、创新的
勇	勇、德	果敢的、威严的、果断的
	勇、形	奔放的、强壮的、动感的
乐	群乐	吉祥的、欢乐的、健康的
	独乐	乐观的、自信的、时尚的
雅	现代之雅	体面的、有品位的、气派的
	传统之雅	高雅的、美丽的、浪漫的

三、品牌个性维度的国际比较

美国文化背景下的品牌个性体系包括五大维度，即真诚（sincerity）、兴奋（excitement）、能力（competence）、教养（sophistication）和强韧（ruggedness）。在此基础上，2001年艾克及其同事对美国、日本、西班牙三种文化背景下的品牌个性维度进行了比较。结果表明，真诚、兴奋、教养这三个品牌个性维度是上述三种文化背景下的品牌个性所共有的，而平和（peaceful）是日本文化背景下的品牌个性所特有的，激情（passion）是西班牙文化背景下的品牌个性所特有的，强韧是美国文化所特有的，能力则是日本文化和美国文化所共有的，而西班牙文化中没有。据此，艾克等提出了不同文化背景下的品牌个性维度具有差异的论断，为品牌个性提供了新的研究思路。

2006年，Sung和Tinkham以韩国为研究背景，指出与美国消费者相比，韩国的消费者在感知品牌时更可能把重点放在儒家主义和儒家资本主义价值观上，因而韩国文化背景下的品牌个性维度包括两个特别的维度——被动喜爱和支配地位。通过对麦当劳等国际品牌的实证研究，测出韩国品牌个性构成维度分别为被动喜爱（passive likeableness）、支配地位（ascendancy）、赶潮流的（tenderness）、能力（competence）、教养、传统（traditionalism）、强韧、崇尚西方（western）。

2006年，Smith、Brian和Hans以澳大利亚为研究背景，以会员制运动组织为研究对象，针对运动组织品牌进行品牌个性维度研究。研究表明，澳大利亚文化背景下的品牌个性包括六个维度，分别为能力、真诚、教养、强韧、革新（innovation）和兴奋。

2007年,Bosnjak、Bochmann和Hufschmidt以德国为研究背景,得出德国文化背景下的品牌个性包括四个维度,分别为认真(conscientiousness)、情感(emotion)、肤浅(superficiality)和动力(drive)。动力又细分为兴奋和厌烦(boredom)两个层面。与其他研究不同的是,该研究引入了负面品牌个性。

2008年,Thomas和Sekar以印度为研究背景,以印度"最值得信赖品牌"高露洁为研究对象,对艾克的品牌个性维度进行检验。研究表明,印度文化环境下艾克品牌个性维度中的教养和强韧信度很低,这进一步验证了不同文化背景下品牌个性维度构成存在差异的说法。此外,相关的研究还得出了智利、法国、俄罗斯等国的品牌个性维度(如表5-4所示)。

表5-4 品牌个性维度的国际比较

国　　家	年　　份	品牌个性维度
美国	1997	真诚、兴奋、能力、教养、强韧
法国	1999	支配、能力、尽责、男子气、豪放、诱惑
法国	2000	真诚、兴奋、能力、教养、爱好
日本	2001	真诚、兴奋、能力、教养、平和
西班牙	2001	真诚、兴奋、教养、平和、激情
中国	2003	仁、智、乐、勇、雅
韩国	2003	仁、义、乐、勇、信
俄罗斯	2003	成功和当代、真诚、兴奋、强韧、教养
智利	2004	真诚、兴奋、能力、教养
澳大利亚	2006	能力、真诚、教养、强韧、革新、兴奋
韩国	2006	被动喜爱、支配地位、赶潮流的、能力、教养、传统、强韧、崇尚西方
德国	2007	认真、情感、肤浅、动力
印度	2008	真诚、兴奋、能力

资料来源:周志民.品牌管理[M].天津:南开大学出版社,2008:68.

第三节　品牌个性塑造

一、品牌个性塑造的原则

1. 品牌个性持续性原则

品牌个性是消费者对品牌由外到内的整体评价,是一项长期的、系统的工程。人的个性随时间推移变化很慢,而且主要个性形成于7岁之前。同样,品牌个性必须慢慢演变,不宜草率行事或变化无常。如果我们的朋友行为变化无常,我们会认为他很怪。从专业的角度,性格大起大落、变化无常的人,轻者属于狂躁抑郁,重者属于精神分裂。消费者在与一家公司或一种产品建立起友谊之后,希望其形象始终如一,不出乎意料。与顾客建立友谊是品牌目标的一部分。人们会极其依赖品牌,在生活中离不开品牌。当品牌个性与顾客个性彼此交融时,铸就强大的品牌就有了深厚的基础。

2. 品牌个性简约原则

品牌个性应简约、突出。如果一个品牌有十几个个性特征,还能给消费者留下深刻的印象吗?虽然人的个性极其复杂、难以捉摸,但是如果让品牌个性达到十分复杂的程度,则注定是一个错误。公司经常会遇到这样的问题,即一个品牌应该有多少个个性特点。这并没有标准答案,但是一般不应该超过7~8个,再多的话,公司就很难面面俱到地表达那么多的个性特征,太多了也会把消费者搞糊涂。最好重点建立3~4个个性特点,并使之深入人心,如雀巢品牌的个性只强调"温馨的"和"美味的",但品牌管理却非常成功。如果品牌个性特征太多,也很难保持。但限制个性特点的数量并不一定意味着限制品牌的表现。

3. 品牌个性的协同性原则

品牌个性的内部特征不能相互矛盾,要具有协同性。比如上面提到一个品牌的个性可以有3~4个特点,但这3~4个特点一定不能冲突,而应该协调一致。例如,可口可乐是活力的、刺激的,如果为了照顾饮料的流行而强调它是健康的就不是恰当的做法。再如,描述一个服装品牌是成功的标志、有自豪感,就不能说它酷、个性十足。

二、品牌个性的来源

产品一开始只有物理特征,给予它名称、标志、包装等,有了识别它的符号,但在生产、使用和传播中,生产厂商给予它一种人格化的特征暗示。这种暗示由于与人的个性具有相关性,逐渐被人们接受,就形成了品牌个性。以下是品牌个性比较重要的来源。

1. 来源于产品本身

企业为了满足消费者某种心理上的需要,在生产和发展过程中赋予产品某个个性特征,这种品牌个性特征能引起人类个性相关者的共鸣,从而实现更准确的消费者定位。因此,品牌个性可以来源于产品发展中形成的品牌的看法,即品牌的鲜明个性。

沃尔沃是一家以安全性能绝佳著称于世的汽车公司,20世纪初的安全车厢和60年代的三点式安全带的推广和使用,使安全成为其品牌价值的标志。以强调安全为基点,根据自己的目标消费群体个性特征,从车的制造技术、车身外形设计、车身颜色等方面塑造了"含而不露的精英阶层"的个性形象,迎合了目标消费者的成功、含蓄、稳健的个性特征。

2. 来源于品牌使用者

品牌的个性也可以来自品牌的使用者。每个品牌都有一群经常使用的消费者,久而久之,这群消费者的个性特征就会附在产品上,逐渐成为品牌的个性。

李维斯(Levi's)"结实、耐用、强壮"的品牌个性,在很大程度上来源于使用者的形象。李维斯的创始人李维·斯特劳斯(Levi Strauss)原籍德国,1847年发迹于美国旧金山,当时靠卖帆布为生。后来他发现当地矿工十分需要一种质地坚韧的裤子,于是用原本用于制造帐幕的帆布做了一批裤子,卖给当地矿工。由于这种裤子不容易破,所以很受矿工们的欢迎。随后,他成立了李维斯公司,主要生产牛仔裤,其神话由此展开。牛仔裤最初的使用者是矿工,他们结实、坚韧、强壮的个性特征也逐渐演变为李维斯的品牌个性。

3. 来源于品牌代言人

通过品牌代言人也可以塑造品牌个性。通过这种方式,企业可以将代言人的个性传递给品牌,这有助于品牌核心价值的塑造。

百事可乐在这方面就做得非常成功。它将自己定位于"新生代的可乐",通过不断地变换代言人来树立"年轻、活泼、时尚"的个性。在美国本土,有迈克尔·杰克逊和小甜甜布兰妮等超级巨星作为形象代言人;在中国,继邀请张国荣和刘德华做代言人之后,百事可乐又力邀郭富城、王菲、周杰伦、郑秀文等加盟,将百事可乐"独特、创新、积极"的品牌个性演绎得淋漓尽致,赢得了无数的年轻消费者。

此外,品牌个性还来源于企业形象、企业领袖、广告风格、生产国等多个方面。

三、品牌个性塑造

(一)品牌个性来源于人的个性

品牌个性是一种无形资产,是无价之宝。它无法抄袭,无法被其他企业所模仿。品牌成功的建立、维护和管理个性,能为产品和企业带来持久的魅力。品牌个性不论是来源于产品、消费者还是代言人,一般都是以消费者为中心,使品牌个性贴近消费者的个性特征,再把这种个性特征展示给消费者,引起消费者的喜爱、共鸣和忠诚。

(1) 喜欢符合自己观念的品牌。每个人对自己都有一定的看法,并且对别人怎么看待自己也有一定的要求,也总喜欢符合自己观念的人。人们因为观念的认同形成一个个群体。用一些表现某个群体观念的词汇来描述群体个性,并把这一个性转移到品牌上,就是针对消费群体的个性塑造品牌个性。

(2) 喜欢被崇拜者的个性特征。人们在生活中往往会崇拜一些人,也喜欢被崇拜者的个性特征。例如,有些人崇拜某个明星,会喜欢该明星的发型,模仿其说话的声调、走路的姿态。如果明星是自由奔放、大气豪爽的,他们也会学着让自己自由奔放、大气豪爽,他们实际上是崇拜明星的个性。

(3) 喜欢塑造自己的价值观念。人的个性主要由他们所特有的价值观、信仰及其他天长日久养成的习惯特征所决定。例如,我们会教育孩子要真诚,因为真诚就是一种价值观和信仰,是一个人成年后成功的基本素质;自信是人的一种个性特点,是人们处理事务时对目标可实现程度的自我感觉,也是决定人成功的关键素质,乐观让人胸怀宽广,面对挫折不气馁等。一个人还有许多价值观、信仰和特点,但有一些是人们都特别喜欢的。人们正是不可避免地被这些广受欢迎的价值观和特点所吸引,如值得依赖、可信任、诚实、可靠、友善、关心、乐观、活泼、开朗、豪爽等。

人的个性用词汇来描述,品牌的个性特征同样用词汇来描述,词汇是人们喜欢的个性特征的载体。因此,商家要千方百计找到人们所喜欢的个性特征的词汇,然后根据这些词汇设计品牌传播活动,让消费者把这些词汇与品牌个性联系起来。长期坚持这种个性宣传,可以把品牌个性牢牢地印在消费者的脑海中。品牌的个性与消费者的个性越接近,或者与他们所崇尚或追求的个性越接近,消费者就越愿意购买代表这个个性的品牌产品,品牌忠诚度就越高。

(二)消费者个性与品牌个性的匹配

塑造品牌个性,要尽可能使品牌个性与消费者的个性或与他们所追求的个性相一致。具体操作步骤为:①确定目标对象;②了解他们的需求、欲望和喜好;③勾勒出消费者的概况及个性特点;④创造相关、有吸引力的品牌个性;⑤以合适的方式坚持不懈地宣传上述品牌个性。

确定了目标消费群体以后,通过调查了解他们的需求、欲望和喜好,勾勒出消费者的个性特点,使品牌个性与目标顾客群的个性相匹配,选择描述品牌个性的词汇。表现特点的词汇不要太多,一般以 3~5 个为宜。这些词汇都是以激发目标群体的情绪为主,具有打动消费群体的感情和感觉功能。这种勾勒特点的方法,目的在于强化消费者的自我认识和追求,然后创建品牌相应的个性特征,并进行持久传播,从而形成品牌个性。

例如,摩托车品牌哈雷戴维森(Harley Davidson)由威廉·哈雷(William Harley)与戴维森(Davidson)三兄弟创建于 1903 年。创始人花费大量的时间,与摩托车手们共度周末,陪伴他们旅行,分析他们所谈论的话题,了解他们的喜好和需求、所制订的计划,以及他们希望做什么,从总体上了解他们思想的每个方面。通过调查、骑行体验和共同生活明确了摩托车手们激情、爱国、自由、勇敢、阳刚、男子气概及追求传统等个性特点,并用激情、自由、勇敢等词汇设计品牌传播活动,用这些词汇塑造摩托车品牌的个性,把摩托车运动塑造并发展为一种充满乐趣、激动人心、享有盛誉的休闲活动。鲜明的品牌个性塑造成就了哈雷戴维森摩托车品牌,使哈雷-戴维森成为拥有 Sportster(运动者)、Dyna(戴纳)、Softail(软尾)、哈雷 Touring(旅行)四大车系,1 300 多家授权经销商及授权服饰和附饰品牌 MotorClothes® 的大型国际化企业。

宝洁公司的四个主要产品飘柔、海飞丝、潘婷、沙宣的功能和消费群体定位是飘柔—飘逸柔顺—柔顺一族,海飞丝—去头屑—有头屑人群,潘婷—健康亮泽—保养一族,沙宣—保湿呵护—保湿一族,针对消费群体的需求、爱好、个性特点,塑造了各自的个性。飘柔的个性特征是自信,海飞丝的个性特征是潇洒,潘婷的个性特征是靓丽,沙宣的个性特征是时尚。

尽管描述消费者喜欢或符合自己观念或者说个性特征的词汇是品牌个性特征的载体,但有时为了强化这种描述的词汇具有人格特征,更好地传播这些特征,需要寻找与品牌个性相近的人来体现和强化这一特征,这就需要找一个形象代言人。形象代言人的知名度固然重要,其个性特征与品牌个性特征的一致或相近对品牌个性的塑造更重要。由形象代言人演绎、表现品牌的个性,引起消费者心理的共鸣。

确定品牌个性特点的方法并不止这些,还有员工意见征询调查、脑力激荡等其他方法。有的特点也许是公司缔造者一手创立的。但是,不管它是如何形成的,一旦选择了品牌个性,就要坚定不移地加以维护。

复习思考题

1. 简述品牌个性的内涵和特征。
2. 品牌的个性维度有哪几个?
3. 简述美国品牌的个性维度及其结构。
4. 简述中国品牌的个性维度及其结构。
5. 品牌个性的来源有哪些?
6. 举例说明品牌个性塑造的思路。

案例分析

蒙牛品牌个性塑造

一、蒙牛品牌个性管理发展概述

成立于1999年的蒙牛乳业集团如今已经在全国20个省市区建立了30多个生产基地,拥有液态奶、冰激凌、奶品三大系列200多个品项。蒙牛产品凭借优良的品质荣获中国名牌、中国驰名商标、国家免检等一系列荣誉称号。蒙牛在快速发展的过程中,主要依靠地缘、人才、政府扶持等优势,而缺乏明确的品牌个性。蒙牛一开始依附伊利塑造从"健康"到"健康,只为优质生活",再到"大草原"等品牌形象,品牌个性处于一种游离状态。这对蒙牛的长期发展无疑是一个巨大的威胁,所以对蒙牛品牌个性进行塑造是十分必要的。

二、蒙牛的品牌个性评述

多数消费者对"蒙牛"的品牌认知主要是基于品牌名称所带来的自然联想,只是停留在"名称记忆"阶段。蒙牛这个品牌形象充其量只是个没有价值的商标和用于识别的符号。因此,蒙牛在与消费者的沟通中存在相当大的阻碍因素,品牌个性不强,品牌凝聚力不足。

(1) 品牌DNA缺失。蒙牛没有一个核心的品牌精髓,没有独属蒙牛的品牌DNA。蒙牛会随着奶源的本地化而"空心化",而建立在其上的品牌形象、品牌个性也会随之模糊、淡化,乃至最后消失。

(2) 品牌个性塑造的方式不正规。前期蒙牛主要借助机会战略,借助造势来提升自身的地位,提高自身的比较优势。

(3) 品牌个性塑造的资源不持续。当资源与市场这两种优势不能再持续地成为优势时,品牌却没有创造真正的价值,对蒙牛的长期发展十分不利。

三、蒙牛品牌个性塑造的探讨

蒙牛的品牌个性并不如品牌属性所表现的徽标(LOGO)、包装和型号等那样直白,它是一种感觉。但它将影响受众对品牌的直接感觉，甚至是购买决定。在不断发展的过程中，蒙牛一直以来追求"健康、绿色"的品牌形象，蒙牛的包装、形象代言人等都是围绕"绿色、健康"这个核心价值展开的。因此，可以从以下几个方面塑造其品牌个性。

（1）内外价值互动，认识品牌身份。品牌资产来源于品牌客户价值和企业价值的整合与互动，是企业与消费者在彼此互动、长期对话的过程中，品牌信息与顾客体验合二为一的过程。蒙牛首先分别从360度品牌内涵圈（战略—个人—团队—效率）扫描和360度外延圈（产品—市场—行销—绩效）着手进行蒙牛的品牌现状分析，得出蒙牛的当务之急是提升品牌个性，使之凸显优秀的品牌身份，代表某种特殊的生活方式，能与顾客真诚相待、持续沟通、共同进步。

（2）挖掘文化意蕴，凸显品牌性格。打造富有个性化的品牌形象，同时代表特定的生活方式、价值取向和消费观念。凭借这种为引起消费者共鸣而进行的生活方式的设计和消费观念的倡导，通过产品与消费者建立一种情感上的沟通和联系，进而激发消费者的欲求与联想。

（3）形象定位规划，沟通品牌资产。凭借在牛奶市场上打拼中与消费者结下的关系，蒙牛对品牌进行了全面的梳理和整合，确定了蒙牛的品牌和市场运作必须保持品牌的"绿色、健康"形象。因此，蒙牛在统一的品牌文化和主题沟通的指引下，可以结合产品的核心利益、品牌规划和目标消费心理，创造沟通的独特符号和高位的沟通空间，创造一个无限的主题。

（4）调性（TONE）设计，策划传播空间。品牌系统下每一项产品与服务的推出，都要不断充分利用品牌资源，帮助发展和丰富品牌意义，使主力产品和延伸产品都因相连性而获益。蒙牛的品牌需要多维度建立，每个产品都要有自己独特的品牌主张，但都服从"绿色、健康"的大概念。

（5）差异经营，创造品牌价值。差异创造价值，差异创造品牌的"第一位置"。品牌个性传播的关键在于造就崇拜和忠诚。只有形成差异性的优势，才能在消费者心目中占据与众不同的位置。这种差异性的创新智慧体现在具体执行中，力图实现企业的价值链与经营模式的完美结合，精心挑选客户群体，为之提供独特的、不可替代的产品和服务。

针对蒙牛品牌个性所处的游离状态，通过一系列的品牌塑造方法，明确蒙牛"绿色、健康"的品牌形象，然后进行品牌定位，确定品牌个性，从而使所有的营销整合方式围绕品牌个性进行传播，使蒙牛的品牌形象不因外界环境的变化而变化，而是处于一种明确、稳定的状态。

资料来源：改编自董敏. 浅谈品牌个性塑造——以蒙牛品牌个性管理为例[J]. 经营管理者，2012(15)：22.

案例讨论思考题

1. 案例中提到了品牌个性、品牌定位，它们之间是什么关系？
2. 品牌个性与品牌形象具有什么关系？
3. 结合案例谈谈你对蒙牛品牌个性塑造的看法。

第六章 品牌文化

【学习目的与要求】
(1) 理解品牌文化的内涵、特征和功能；
(2) 理解品牌文化的构成；
(3) 了解品牌文化与企业文化的关系；
(4) 掌握品牌文化的塑造方式。

品牌文化蕴含着深刻的价值内涵和情感内涵，是品牌所凝练的价值观念、生活态度、审美情趣、个性修养、时尚品位、情感诉求等的精神象征。品牌文化塑造使产品物质效用与品牌精神高度统一，是从思想上驾驭消费者的心智、引导消费者需求模式形成和发展的重要途径。

扩展阅读 6.1
怡宝：赢在互联网＋传统文化

第一节 品牌文化的内涵

在品牌设计、品牌定位、品牌个性的基础上，品牌文化把消费者的物质需求和精神需求融为一体，开拓了品牌与消费者沟通的新路径，赋予消费者更多的价值和向往，为消费者带来心理和情感上的满足。品牌文化是品牌附加价值的源泉、品牌形象塑造的主要内容，也是消费者与品牌关系的纽带。

一、品牌文化的界定

（一）文化

文化是社会成员在生产实践中形成的一种具有共同的情感、价值和行为规范的复杂整体，包括知识、信仰、艺术、道德、法律、习俗、思维方式、生活方式等能力和习性。文化是一种社会现象，是人们长期创造形成的产物，同时又是一种历史现象，是社会历史的积淀物，是人类在社会历史发展过程中所创造的物质财富和精神财富的总和。

文化包括物质文化、制度文化和心理文化三个方面。物质文化是指人类创造的各种物质文明,包括交通工具、服饰、日用品等,是一种可见的显性文化。制度文化和心理文化则属于不可见的隐性文化,包括文学、哲学、政治等方面的内容。制度文化是指生活制度、家庭制度、社会制度。心理文化是指思维方式、宗教信仰、审美情趣。

（二）品牌文化的内涵

品牌一诞生就与文化具有天然的联系,反映了生产者、产品、地区及消费的文化理念。品牌创始初期,产品名称、符号、标志、色彩和包装等都要反映产品特有的文化价值。可以是民族的,如长虹、长城等;可以是多种文化融合的,如海尔等;也可以是传统的,如云南白药、同仁堂等。源于文化、融入文化的品牌天然具有亲和力。

品牌的传播必然反映文化的思潮,符合时代的精神,如《海尔兄弟》动画片反映了海尔真诚、乐于助人和百折不挠、勇往直前的探索精神,加深了消费者对海尔的认识和理解。同样,广告必须符合受众的审美观、道德观、价值取向和文化氛围。

品牌文化(brand culture)是某一品牌的拥有者、购买者、使用者或向往者之间共同拥有的、与该品牌相关的独特概念、价值观、仪式、规范和传统的总和。

尽管品牌文化还没有一个被普遍认可的定义,但从各个视角诠释品牌文化,可以帮助我们更好地把握品牌文化的内涵。

（1）品牌文化的范畴。品牌文化不仅包括产品、广告、形象等因素,还包括消费者、企业、竞争者和社会公众等诸多方面,是多种文化的集合体,是社会文化经济体系的重要组成部分。品牌文化优势是针对某一群体或某一地域的亚文化。

（2）品牌文化与企业文化。品牌文化是企业文化在营销过程中的集中表现,是决定品牌构造的价值取向、心理结构、行为模式和符号表征的综合,是品牌构造的价值内核。品牌文化是品牌所反映的企业文化与消费者文化的结合,是企业与消费者共同作用下形成的对品牌的价值评判,是体现企业精神、满足消费者需求的重要内容。

（3）品牌文化与消费者。在"互联网+"时代,品牌文化突出消费者的个性文化或针对某一区域的文化特征,目的是在目标消费者心目中形成印象,让目标消费者感受到品牌的附加价值。这些附加价值是结晶在品牌中的符合目标消费者的理念、价值观、审美因素等观念形态及经营行为的总和。

二、品牌文化的功能

1. 内化

品牌文化能够使目标消费者将品牌内化为持久一致的态度和行为。内化是巩固与植入信念、态度和价值的过程,内化使消费者将品牌所持有和主张的观点、信念与自己原有的观点、信念结合在一起,构成统一的态度体系。例如,消费者已经完全认可圣诞老人就应该是可口可乐公司塑造的那个模样。

2. 象征

品牌文化能使消费者主动将该品牌的产品及形象作为其身份、社会阶层或生活态度的积极象征物。很多年轻人喜欢使用星巴克咖啡出品的保温杯,因为星巴克咖啡店意味着休闲的时光和充满乐趣的生活方式,而使用这种杯子的年轻人希望外显自己的生活态度。但并不是所有的品牌都能成为积极意义的象征。

3. 传承

品牌文化的形成需要时间的沉淀,而业已形成的品牌文化具有时间的延续性,能将品牌对消费者的影响长效化,甚至进行代际传承。法国波尔多红酒的口味和品质是无须强调的,因为波尔多地区从12世纪开始就已经为整个欧洲的贵族提供葡萄酒,这样的故事让今天的消费者继续认同该地区的红酒,而无须通过不断的尝试对比形成新的品牌认知。

4. 聚合

品牌文化是一群社会成员共有的一套理念和价值观,而人作为社会性动物都有从其他社会成员处获取身份认同的心理需求。因此,品牌文化使品牌社区的形成成为可能。哈雷车主会(H.O.G)在各地的分会总是持续不断地开展各种活动,当众多哈雷车主聚在一起时,马达轰鸣引来旁人瞩目,哈雷车主们既宣示了这个群体与他人不同的生活主张,也得到了"吾道不孤"的群体支持。这样的品牌社区活动强化了参与者的品牌忠诚。

5. 导向

品牌文化可以对消费者的判断和行动提供标准。品牌文化的导向功能是指它可以为人们的行动提供方向。例如,苹果公司以"极简"的工业设计和用户体验设计著称,简洁设计已经成为"果粉"们认同的"苹果文化"的一部分。他们对苹果电脑专用鼠标的单键设计津津乐道。2006年苹果公司推出了新的四键加滚动球鼠标,但他们仍然认为这种四键产品比普通的两键产品更"简洁"。事实上,强大的"苹果文化"主导了"果粉"们的想法。

第二节 品牌文化结构

品牌文化是在品牌建设过程中不断发展而积淀下来的,与文化包括物质文化、心理文化和制度文化相似,与企业形象识别系统(CIS)的视觉识别(CI)、理念识别(MI)和行为识别(BI)相联系,品牌文化由品牌物质文化、品牌精神文化和品牌行为文化三部分组成。

一、品牌物质文化

品牌物质文化是品牌文化思想的实物体现,由产品、品名、标志、包装和品牌的各种物质表现方式等构成。品牌物质文化是品牌理念、价值观、精神面貌的具体反映。尽管它处于品牌文化的最外层,却集中表现了一个品牌在社会中的外在形象。消费者对品牌的认识首先来自品牌的物质文化,它是品牌对消费者最直接的影响要素。因此,它是消费者和社会对一个品牌总体评价的起点。

根据品牌的物质构成要素,可以将品牌物质文化分为产品特质和符号集成两个方面。

(1) 产品特质。品牌物质文化的产品特质包括两个方面,一是产品的设计艺术,二是产品具备的功能要素。产品设计应美观大方,符合人们的审美观念,给人以美的享受,让人感觉它不仅是产品,也是一件值得欣赏的艺术品。产品设计艺术包括外观艺术设计和技术耦合的艺术设计。例如,苹果手机给我们的感觉来自两个方面:外观设计的美妙和享受;技术耦合带给人的使用享受。功能要素能满足消费者对产品的基本需求,也是产品生产过程表现出的品质保证,以及销售过程的承诺。例如,海尔1985年引进德国冰箱生产线,产品设计精良、结构严谨、技术精湛、一丝不苟,体现了德国人的组织性、纪律性和严谨性,海尔继承发扬了这种生产文化,通过砸冰箱事件体现了海尔对产品品质的一丝不苟,形成了海尔的产品特质标准,奠定了海尔生产文化的基础。

（2）符号集成。符号集成是多种品牌识别元素的统称,用于包装和完善品牌,为消费者提供功能价值外的需要。符号集成包括:视觉部分,如品牌名称、标志、产品外观、产品形状、颜色等;听觉部分,如品牌音乐的音量、音调、节拍等;触觉部分,如材料、质地等;嗅觉部分,如味道、气味等。

二、品牌精神文化

在一种文化体系中,最核心的部分是品牌文化的精神和价值观,它构成品牌文化的精髓,掌控着文化的发展方向。价值观是人们判断是非的标准,是人类所特有的价值取向的根本见解。不同的价值观决定不同的文化风格,如东方文化注重集体主义、西方文化注重个人主义,由此形成组织内的不同管理风格和组织结构。在企业中,价值观影响着企业的各个方面,包括管理者、员工、产品、组织、工作环境、营销、品牌和文化等。

品牌精神文化是指品牌在市场营销中形成的一种意识形态和文化观念。它是品牌文化中的心理部分,可称之为"心理文化"。品牌精神是品牌文化的核心,是品牌的灵魂。品牌精神文化包括品牌精神、品牌愿景、品牌伦理、价值观念、目标和行为规范等。品牌精神文化是品牌个性和品牌形象塑造的源泉,决定着品牌态度及品牌在营销活动过程中的行为表现。海尔的品牌精神是"真诚到永远",飞利浦的品牌精神是"让我们做得更好",它们都是品牌对消费者和社会的承诺,影响着企业和消费者的思想。在品牌营销过程中,企业把这种品牌价值观贯穿品牌营销的每一个环节,从产品设计、功能特性、品质到营销、传播和服务,无不体现品牌精神。

品牌不是孤立存在的,而是企业与消费者不断交换、沟通的主体。品牌愿景是品牌的目标描述,是品牌将成为什么的长远规划。品牌伦理是品牌营销活动中品牌应遵循的行为和道德规范。

三、品牌行为文化

行为是一切文化成败的关键。"每一个价值观都会产生一套明确的行为含义。"品牌行为文化是品牌营销活动中的文化表现,包括营销行为、传播行为和个人行为等,是品牌价值观、企业理念的动态体现。品牌的价值在于品牌的市场营销,在于品牌与消费者之间的互动,品牌行为是构建品牌价值体系、塑造品牌形象的关键。好的品牌行为文化要通过有效的执行去贯彻实施,从而发挥文化的效力。

品牌价值是在品牌营销中实现和建立的,离开市场营销活动,品牌就失去了生命。品牌行为是品牌精神的贯彻和体现。品牌文化在品牌运动中建立,品牌价值在营销中体现。品牌行为是品牌与消费者关系建立的核心过程,关乎品牌的个性彰显和品牌形象塑造,关乎企业营销的成败,关乎企业的生命。一切在行动中产生,一切也在行动中消亡,品牌行为决定了品牌的命运。

品牌行为必须与品牌精神相一致,是品牌文化的落地,真正实现将品牌精神全面贯彻实施。品牌行为文化主要包括以下几个方面。

（1）品牌生产行为。品牌产品的技术研发和设计制度、生产运营制度、原材料的选择标准、产品的检验制度等构成了品牌的生产行为。生产行为决定着企业的产品定位和消费者的定位，也是构成物质文化的基础。

（2）品牌营销行为。品牌营销行为包括产品、价格、促销和分销等4R组合和服务。营销行为中，服务作为一种独特的方式，是品牌行为的主要内容，也是品牌塑造的重要环节。

（3）品牌传播行为。品牌传播行为是通过广告、公共关系、新闻、促销、互联网和社交平台将品牌文化传播给消费者，并通过互动聚焦品牌文化主题，使品牌文化在消费者中产生共鸣，推动品牌知名度的提高和品牌形象的塑造。

（4）品牌个人行为。品牌是多种身份角色的市场代言人，企业家、员工和股东等的行为构成了品牌个人行为。

四、品牌文化结构要素的关系

品牌文化由物质文化、精神文化和行为文化三个部分组成。物质文化最为具体实在，产品的外形设计、技术先进给人视觉、听觉、触觉和使用上的享受，属于表层文化；行为文化是一种活动规范，企业行为、员工行为都可以通过制度的形式加以固定、完善和传承，属于观念形态和制度规范的表现形式，是企业人员与消费者、消费者与品牌的结合部分，属于中层文化；精神文化是价值观和文化心理，是支撑品牌长远发展的核心价值，属于核心文化。物质文化、精神文化和行为文化形成一个文化系统，它们之间相互影响、相互制约和相互渗透，共同构成品牌文化。精神文化是品牌文化的核心，行为文化和物质文化均在此基础上产生；行为文化是品牌文化的外壳，是物质文化和精神文化的动态反映。例如，胡雪岩创办的胡庆余堂的经营行为制度规范是"戒欺"，在运营中"一戒缺斤少两，二戒假冒伪劣，三戒抬高价格"，以此保证实现"普济众生，普度众生"的核心价值，是品牌核心价值的物质表现和外在表现，表达了胡庆余堂的品牌核心文化和创办者的价值观。同时，"普济众生，普度众生"来源于"戒欺"的行为文化或制度文化。

第三节　品牌文化塑造

品牌设计、品牌定位、品牌个性是品牌塑造的元素，品牌文化是品牌塑造的核心和灵魂。由于品牌核心价值是品牌文化的表现形式，品牌文化又关乎企业、消费者、向往者和社会公众，关乎生产过程、营销过程甚至使用过程，要在有多元需求市场主体之间，在不同的生产、销售、使用过程等多层次运营中，凝聚塑造一个共同认可和接受且共享的价值观，并得到消费者及企业外部利益相关者的认可和分享。品牌文化塑造中包含四个层次：①质量，功能——能够满足最基本要求的质量和功能；②包装，形象——包括包装、徽标、视觉识别系统（VI）、名称、外形等；③故事，人物——品牌上附带的传奇故事和代表人物；④理念，价值——迎合目标客户的内在理念和核心价值。以下是企业家塑造品牌文化的几点做法。

一、创造象征符号

文化通过象征体系深植在人类的思维体系中,塑造品牌文化也需要将品牌元素根植于消费者心智中,并成为某种象征符号。许多品牌的符号元素都可能被赋予文化意义,然后把具有象征意义的品牌文化传播给消费者,引起消费者的爱戴和共鸣。

1. 品牌名称

品牌名称是品牌传播的载体之一。设计品牌名称时,首先应考虑将市场主体容易记忆、认可和接受,具有共同文化的"词"作为首选,如源于我国的历史故事、诗词或国外的地名和神话(长城、百度、阿里巴巴等)。有些名称源于企业内部,并被外部共享,如 Google(谷歌)成功地将自己的名称演变成为动词,人们常用"google 一下"而不是"搜索一下",使其成为网上搜索文化的一部分。

2. 品牌标识

哈雷的标识设计对品牌的追随者来说,就是美国文化中自由不羁的现代骑士象征(如图 6-1 所示)。

图 6-1 哈雷的标识

3. 产品包装

在"互联网+"时代,以包装聚焦社会热点、阐释品牌文化的实例很多,如怡宝的"心纯净,行至美"的传统文化阐释,引导了消费者的价值观。事实上,这种用包装阐释文化的做法具有悠久的历史,瑞典绝对伏特加将产品包装的符号象征意义做到极致。从 1978 年美国 TBWA 广告公司为绝对伏特加想出以酒瓶包装为核心的广告创意以来,绝对伏特加的酒瓶一直是波普艺术的广告牌。从安迪·沃霍尔(Andy Warhol)率先为绝对伏特加的酒瓶作画开始,迄今为止,已经有 300 多位艺术家与该品牌签约,而他们的画作主体只是一个酒瓶。

4. 产品形象

迪士尼公司由一大两小三个圆圈构成的简笔米老鼠形象已经成为欢乐天真的象征符号。米老鼠作为公司的产品在迪士尼的任何影片和图片中出现时,无论米老鼠形象的姿态和动作如何,它的两只耳朵必须是正面、完整呈现的两个圆形。这样的规则被写进了迪士尼的 VI 手册和产品手册中,多年的积累使得凭借三个圆圈就能够形成识别,引发消费者的文化联想。

5. 代言人

大都会保险公司曾使用史努比卡通形象作为品牌代言人达 31 年之久。该公司通过使用史努比漫画中的形象来建立与消费者的关系,并不断对外传播史努比的作者是品牌的忠实用户等信息。

6. 声音识别

英特尔的经典四音符旋律不仅出现在自己产品的广告中,也出现在所有使用英特尔处理器的计算机产品的广告中。有些用户甚至认为这个声音代表了个人计算机不断发展的一个时代。

二、营造仪式化气氛

仪式是一套复合的象征性行为,这些行为有固定的发生顺序,而且常常需要定期重复进行。有些品牌希望消费者对产品的使用与特定的仪式紧密联系在一起,如百事可乐在春节期间的广告语"祝你百事可乐",意在将产品名称与中国人在节庆中注重的"好兆头"联系在一起,使产品不仅被当作普通饮料,还可以被看作新年的祝福。有些品牌则试图将产品的使用过程本身仪式化。例如,奥利奥饼干强调吃奥利奥的最美味的方法是"扭一扭,舔一舔,泡一泡",这个由制造商臆造出来的"仪式化吃法"成为奥利奥饼干一以贯之的广告主题,主题广告重复多了,消费者接受了,当再听到的时候就引起了共鸣。广告主题显然具有品牌文化的特征。有些城市为了塑造城市品牌,通过定期的主题活动,用具有文化传统的仪式进行城市品牌塑造和传播,如巴西里约热内卢一年一度的狂欢节巡游、西班牙潘普洛纳的奔牛节等。

一些互联网电商和部分传统品牌企业特别是服务企业设定诞辰日或节日,在这一天店面装点一新,举行庆典仪式,设计传播主题,通过价格优惠与消费者分享,进行主题文化传播,慢慢地就形成了品牌文化。

特别值得一提的是,每年的11月11日本来是一个再普通不过的日子,阿里巴巴根据新生代单身男女们顾影自怜的生活状态,挑动他们通过购物进行宣泄的欲望和动机,通过普遍价格优惠、超低价限量抢购等手段刺激购买行为,塑造"11·11"这个具有象征意义的"光棍节",使其成为全民狂欢的"剁手节",在人们有限的心智中硬生生地植入了一个购物习俗、一个购物的文化仪式。这一天买手们喜滋滋地与别人分享网购经历,展示自己狂欢购买的成果。"光棍节"提供了人们沟通互动的话题。

三、塑造品牌领袖或英雄人物

许多品牌将其创始人塑造成品牌的代表。品牌创始人的行为、言论和个人魅力很容易被消费者嫁接到对品牌的认知中,而品牌创始人往往同时也是企业领袖。他们可以通过传输理念、讲述故事、确立承诺、表达主张、彰显个性等多种人性化的方式帮助品牌建立文化认同。

1. 塑造品牌领袖

品牌领袖是在品牌创立、发展过程中决定品牌命运,为企业品牌注入精神、灵魂、理念和个性等内涵的人,是品牌的驾驭者。对于品牌而言,品牌领袖要么是企业品牌的缔造者,要么是在企业品牌的塑造过程中为品牌融入新的内涵的企业家,或者是在品牌发展的生死转折中扭转乾坤的人,是企业的精神领袖。例如,世界汽车发展史上的杰出品牌领袖亨利·福特是第一位开创性地把汽车制造搬上生产流水线,使汽车变成大众消费品的企业家,是品牌精神领袖的典型代表。亨利·福特的领袖作用还表现在其深邃的思想、永恒正确的经营理念、永不磨灭的创新精神等方面,这也是福特品牌的核心价值。哈兰·山德士上校于1952年创建了肯德基(KFC)品牌,成为品牌领袖和精神领袖。万科的王石被塑造成不断挑战极限、积极向社会输出商业正能量的代表,他的形象和言论经常出现在各种商业媒体、时尚杂志、个人传记甚至是其他品牌的广告中,成为万科的品牌名片。张瑞敏之于海尔,任正非之于华为,柳传志之于联想都具有类似的效应,他们自身所具有的独特人格魅力、思想及颇具传奇色彩的经历都为品牌注入了精神气质和个性文化。

2. 商业代言人作为英雄人物

有些品牌通过为其代言的名人(英雄人物)来塑造品牌文化。例如,迈克尔·乔丹作为有史以来最伟大的篮球明星帮助耐克塑造了拼搏争胜文化。为了保持品牌代言人与品牌英雄人物的一致性,很多商家采用企业家作为自己品牌的代言人,如董明珠为自己的品牌格力代言等。

四、用传统文化元素凝练品牌文化

中国具有2 000多年的历史传承,积累了丰富的历史文化。人们在这个文化中成长、生活,受中华文化的教化,文化元素很容易引起华人的共鸣。企业在品牌文化建设中,以中国历史文化元素或具有标志性的地缘文化为基础,结合品牌产品的特点进行融合,形成具有特色的品牌文化,凝练品牌文化主题或品牌口号,通过电视、公共关系、促销或网络、社交平台等全方位传递给消费者,共同分享品牌主题,引发消费者的思考、欣赏和共鸣,提高品牌文化的感染力,通过品牌文化主题或口号扩大品牌影响。

"金六福"三个字的完美结合可谓至善至美,迎合了人们盼福和喜好吉利的传统习俗与心理需求。在人们庆功、贺喜、祝寿、助兴、交友相互祝福时,又引导人们追求"寿、富、康、德、和、孝"的美好生活境界。吉祥美酒、品质纯正,"金六福"有其丰富的文化内涵:金为至尊,六福至美。六福即:一曰寿,二曰富,三曰康宁,四曰攸好德,五曰佳和合,六曰子念慈。五粮液集团在中国历史文化元素的基础上,塑造了金六福品牌的"福文化"理念和核心价值。"福文化"是中国几千年传统文化的浓缩,有着深厚的积累,迎合了人们对美好生活的向往,因此不论年龄大小、地位高低、财富多少,"福文化"一经推出,就给了消费者一个丰富的联想,引起了人们的普遍感动和共鸣。

为了体现"福文化",金六福对酒的包装进行了独特的设计,外盒包装以黄、红、金为主色,一至五星采用系列化设计,突出系列酒的特点。五星金六福在外包装上赋予"开门见福"、"开门揭(接)福"的吉祥创意。此外,钱袋形状的酒瓶寓意喝此酒一定会福星高照,财运亨通。其他星级的金六福也都以不同方式、不同角度强化和突出"福"字。金六福系列酒的外包装、酒瓶标签上都有古代传说中富贵吉祥之鸟凤凰的图案,其线条流畅,极具观赏性。品饮金六福,不仅是在品味其上乘的酒,更是在品味数千年中国古老神圣的文化。

为了推广品牌,金六福在不同的阶段推出了有针对性的"福文化"口号,如"好日子离不开它,金六福酒""幸福的源泉,金六福酒""金六福,中国人的福酒""中国福,金六福"等。这些口号创意新颖,都突出用一个"福"字诠释"福文化"的理念和价值。通过借鉴中国历史文化元素,塑造"福文化"的理念和价值,用时代的主题口号突出喜庆、感动的消费氛围,传递、分享幸福的感受,让金六福获得了巨大的成功。

五、传播品牌故事

品牌在介绍自己的时候,应该善于讲述自己的历史传奇故事。历史传奇故事能引起人们的好奇、感动,能产生一种对故事主人公肃然起敬的情愫,尤其是那些带有戏剧性因素的创业故事。因此,品牌也往往借助品牌历史传奇故事来塑造品牌文化,利用市场主体之间认可、接受并分享的价值观来传达品牌的本源。品牌故事包括企业领袖的奋斗故事、企业创业故事、品牌重大事项或转折故事等,也可以是品牌的历史故事。传播品牌故事需要把握以下几点。

1. 品牌故事需要传奇

品牌的创业历史通常要向消费者说清楚,在什么样的历史环境下,是谁创建了一个怎样的组织,其间克服了怎样的艰辛和困难,之后又经历了怎样的变迁,遇到了什么样的历史机遇或重大挫折。讲述这些故事,最好能根据现代人渴望浪漫、传奇的心理进行修饰润色,为品牌赋予一些传奇色彩。品牌的创业历史往往能超越具体的物质界限,给品牌注入精神的、文化的内涵,这种精神往往与人们的价值观相契合。例如,1915年世博会上,用土陶罐盛装的茅台酒无人问津,展会即将结束,一位中国代表心生一计,佯装失手摔坏了一罐茅台酒,顿时酒香四溢,一下子把评委们给吸引住了,经反复品尝后一致认定"茅台酒"是世界上最好的白酒,于是向茅台酒补发了金奖。这个传奇故事的广泛传播,丰富了品牌的文化内涵,加深了消费者对茅台品牌的信赖感、亲密感和自豪感,为茅台酒成为国酒奠定了基础。

2. 品牌故事需要历史沉淀

塑造品牌文化的公司无一不重视积累品牌成长的历史素材。对历史素材的叙事梳理形成了品牌传记(brand biography)。讲述和传播自己悠久的品牌故事是非常重要的品牌文化塑造手段。例如,来自法国的依云品牌就将其水源刻画成数千万年时间形成的大自然的馈赠,同时,也强调依云镇之所以名扬天下是因为其神奇的温泉疗效,在法国大革命时期一位受伤的将军曾靠泡温泉而痊愈。依云品牌的传记故事具有历史感,而且其他品牌难以仿效,利用品牌传记塑造的唯一性,依云成功成为高端矿泉水的佼佼者。

3. 品牌故事需要避免"赢家的诅咒"

初创时艰辛但富有韧性的经历成为品牌文化塑造不可或缺的素材。埃弗里(Avery)等学者建议成功的品牌策略性地使用品牌传记,因为成功的品牌往往意味着它拥有规模和权势,与此同时企业决策者很可能会错误地认为只应彰显自己的辉煌历史,而避免谈及艰难的旅程。事实上,消费者会对成功品牌所拥有的规模和权势产生距离感,以致"赢家的诅咒"会使成功的品牌难以获得持续的成功,而这些学者通过实证研究证实品牌向消费者讲述自己在起步时的弱小和成长过程中的艰辛,可以成功获得消费者的认同,而破解"赢家的诅咒"。例如,惠普在其官方的品牌历史讲述中,一定会提及该公司由两名斯坦福大学生在一间破旧的车库成立,他们的第一台产品就诞生在这个车库中,是一台音频振荡器,用于电子测试。尽管惠普已经是全球顶尖的超级公司,但它依然会告诉客户,公司是诞生在一间车库里。惠普深知这样的品牌传记不会让客户怀疑自己的能力,反而可以拉近与他们的距离,同时也向客户展现了品牌所具有的创业精神。

回忆一下微软、脸书(Facebook)等品牌的故事,是不是与上面的故事有很多相近的地方?

4. 品牌故事需要娱乐性展示和传播

品牌传记除了官方的陈述和出版物之外,还可以有其他更具娱乐性和传播性的载体,利用这些故事载体来培育品牌文化,塑造品牌个性,拉近与消费者的距离。例如,海尔创建之初,拍摄了动画连续剧《海尔兄弟》来向消费者阐释海尔;迪士尼乐园的每个主题都具有一个娱乐化的故事,通过消费者的参与来展示故事情节。还有一个比较典型的例子是由法国女星奥黛丽·塔图主演的电影《少女香奈儿》。这部讲述香奈儿品牌创始人可可·香奈儿少女时代的传记电影,通过香奈儿从懵懂少女到初露锋芒的早年经历,表现了品牌创始人"超乎寻常的个性和引领时代的使命感"。这部电影大获成功,也获得了一项奥斯卡提名。这部电影对于香奈儿品牌而言显然绝不只是其提升知名度的广告价值,更为重要的是,更多的消费者通过观影知道了这个看起来高不可攀的奢侈品品牌的创始人与许多人一样是从底层开始点滴积累和奋斗的。作为一个塑造女性之梦的奢侈品牌,香奈儿在广告等品牌传播中必然会持续营造华丽但有距离感的梦境,但品牌传记却能成功地拉近与消费者的情感距离。

六、建立品牌博物馆

品牌博物馆是品牌文化的载体。建立品牌博物馆就是塑造品牌文化,通常包括三种类型,即产品文化塑造、创业文化塑造和古迹文化塑造。其实质都是对品牌发展过程中留存物的整理、展示和传播。通过博物馆塑造品牌文化,就是把在时间长河中沉淀的品牌文化元素和传统可视化,编成可读的故事,变成消费者可以接触的实物。让可视、可读、可触的文化元素深深地印在消费者的脑海中,实物的展示和陈列往往比语言的描述更具可信性和震撼力。

1. 产品文化博物馆

品牌博物馆的建立需要有历史眼光的品牌管理者在品牌创立之初就有意识地保留具有历史价值的各类资料,例如,第一款产品、第一笔合同、第一批员工名录、每一代的新产品,甚至第一次实验数据和未能成功上市的样品等。斯沃琪(Swatch)的第一块手表诞生于1983年,与很多历史悠久的瑞士手表品牌相比,它算不上具有历史价值,但是这个以时尚、轻便、现代设计取胜的手表品牌在日内瓦建立的品牌博物馆成为很多游客的必游景点。斯沃琪博物馆的设计大量运用齿轮这一手表必备的设计元素,但呆板单一的齿轮在这里变得形状多变、色彩斑斓,它的演示资料也重点讲述了这个品牌如何改变了整个世界对于手表的理解,通过其第一块手表到最新的限量版手表的展示,阐述了自己的品牌文化:手表绝不只是为了计时。有些博物馆在展示产品历史的同时,也展示产品的品种、生产过程,展示品牌的行为文化,如长春一汽的轿车品牌红旗轿车、日本的饼干品牌白色恋人等的博物馆。

2. 创业文化博物馆

2012年年初,历史上最负盛名的汽车工厂之一法拉利摩德纳工厂正式作为法拉利品牌博物馆对公众开放。意大利的摩德纳是法拉利创始人恩佐·法拉利的故乡。这座斥资近1 800万欧元的博物馆被命名为恩佐·法拉利博物馆(Museo Casa Enzo Ferrari),成为摩德纳新的旅游景点。这间全新的博物馆的外观造型采用了赛车发动机盖的设计,亮黄色色彩让其从上空俯视时极具动感。而除了这个形象的"发动机盖",法拉利也还原了恩佐·法拉利于1898年出生时的房子和他的工作车间。博物馆占地5 000多平方米,里面有大量的展品,包括法拉利历史上的经典车型实物、图片和文字资料。此外,博物馆还专门辟出一处地方来展示恩佐·法拉利曾经使用过的物品,包括此前从未公开的文件和设计手稿等。

3. 古迹文化博物馆

古迹文化博物馆在设计上往往超出产品和创业的局限,呈现一种历史文化氛围,突出品牌的历史渊源、历代文人墨客的足迹,宣扬品牌文化的历史影响等。例如,山西杏花村借晚唐知名诗人杜牧的"清明时节雨纷纷,路上行人欲断魂,借问酒家何处有,牧童遥指杏花村"的知名度和良好的联想注册了杏花村商标,使山西汾酒成为中国四大名酒之一。汾酒作为中国酒魂、国酒之源,拥有6 000多年的酿造工艺和文化历史,其本身就是一部文化史记。1984年,全国第一座酒文化博物馆在杏花村汾酒集团内建造完成。汾酒博物馆气势恢宏,古风浓郁,与飘香千年的杏花古镇交相辉映,犹如一部大型史册。汾酒博物馆以"传承国宝,清香久远"为宗旨,馆内陈列纵贯了4 000多年的汾酒酿酒历史,将汾酒的"千年历史、千年业绩、千年古韵、千年壮歌、千年丰碑、千年奇迹、千年文化、千年贡献"以实物、模型、书画、电子动画等方式展示出来。汾酒文化与晋商文化、黄河文化一脉相承。通过活灵活现的立体投影、栩栩如生的巴拿马获奖情景、别具一格的现场酿造、高雅珍贵的名人字画、琳琅满目的酒器酒具等十个既独立成章又相互映衬的展区,将汾酒发展的历史变迁生动地表现出来。汾酒博物馆高度浓缩了汾酒辉煌灿烂的历史文化足迹,是对中国第一文化酒最具权威的诠释和佐证,彰显了一个高品质、高定位、高水平的汾酒文化长廊。

这些博物馆不但是塑造品牌文化的载体,而且大多已成为当地的旅游景点,成为品牌文化传播的载体。

七、创建品牌社区

在产品同质化的激烈竞争中,客户为中心的管理理念被学界和业界广泛推崇,在实际的品牌运营中也逐渐形成了一种商业氛围。企业应善于利用品牌社区来塑造以消费者为核心的品牌文化。

1. 品牌社区的内涵

品牌社区(brand community)是由美国社会化媒体专家Muniz和O'Guinn于2001年提出的,是指使用同一品牌的一群消费者聚合联结而成的、以该品牌为关系基础的社会群体。品牌社区是建立在成员之间可以互动沟通的基础上的一个复杂实体,包含自己特定的文化、意识、责任感和行为编码。

2. 品牌社区的文化构成

(1) 共同的感情和价值观。消费者围绕某个品牌建立一套特有的社会关系,这种关系或者由企业倡导,或者由消费者自发形成。品牌社区成员之所以能聚合到一起,是因为在品牌社区中存在一个亚文化,处于亚文化中的成员的个人身份、动机、承诺与商品和消费活动的联系不可分割。品牌社区中的亚文化确定了消费者对某一品牌有共同的感情和价值观,这是社区组成的关键。某个品牌所宣扬的体验价值、形象价值与这些消费者所拥有的人生观、价值观相契合,从而产生心理上的共鸣和忠诚。

(2) 社区意识和品牌意识。在品牌社区中成员的意识包括社区意识和品牌意识。社区意识是社区成员感知其他成员的一种内在联系,是区分非社区成员的一种集体感觉。品牌意识体现为社区成员讲述品牌历史、使用社区语言及具有共同的相关品牌体验,这些行为使社区文化和社区意识保持长久。

(3) 责任感。责任感是社区成员将品牌社区视为一个整体,并对其他成员负责。尽管这种责任感是有限的和特殊的,但能产生集体行为,同时有助于增强群体黏性。责任感还体现为帮助其他成员使用或消费品牌,提供解决问题的方案,分享关于品牌资源的信息。

现实生活中,通过创建品牌社区塑造品牌文化的实例有很多。例如,安利的品牌销售组织就是一个以销售、消费安利产品为主体的品牌社区,把终端广大消费者也尽量纳入社区中,有组织地传播品牌信息,社区成员之间时常相互沟通品牌体验感受,安利公司会定期组织聚会,分享安利的销售和消费经验,构建安利的健康文化。

第四节　品牌文化对企业的挑战

如同硬币总会有两面,塑造品牌文化能够为企业带来消费者的忠诚、免费的传播机会、口碑效应和溢价,但同时消费者对品牌的非货币投入(如情感卷入和时间投入)也对企业提出了挑战。

1. 企业行为有时与消费者所接受的品牌文化不能保持一致

具有品牌文化力量的企业与其消费者分享了一套共有的价值观,尽管这些理念很可能是企业创造的,但却已经成为消费者珍视的价值观的组成部分。企业自己塑造的品牌文化将对品牌的市场行为形成约束力。如果企业的行为不能与消费者所理解的品牌文化保持一致,那么最忠实的拥护者可能会突然变成最激烈的反对者。

例如,2010年,美国媒体曝光谷歌公司和通信运营商威瑞森(Verizon)可能已经达成内部协议,威瑞森将允许某些网站支付更高的接入费用以换得用户浏览速度的提升。《纽约时报》的记者举例说,谷歌旗下的视频网站YouTube可以支付金钱让消费者在威瑞森网络上更快地观看其视频,那么其他的视频网站将会失去公平竞争的机会。消息一经公布立刻引起轩然大波,而对谷歌发起最猛烈抨击的恰恰是谷歌的铁杆支持者,他们写给谷歌创始人谢尔盖·布林(Sergey Brin)和拉里·佩奇(Larry Page)的抗议信的开头是这样的:"作为谷歌的创始人,你们打造了谷歌公司的座右铭'不要变得邪恶',而我们作为谷歌的用户,也一直践行你们的座右铭,没有变得邪恶。但是,谷歌与威瑞森的交易非常邪恶。这种交易意味着你们将共同对互联网进行控制,而且会阻止谷歌的未来发展。"

2. 品牌文化的影响不能脱离产品质量和社会伦理底线

拥有强大品牌文化的企业可能会产生一种错觉,认为品牌的超凡魅力可以让消费者为它进行任何改变。这只是一种错觉,必须承认品牌文化的影响力是有限的,企业需要小心翼翼地培养和使用这种影响力。品牌文化对消费者的影响力不能脱离产品质量的底线。在互联网时代,产品质量是品牌的基石。一旦品牌文化的塑造超越了质量,就成了空虚的渲染,而在移动互联网的推动下,反感会迅速成为旋风,对品牌的伤害是致命的。品牌文化必须符合社会正能量的要求,绝不能突破社会伦理的底线,一旦超越会引起消费者的反感。在移动互联网时代,这种反感的传播会颠覆品牌的所有努力。例如,化妆品品牌SK-Ⅱ宣称自己的贵族文化生活品质广受中高阶层白领女性的喜爱。但当被检测出重金属超标后,消费者感觉上当了,大量涌向专柜退货。SK-Ⅱ处理失当,超越了社会伦理底线,导致品牌产品被强制下架。而在重返市场时,SK-Ⅱ发现大量消费者已经远离。

复习思考题

1. 简述品牌文化的内涵和特征。
2. 品牌文化具有哪些功能?简述哈雷品牌的文化功能。
3. 简述品牌文化的构成。
4. 简述品牌文化与品牌的核心价值。
5. 简述品牌核心价值的趋势。
6. 简述品牌文化塑造的方式。

案 例 分 析

迪士尼的快乐文化

一、迪士尼的成长历史

1923年,迪士尼之父沃尔特·迪斯尼(Walt Disney)以3 200美元起家,创立了迪士尼兄弟动画制作公司。1928年,一个天才创意的灵感——一只活泼可爱的小老鼠,在沃尔特的头脑中萌发,而且拥有了一个响亮的名字Mickey Mouse(米奇老鼠)。从此,这个长着大耳朵、戴着白手套,有幽默表演天赋的小老鼠把迪士尼式的童话、梦幻和欢乐播撒到全球的每一个角落。

为什么米老鼠会如此受欢迎?因为它诚实善良、幽默顽皮、快乐单纯,虽是个小人物却具有尽力而为的精神,还挺走运。而最根本的原因是它能给人带来一种欢乐的体验,给人提供一个童话世界、一种梦境。这也是迪士尼从众多卡通明星到迪士尼乐园,再到玩具、游戏软件等各类产品的共性。

文化是精神层面的因素,精神相对物质而言更具有历史的持久性。迪士尼开创了一种以迪士尼卡通为核心的童话世界的文化方式。这种文化的目的是给大众以梦想,唤起人们心底固有的童趣与纯真,通过征服观众形成稳定永久的卖方市场,尤其是通过形成一种影响美国乃至世界的文化,来永久地赢得迪士尼的观众。这种文化在美国本土甚至在全世界已经形成了自己制胜的根基,建设了使自身不断发展壮大的有生命力的文化。

在电影史上,再也找不到第二个人像沃尔特·迪斯尼那样能如此深刻地意识到电影的娱乐价值,又如此成功地把握了观众的娱乐心理。沃尔特首先想到儿童应该有自己的电影,但是他显然不满足于只为儿童拍片,他的目光盯着的是从老到少最大限度的观众市场。

迪士尼投入了电影产业,创造了革命性的娱乐形式,接着,开创了第一个主题公园——迪士尼乐园。现在,迪士尼又把欢乐带到了互联网与移动通信网上。可以说,迪士尼虽以娱乐起家,但它与高科技和媒体的高速发展紧密相连,从电视、电影到互联网,高科技发展到哪里,迪士尼就发展到哪里,媒体发展到哪里,迪士尼就发展到哪里。

只要你翻开迪士尼提供的产品目录,就可以看到其业务涵盖了娱乐文化业的全部领域:硬件上有娱乐电影制片厂、消费类产品制作部门、网络集团、电视集团、主题公园;软件上有米老鼠、唐老鸭、白雪公主与七个小矮人、美女与野兽、花木兰、101斑点狗、狮子王、珍珠港……

"It all started with a mouse"是沃尔特·迪斯尼生前常说的一句话,一只老鼠的确造就了整个迪士尼王国!

二、采百家之长的文化营销

十余年间,沃尔特旗下的迪士尼几乎拍遍了所有的童话题材,无论是以王子、公主为题材的《睡美人》、以动物角色为主角的《101斑点狗》,还是改编自历史传奇的《石中剑》,无一不受人青睐,处处都显示了动画取材的多元性和沃尔特的远见卓识。

沃尔特的大脑是一个改变童话的理想世界。他说:"将世界上伟大的童话故事、令人心动的传说和动人的民间神话变成栩栩如生的戏剧表演,并获得世界各地观众的热烈响应,对我来说已成为一种超越一切价值的体验和人生满足。"迪士尼的大部分卡通形象,如白雪公主、灰姑娘、小木偶、小飞侠,其实都来自欧洲文化,但它用商业化的方式让它们流行化了。

1998年6月,迪士尼公司推出了第36部动画故事片《花木兰》。该片取材于在中国几乎家喻户晓的民间故事,其蓝本是教科书中的乐府名篇。美国人把目光投向神奇的东方,2 000余位迪士尼艺术家耗时8年,用原作的内核和主脉,加以现代的改编与包装,制作出了让许多中国人也赞不绝口的好电影。迪士尼制作小组曾考虑过放弃动物小伙伴这种角色,但是动画片部门主任Roy Disney很快否定了这一想法。他说:"《花木兰》是个好故事,但是在这个故事中我们看不到中国龙,看不到中国的民间传说及任何具有神秘色彩的角色,这和我们的日常印象是多么不一致。平日当我们想到中国时,脑中浮现的总是绵延的山脉和龙……为什么不让动画片多加几个有趣的角色呢?加上小蟋蟀吧,孩子们会喜欢它。"于是,小蟋蟀和龙这两个角色最后登上了银幕。

除了宣传自己的商业文化外,迪士尼更善于利用其他商家开展广告宣传,如与已有巨大文化影响力的麦当劳和可口可乐联合宣传。迪士尼以在麦当劳餐馆处挂画有卡通人物杰希卡和罗杰招牌的代价,使麦当劳答应投入1 500万美元为迪士尼做广告。在这一交易中迪士尼既得到一笔广告费,又利用麦当劳文化扩大了迪士尼卡通文化的影响。迪士尼又以为可口可乐做广告的条件,获得了2 000万美元赞助。在可口可乐广告中,迪士尼文化同样得到了宣传。

文化具有永久的传承性。文化在人们的意识中一旦占据了重要的位置，创造这种文化的产业也便具有了永久的生命力。迪士尼的文化是迪士尼屹立不倒的一个重要因素。"销售文化"的广告战略，也正是长久以来迪士尼文化与商业操作相结合的产物。

三、制造快乐的主题

迪士尼公司70%的利润来源于4个迪士尼乐园，迪士尼公司的管理精髓在迪士尼乐园得到了充分体现。迪士尼乐园不仅是所有孩子最向往的地方，也是许多成年人梦想之地，而且70%的游客会故地重游。迪士尼乐园越来越大，越建越多，而且越来越受欢迎。

迪士尼乐园成功的秘诀是什么？答案其实很简单，就是让所有的游客快乐起来。

迪士尼乐园的第一个目标是：先让员工快乐起来，把每一个员工变成卡通人物。

下面是在迪士尼大学最典型的新员工培训对话练习。

导师："众所周知，麦当劳生产汉堡包。迪士尼生产什么呢？"

新员工："迪士尼给人们带来欢乐！"

导师："对极了。我们给人们带来欢乐。不管他们是谁，说什么语言，干什么工作，从哪里来，什么肤色，都要在此让他们高兴。你们不是被请来做工的，你们每一个都是来我们的节目中扮演一个角色的。"

在这种反复强化的训练中，迪士尼给人们带来欢乐的宗旨被灌输进每个被培训者的脑海里，并融入血液中。在员工以后漫长的工作中，心灵深处总有一个随时提醒自己的预警系统——自己的责任就是给人们带来欢乐。在迪士尼大学的课本中，员工还可以读到这样的训练语言："在迪士尼我们可能会工作劳累，但是从来都不会厌倦。即使在最辛苦的日子里，我们也要显得高兴，要露出发自内心的真诚微笑。"

迪士尼公司的人员在使顾客满意方面得到巨大成功毫不令人意外。管理部门对员工的关心使员工感到自己是重要的，并且对"演出的节目"极为负责。员工们身上洋溢着的那种"拥有这个组织"的感觉，感染着他们所接待的每一个顾客。

新员工从迪士尼大学毕业后才能单独接待游客。新员工到迪士尼乐园上班的第一天，并不会被告知"你的工作是保持这条大道的清洁"，而是"你的工作就是创造欢乐"。任何人有改善服务的构想都可以随时提出，也可以通过内部刊物与电子布告栏彼此交流。这样的管理手法不仅使游客的回头率提高、员工的流失率降低，而且使有过迪士尼工作经历的人应聘其他公司的岗位时常常获得优先考虑。

迪士尼是个非常特殊的主题公园，它是集观赏、游览、参与、学习为一体的主题公园，特别是儿童、年轻人在里面可以尽情游乐，而且可以学习到很多东西，参与很多冒险性的活动。

"让人快乐起来"是迪士尼乐园的宗旨，也是贯穿迪士尼乐园经营管理各方面的一条主线。进了迪士尼乐园，无论男女老少，都能找到适合自己喜好的地方，玩得刺激、玩得尽兴、玩得舒心。没去的人想去，去了的人不想走，去过的人还想再去。

迪士尼闻名全世界，到美国访问的皇室、领袖们都坚持要到乐园一游。印尼总统苏加诺、泰国国王和王后、尼泊尔国王和王后、摩洛哥国王穆罕默德五世、比利时国王等都游览过迪士尼。沃尔特每次都像炫耀引以为豪的儿子一样炫耀他的乐园。

四、迪士尼的品牌扩张之道

消费需求的日新月异反衬出品牌资产的重要性。品牌资产是产品或服务在不断成长、发展过程中所积累下来的对消费者的影响力。创立成功的品牌并没有什么固定的模式,但是品牌所暗含的理念却是完整且具有永恒魅力的。品牌的成功在于具有清楚的品牌特征。

沃尔特一直坚持只有借助电视节目的广泛宣传,赢得观众后,才会促销迪士尼公司的电影。利用电视的作用,定期播放关于迪士尼乐园的虚拟节目,既能赢得观众的支持,也能赢得投资家的信心。

迪士尼每次推出一部新片之前,整个集团上下一致,全力配合,利用所有宣传机器:迪士尼电视频道、所辖ABC电视网、迪士尼网站、迪士尼乐园、迪士尼玩具专卖店,并与其战略伙伴电影院、麦当劳和可口可乐公司等有关方面合作,进行整体宣传。

"通常情况下,一部电影即使再轰动也只是'一时'。但迪士尼要让它变得更为长久,于是采用了连环套:影院放过后,电视播,接着是录像带、光盘、书籍、出版物,同时将'明星''偶像'制成玩具,印在服装上,让它走进孩子和家长的内心深处。"迪士尼可以将一部热门电影如《狮子王》变成大为轰动的特许经营系列,衍生出电视剧、图书、玩具、主题公园和百老汇演出……

除了影片的发行网外,迪士尼还拥有书籍、玩具、服装、电视及录像带等其他商品的全球发行网络,所有这些构成了迪士尼复杂完备的基础设施。在此基础上,经过多年的努力,迪士尼在动画片及其他产品的制作方面已经赢得了人们的信任,建立了世界性的声誉。

迪士尼已经将其产品推向全球,并已经同法国、日本和拉丁美洲的多家公司签订了产品生产和销售协议。迪士尼旗下的米拉麦克斯(Miramax)公司在欧洲建立了以英国为基地的电影公司。迪士尼对全球电视市场发起了全面攻势。迪士尼是斯堪的纳维亚广播系统(SBS)最大的持股者,该公司是挪威、瑞典、丹麦、芬兰、比利时和荷兰的主要地方商业电视的所有者与运营者。迪士尼在全球拥有无与伦比的娱乐及新闻品牌优势,其麾下有590家遍布全球的迪士尼零售商店。它同成千上万家制造商及零售商有买卖和特许关系。迪士尼正在成为"一个全球消费品的最终制造公司"。

商标注册已成为迪士尼一项重要的商业行为,根据《星球大战》和《外星人》制作的玩具已成为年轻人的心爱之物。迪士尼看到了这一商机,高价请斯皮尔伯格执导《谁杀死了兔子罗杰》,同时把其中的卡通形象推广到商场。恩斯诺在影片拍摄前便与打算使用《谁杀死了兔子罗杰》中卡通形象的34个商家签订了生产500多种产品的协议。

迪士尼在特许经营上一发不可收拾。这类特许经营业务的年收入高达10亿美元。迪士尼在全球发展了4 000多个拥有迪士尼特许经营权的商家,产品范围从铅笔、橡皮、书包到价值数千美元的时髦服饰,数万美元的手表、汽车,应有尽有。

迪士尼整体的商业模式已成型,被称为"轮次收入"模式,通俗地说就是"一鱼多吃"。"一鱼多吃"的源头是迪士尼的年度动画巨作。通过发行拷贝和录像带,迪士尼赚到第一轮收入,基本上是美国市场、海外市场分别收入数亿美元。这轮收入中,迪士尼收回了成本。然后是特许经营、后续产品的开发和主题公园的创收构成第二轮收入。每出一部新卡通片就在主题公园中增加一个新的人物,在电影和公园共同营造的氛围中,吸引大量游客游玩消费,迪士尼由此赚到第二轮。接着是品牌产品和连锁经营。迪士尼在美国本土和全球各地建立了大量的迪士尼商店,通过销售品牌产品,迪士尼赚到第三轮。这一轮是迪士尼的收入,大约40%的利润来自第三轮。

2003年7月底,迪士尼公司与几家无线通信公司和手机制造商的谈判吸引了华尔街的注意。迪士尼开发了面向手机的电子游戏,游戏内容主要基于《怪物公司》和《亚特兰蒂斯:失落的帝国》等迪士尼拍摄的电影。迪士尼希望建立一种无线娱乐服务,并吸引欧洲和美国的无线通信运营商向各自的用户转售这种服务。

资料来源:https://wenku.baidu.com/view/d866058071fe910ef12df814.html.

案例讨论思考题

1. 迪士尼怎样结合欧洲、美洲和亚洲古典文化塑造商业文化?
2. 迪士尼上百年来屹立不倒的重要因素是什么?
3. 迪士尼如何塑造快乐主题?
4. 简述迪士尼的品牌扩张之道。

第七章 品牌传播

【学习目的与要求】
(1) 理解品牌传播的概念；
(2) 理解品牌传播的载体；
(3) 了解品牌传播策划方案的制定步骤；
(4) 理解品牌传播的理论及传播方式选择；
(5) 理解品牌传播的工具和途径。

扩展阅读 7.1
传统媒体与新兴媒体传播渠道的融合策略

"产品重在质量，品牌贵在传播。"品牌传播是向消费者传递产品信息、定位信息、文化信息的过程。传播的品牌信息被消费者接受、理解和消化，使消费者与品牌的情感联系和价值观发生变化，逐渐在消费者心中树立品牌形象、形成品牌资产。在品牌传播过程中，利用什么样的模式，选择什么样的渠道，向消费者和大众传播什么样的信息，如何与消费者、渠道商和大众进行深层沟通，如何对信息传播活动进行科学的设计和策划，是本章要阐述的主要内容。

第一节　品牌传播的内涵

一、品牌传播的定义

品牌传播（brand communication）是指企业以品牌的核心价值为原则，在品牌识别的整体框架下通过传统的广告、公共关系、促销，以及互联网条件下的网络社区、沟通互动平台等手段，将企业设计的品牌信息、品牌形象传递给目标消费者和社会公众，以期获得消费者的认知和认同，并在其心目中树立企业营造的品牌形象。

品牌传播是一种操作性的实务，传播的信息要经过企业精心设计，包括品牌设计、品牌定位、品牌文化、品牌价值观、品牌形象等，信息设计还要考虑有利的信息传播的载体，便于消费者和社会公众接受、记忆和传诵。目前，品牌传播有两个主要渠道：一是传统的广播电视、报纸杂志和户外广告等；二是互联网、新媒体、自媒体等。传播渠道的选择与品牌传播的阶段性具有相关关系,在不同阶段传播的目标也有所差异,有的是为了提高知名度,有的是为了提高忠诚度。同时,信息内容设计也与传播渠道选择具有明显的相关性。品牌传播是要对消费者许下承诺,唤起消费者心中的欲望和憧憬,架起与消费者沟通的桥梁,使品牌理念融入消费者的消费观念,让消费者成为品牌构建的重要组成部分。

二、品牌传播的特征

1. 信息的聚合性

品牌传播的信息需要经过精心的设计,品牌信息不但包括品牌名称、标识、定位语的组合,还要传播品牌利益和承诺、品牌文化、品牌的核心价值等。在品牌创建的不同阶段,选择的信息和传播渠道也不同,初始阶段要实现向消费者告知的目标,要传播产品信息、品牌名称、商标等,中期的公共关系要实现与消费者沟通、赢得公众赞美的目标,就要传播品牌定位、品牌文化等信息。然而,消费者接收到来自不同阶段、不同传播渠道的品牌信息的主题如果不一致,对于品牌的印象就会模糊,对于统一品牌形象的形成非常不利。因此,品牌传播的信息要具有聚合性,要以品牌核心价值为统帅。例如,蒙牛的"航天员专用牛奶"广告、"每天一斤奶,强壮中国人"的免费捐奶公益活动、"蒙牛城市之间"为主题的大型趣味体育比赛活动和赠送《乳品与人生》健康图书活动等,虽然是在不同的时间,各个活动的内容和形式也不同,但都在传播蒙牛的"营养和健康"主题,满足消费者的心理诉求。

2. 受众的目标性

品牌传播的对象是具有功能需求和情感需求的受众。品牌定位决定了品牌的消费群体,也决定了品牌传播的受众。传播的受众是有目标性的,传播的信息则是有针对性的。从营销的角度看,品牌的经营者最关注受众,因为品牌信息设计必须打动受众,刺激受众的需求并引起共鸣,在互联网和移动互联网的条件下,不仅会带动品牌产品的销售,而且会在消费群体中引发间接效应。例如,"意见领袖"会对品牌进行二次传播,潜在消费者将转化为现实消费者,这时,"意见领袖"也很可能变为"品牌消费领袖"。在现实生活中,某一群体中的确存在这样一些人,他们在一段时间内确实钟爱一些品牌,不仅自己带头消费,在消费群体中起着活广告的示范作用,而且会把自己喜欢的品牌推荐给亲朋好友。

3. 媒介的多元性

品牌传播的媒介广泛而丰富。加拿大著名的传播学家麦克卢汉(McLuhm)有句名言:"媒介即信息。"这是他对传播媒介在人类社会发展中的地位和作用的高度概括,其含义是:媒介本身才是真正有意义的信息,也就是说,人类有了某种媒介才有可能从事与之相适应的传播及其他社会活动。因此,从漫长的人类社会发展过程来看,真正有意义、有价值的"信息"不是各个时代的传播内容,而是这个时代所使用的传播工具的性质及其所开创的可能性和带来的社会变革。

从这个角度分析,媒介技术往往决定着传播的信息本身。例如,电视媒介传播了比报刊、广播多得多的"信息",而网络媒介又传播了兼容所有媒介信息的"信息"。在传播技术正发生革命性变革的今天,新媒介的诞生与传统媒介的并存共同形成了一个传播媒介多元化的新格局。这为品牌传播提供了空前的机遇,也对媒介运用的多元化与整合提出了新的挑战。

4. 操作的系统性

在品牌传播实务中，整个品牌传播系统主要由品牌拥有者与品牌受众两个部分组成。二者由特定的信息、媒介、传播方式、传播效果（如受众对品牌的消费、对品牌的评价）及市场反馈等信息组成。在传播系统的设计中不仅要根据受众的喜好设计信息，还要根据品牌传播的阶段性选择不同的信息载体和传播媒介，以便达到更好的传播效果。品牌传播不仅要追求短期的的传播效果，还要追求长远的品牌效应。因此，在品牌拥有者与品牌受众的互动关系中，要遵循其系统性的特征，使品牌传播的操作过程具有整体的效应。

第二节 品牌传播的策划

一、新媒体与传统媒体选择

新媒体一般包括互联网媒体、移动互联网及以其为基础的企业网站、脸书、微信等平台；传统媒体包括广播、电视、户外广告屏等。新媒体与传统媒体品牌传播的区别主要表现在内容和方式上。在传播内容上，传统媒体传播的品牌信息有限，多是产品信息、定位信息等，而新媒体传播的信息量相对较大，侧重品牌故事、品牌话题，便于消费者讨论和相互传送；在传播方式上，传统媒体是"填鸭式"的单向传播，新媒体强调品牌与消费者的互动及消费者之间的互动。

互联网与移动互联网技术的发展使品牌传播技术、渠道和方式方法发生了巨大变革，影响着公众对品牌信息接收、理解和消化的程度。人们对品牌的判断、决策都深受互联网元素的影响。但这并不意味着可以忽视传统的品牌传播方式和传播渠道的传播效果，互联网媒体与传统媒体两种传播方式应相互融合、相互联动。

（一）传播媒体选择要综合各种因素

品牌传播媒体选择与企业实力、传播内容有关。传播媒体选择也就是传播方式和传播渠道的选择，要考虑企业规模大小、企业实力强弱、品牌塑造处于哪个阶段等。互联网与移动互联网的发展降低了企业塑造品牌的成本，给予品牌塑造便捷的途径。中小企业规模小、实力弱，比较适合在互联网媒体上进行产品宣传和理念宣传，细水长流，润物细无声。当企业发展到一定程度，积累了一定的实力后，可以用传统媒体扩大影响范围、强化宣传效果，推动企业跨上一个新的台阶，采用"暴风骤雨"式的"狂轰滥炸"，扩大社会影响、引发轰动效应。传统媒体因为传播时间和传播成本的关系，内容比较简短，往往是向消费者灌输品牌理念、定位口号，展示品牌音乐等；新媒体激发了受众的主动性，内容和方式上往往以传播品牌故事、情节互动、品牌互动为主。

（二）传统媒体单向广告灌输依然有效

传统媒体仍然是品牌传播的重要渠道，与新媒体在品牌传播方式上相互融合。企业对传统媒体的品牌传播形成依赖，构成了传统媒体传播的一个存量，形成了品牌传播需求的存量空间。新媒体由于信息技术创新为品牌传播开拓了一个创新空间，构成了品牌传播需求的增量空间。增量空间与存量空间的争夺不会有清晰的分界线,传统媒体在互联网快速发展中也在逐渐进行转型,进入品牌传播的增量空间,从而改善了广告传播的效果。

传统媒体仍然是品牌传播的重要选择。没有必要追踪最新的传播时尚,而应关注品牌传播能否做到精准、有效。从实践来看,企业依然重视传统的单向品牌传播,传统广告方式的效果仍然被广泛认可。例如,每年仍然有大批知名优质品牌"深情拥抱"中央电视台(CCTV),付出惊人的广告费。加多宝一直冠名浙江卫视的"中国好声音",百雀羚花2.7亿元在"中国好声音"植入广告。事实表明,传统媒体在品牌传播中价值犹存,传统电视广告也在节目中安插了互动的环节,把单向传播转变为双向传播。

(三)新媒体与传统媒体在品牌传播中的联动

新媒体与传统媒体在品牌传播中接驳和联动有利于提高传播效果。新媒体的传播对象是目标消费群体,能实现精准的传播、互动;传统媒体的传播对象是社会公众,能通过广告、发布会实现轰动效应。在品牌传播策划中,新媒体传播内容需要传统媒体确认和放大,两种媒体的接驳和联动已成为品牌传播重要的一环。没有传统媒体传播系统的放大和呼应,新媒体传播很难独立于传统传播系统之外产生巨大的社会影响。

在广告、产品发布会等传统渠道,品牌传播的内容设计和传播方式都应考虑在新媒体上的预热和延续。重视微信、微博,建立"粉丝"互动平台,也是企业品牌传播的趋势,但在扩大品牌公众影响力方面还需要依赖传统媒体。例如,小米手机在每次推出新产品时都会举行声势浩大的新产品发布会,而在发布会之前则会利用巨量微信"粉丝",在小米网、小米社区进行"粉丝"互动,传播小米手机的理念,分享小米的新产品信息。小米手机在电视广告投放前,也会先进行全网预热,官网提前一周做网络首映,并开展一系列的互联网活动,通过小米网、小米社区、新浪微博、微信、QQ空间等社交媒体,全平台进行视频首发。2013年春晚节目前黄金时段的广告《嘿嘿》提前进行了网络首发;2014年春晚广告投放前,广告网络播放量超过400万次;2015年央视春晚广告《小米 Note 时尚篇》和《小米 Note 哗哗篇》,都提前在新媒体上用歌曲和舞姿营造了一种欢快乃至狂欢的氛围。

二、品牌传播内容策划

卢泰宏、李世丁曾在《广告创意——个案与理论》一书中对品牌广告创意理论做了简单介绍。制定品牌传播策划方案时遵循的就是这些理论。

(一)ROI 理论

广告大师威廉·伯恩巴克(William Bernbach)创立的 DDB 国际广告有限公司提炼出了 ROI 理论。该理论认为,好的广告应该同时具备三个基本特质:关联性(relevance)、原创性(originality)和震撼性(impact)。如果广告与商品没有关联性,就失去了意义;广告本身没有原创性,就缺乏吸引力和生命力;广告没有震撼性,就不会给消费者留下深刻印象。

例如,生产纯果汁的汇源在投资进入果汁饮料市场时,首先推出真鲜橙饮料,其目标市场是青年一代,聘请的形象代言人是《我的野蛮女友》的主演全智贤,传播活动选取的目标受众包括在校大学生、饮料经销商、广大群众三个层次,宣传内容围绕真鲜橙展开,传播活动"搭车"在成都举办的全国糖酒会。活动分为四个层次:一是包下成都最有名的一条街——春熙路,举办以全智贤为主角的"新闻发布"活动;二是全智贤与目标消费者——大学生的对话;三是邀请经销商举办一个专题论坛;四是全智贤代言的真鲜橙果汁饮料广告。四个层次的活动都安排了媒体的配合。整个传播策划具有很强的相关性,策划方案立意高、场面大、主题新颖,具有很高的原创性。选择全国糖酒会,在成都的"王府井"发布新产品,选择家喻户晓的"野蛮女友"代言,四个层面的活动配合在全国播出的广告,震撼性强烈,使汇源真鲜橙迅速打开销路并很快红遍全国。

(二)共鸣论

共鸣论以目标对象的故事为载体,主张在广告中述说目标对象珍贵的、难以忘怀的生活经历、人生体验和感受,以唤起并激发其内心深处的回忆。同时,赋予品牌特定的内涵和象征意义,建立目标对象的移情联想,通过广告与生活经历的共鸣作用产生震撼效果。为了使广告与消费者产生共鸣,策划人必须深入理解和掌握目标消费者,通过模仿在目标对象中盛行的生活方式构造一种能与目标对象所珍视的经历相匹配的氛围或环境,使之与目标对象真实的或想象的经历联系起来。

共鸣论侧重的主题内容是爱情、亲情、回忆。

(1) 爱情。爱情是人类永恒的主题,戴比尔斯钻石的"钻石恒久远,一颗永流传"就是一个典型的爱情共鸣案例。

(2) 亲情。舒肤佳香皂的广告中,一位母亲在为儿子洗手,在宣传"杀菌"的品牌定位的同时,渲染母亲给予儿子的爱护,用亲情营造一种和谐、幸福的家庭氛围。

(3) 回忆。南方黑芝麻糊十几年前的一则经典广告让人至今难以忘怀:该广告以怀旧而温馨的镜头回顾了童年的一段美好回忆——热腾腾的锅,浓香的芝麻糊,男孩天真的吃相,大婶关爱的目光,每一个镜头都触动了人们的心灵。

三、品牌传播方案及选择

品牌传播是一项复杂的系统工程,传播方案的制定应基于一定的理论,既要明确广告目标,传播的目标受众,传播方案的定位、主题、创意及媒体配合,又要开展财务预算、传播方案的效果调查等工作。制定品牌传播方案应遵循以下步骤。

1. 确定目标受众

营销信息的传播者必须一开始就在心中有明确的目标受众。受众可能是公司产品的潜在购买者、目前使用者、经销决策者或影响者。受众可能是个人、群体、特殊公众或一般公众。目标受众将会极大地影响信息传播者的下列决策:准备说什么,打算如何说,什么时候说,在什么地方说,由谁来说。

2. 确定传播目标

确认了目标受众及特点后,要把品牌传播的目标转变为媒体应完成的具体目标,如一定时间内目标市场的传播覆盖率、一定时间内传播内容到达目标消费者的比例、地理覆盖率等。当然,最终传播效果的衡量标准是购买,但购买行为是消费者进行决策的长期过程的最终结果。营销信息传播者需要知道如何把目标受众从其目前所处的位置推向更高的准备购买阶段。

3. 设计信息

期望受众反应明确以后,信息传播者应进一步制定有效的信息。例如,在进入市场初期的告知信息,应形成消费者对某品牌或商品、服务、组织、个人、思想的认知,最理想状态下,信息应能引起注意,提起兴趣,唤起欲望,导致行动。

4. 选择传播渠道

信息传播者必须选择有效的信息传播渠道来传递信息。在不同的情况下应采用不同的渠道,在不同的阶段应采用不同的信息传播渠道或渠道组合。例如,对于面向年轻女性的有美腿效果的长袜,用视觉形象的传播促销更有效果,这种情况下电视广告和"美腿秀"模特演出是传播的最佳渠道,也可以把二者结合起来,而广播促销则效果甚微。

5. 编制促销预算

公司面临的最困难的营销决策之一,是在促销方面应投入多少费用,或者说促销预算与销售额之间保持怎样的比例才能达到利润最优。这中间涉及短期利益与长期利益的权衡取舍。

6. 决定促销组合

每种促销工具都有其特性和成本。营销人员在选择促销工具时需要了解各种工具的特性,并根据行业特色、预算经费及传播目标进行组合。例如,经营消费品的公司一般把大部分资金用于广告,其次是销售促进(人员推销和公共关系);经营工业品的公司把大部分资金用于人员推销,其次是销售促进、广告和公共关系。

7. 衡量促销结果

促销计划贯彻执行后,信息传播者必须衡量其对目标受众的影响。可以采用定量的方法,如统计销售额是衡量受众行为最直观的方式;也可以采用定性的方法,如使用访谈法,询问目标受众他们是否识别和记住了该信息,他们看到该信息几次、记住了哪几点,他们对信息的感觉如何,他们对产品和公司过去与现在的态度。

8. 管理和协调整合营销传播过程

品牌机构根据所制定的品牌战略与地位,以及动态更新的品牌资产图与品牌资产报告,对品牌传播的每一个环节进行优化,跟进每一种传播方式,以确保品牌利益相关者得到的是一个一致的、完整的品牌特征。为了确保品牌信息的一致性,很多品牌机构采取给新品牌建立品牌使用手册的方式来协调各类传播渠道正确地阐释品牌的核心价值与定位。

四、品牌传播的逻辑次序

(一) 传统媒体品牌传播的逻辑

传统媒体在品牌传播受众范围上一般遵循由大到小的逻辑。从消费者的角度,消费者需经历对品牌的认知阶段、信赖阶段、情感阶段及价值信仰四个阶段。在品牌的认知阶段,消费者知道和了解该产品,品牌成为产品选择判断的标准。在信赖阶段,消费者信任该产品的某种特性和属性,品牌没有辜负消费者对该产品和品牌的期待,可以降低消费者的购买风险。在情感阶段,消费者喜爱该品牌,选择以后有情感和心理上的满足感。价值信仰阶段是消费者自我生活方式及社会地位的表征,甚至是一种信仰,消费者极不愿再去尝试接受其他品牌的同类产品,是品牌传播的最高阶段。

针对品牌态度变化的四个阶段,品牌信息设计和传播方案制定也要有所选择,目的是使传播方案更准确地满足消费者理解品牌的需要,实现传播效率和效益。

(1)"赢眼"阶段。以提高产品知名度为目标,强化消费者的品牌认知。在品牌初创前期往往采取循序渐进的传播方式,用引人注目的户外广告让消费者知道有这个品牌。伴随着新产品入市,品牌有了产品载体,品牌传播就要"作秀"。"作秀"要遵循 ROI 理论,这是品牌创建的中心活动,品牌传播要特别注重品牌的知名度、眼球效应、短期轰动效应等。该阶段宜采用立意高、格局大、气象新的大型推介活动、公关活动和大量的广告以建立知名度,可以使用促销方案赢得经销商,也可以使用促销活动促使顾客尝试,如前面提到的汇源真鲜橙入市的推介活动和广告活动。

(2)"赢情"阶段。在品牌成长期,以提高认知度为目标,传播的重点从一般性的介绍和推介转移到宣传产品特色、品牌个性上来,并用企业理念、品牌文化、品牌价值观逐步树立品牌形象,使消费者逐渐形成对品牌的热爱。在这一阶段,沟通性的传播策略更有效,如传播注重品牌关系、品牌互动、品牌体验、品牌共赢和品牌的激情点等。同时,广告宣传、公共关系、促销方案都有助于消费者对品牌的认知。

(3)"赢心"阶段。以提高品牌忠诚度为目标,在知名度相对较高、消费者认知联想丰富的情况下,企业关注的是与竞争者的抗衡,以确保市场占有率。在此期间,企业应加强促销传播力度,激发消费者的购买兴趣,赢得消费者的重复购买,提高消费者的忠诚度。同时,应适当减少广告传播,提高传播效益,增加公关传播活动,传播企业的文化理念,赢得消费者的心。

(4)"赢崇"阶段。"赢崇"阶段是"神话和崇拜"阶段,这是品牌传播的最高境界。在这一神话般的境界中,消费者和顾客对品牌的热情、推崇、忠诚已经达到最高点,品牌成为信仰,是一个不需要理由的选择。这一阶段的品牌传播企业应保证足够的利润收入,减少所有种类的传播活动。传播活动所关注的是品牌延伸或品牌的重新定位,也是新一轮品牌传播活动的开始。例如,日本汽车在20世纪70年代的石油危机中凭借其小巧、省油、价廉的特点占领了美国市场,但随着石油危机的结束和经济的复苏,人们又开始追求豪华轿车。日本的汽车商也在整体的品牌形象方面经历了由小巧、省油、价廉到高科技概念车形象的转变,给品牌的成长注入了新的生命力。

(二)新媒体品牌传播的逻辑

新媒体在品牌传播受众范围上遵循由小到大的逻辑。企业以优良产品为根本,以"铁粉"为依托,靠用户影响用户,靠故事打动用户,靠服务维护用户。通过忠诚度高的"铁粉"到普通受众全面覆盖,依次采取下列步骤。

(1)先做极致口碑。极致口碑来源于核心客户群对极致产品的良好体验。良好的体验在核心客户群的互动和自传播中,构成品牌"粉丝"群,通过品牌故事和趣味话题,打动核心客户群体,让核心客户参与产品建设,把品牌变成企业与客户的共谋关系。

(2) 由极致口碑形成忠诚度。由铁杆"粉丝"形成的口碑,通过具有号召力的自传播带动最核心的目标用户,完成最关键的消费群(圈子)建立。这些用户是种子用户,可以不断进行向外的辐射并影响其他用户。

(3) 从忠诚度到美誉度。种子用户积累到一定程度,就需要向更大的消费群进行扩容。通过"铁粉"和意见领袖,迅速扩大"粉丝"群体,如小米的粉丝从100人发展到1 000人,持续增长到1万人、1 000万人。

(4) 从美誉度到更广泛的认知度。从美誉度到更广泛的认知度,需要让传统媒体参与进来,利用传统媒体的优势,更广泛地覆盖消费群体。

(5) 从认知度到全部受众的知名度。经过以上四个步骤,基本完成了互联网时代的品牌打造。最后还需要线上和线下的结合,打造有影响力的品牌。

褚橙的品牌传播策划基本遵循了上述逻辑。瞄准企业家、媒体人群体,以借助褚时健曲折、励志的人生故事及王石、柳传志等的名人效应,利用互联网平台,迅速拓展消费者群体,随着传统媒体的介入,知名度快速上升,让褚橙成为励志的象征。

第三节　传统媒体的品牌传播方式

传统媒体的品牌传播强调在品牌的发展过程中,综合协调利用各种形式的传播方式,以统一的目标和统一的传播形象,传播一致的产品信息,实现与顾客的双向沟通。传统的品牌传播方式包括广告、销售促进、公共关系和人际传播。只有根据品牌的发展阶段,将这些传播渠道和工具有机结合起来,才能促进顾客最大限度的认知、联想和忠诚,提高品牌传播的效率和效益。

一、广告与品牌传播

(一) 广告传播

广告传播是指品牌所有者以付费的方式,委托广告经营部门通过传播媒介,以品牌策划为核心,以品牌创意为目标,对目标受众进行以品牌名称、品牌标志、品牌定位、品牌个性和品牌文化为主要内容的设计与传播活动。

广告传播的主要功能是向顾客传播品牌信息,除向顾客传播产品信息外,还要向顾客明确品牌定位,诉说品牌情感,体现品牌个性,宣扬品牌文化和品牌价值观,进而对顾客形成强大的品牌影响力。广告传播要求对品牌信息进行精心的设计,信息不仅要具有统一性、突出主题,还要通过声音、图案、画面、颜色等渲染戏剧性的变化,具有较高的艺术性。

(二) 广告代言人

通过广告代言人来传播品牌信息,更容易被人接受。广告代言人通常有四类:名人、典型顾客、专家和虚拟代言人(卡通人物或动物)。

选择名人代言品牌,可以利用名人的知名度和社会声誉提高广告的传播效应,也能增加品牌的信任度,强化品牌个性,提升品牌的人气和档次。例如,力士香皂几十年来先后聘请奥黛丽·赫本、索菲亚·罗兰、简·芳达、戴米·摩尔、凯瑟琳·泽塔琼斯等世界知名女星作为品牌代言人,通过她们的言传身教和品牌口号"让力士带出明星一样的你!"等,指导人们如何滋养皮肤、保持魅力,奠定了力士品牌品质高贵、精致奢侈的联想。

选用典型顾客做广告代言人可以强化品牌运用的现身说法和产品特点,增强品牌的亲和力,提高品牌信息的真实性,使品牌更具说服力。例如,大宝SOD蜜定位于普通劳动者,其选用的广告代言人也是平民化的教师、地质工作者和普通的家庭成员(夫妻、父子),一句"大宝,天天见"家喻户晓。

选用专家做广告代言人可以突出品牌专业性强、产品制作工艺优良、使用效果好等优点。专家对品牌产品最有发言权,具有较高的可信性。例如,医药用专家代言人宣传医药的配方、功效,精密仪器用专家代言人阐述设备的高科技性能,高级营养品用专家代言人表明其对身体的益处,高档酒用专家品酒人为代言人说明酒的制作工艺和储藏年份,宣传酒的历史和文化等。

卡通人物具有鲜明的个性和人格特征后,更能引起人们的喜爱。有些品牌舍弃明星改用卡通人物,反而收到了意想不到的好效果。例如,海尔兄弟的一往无前、勇于探索、坚忍不拔的故事,塑造了海尔的品格,使海尔赢得了国内市场,也赢得了国际市场。腾讯QQ晃动的企鹅,勤劳又可爱,为公司赢得了巨大的客户群体。

选择明星代言人应注意以下几点:一是明星的个性特点应与品牌匹配;二是明星的道德水准问题,一旦明星代言人出现道德问题,品牌的声誉难免会受到影响;三是明星事件风险,明星某个无意的言行有时会触怒大众,其代言的品牌也会受到牵连,使销量下降。

(三)广告媒介

合理地选用媒介,首先要对媒介的特点有一个清晰的认识和了解,然后对各种传播媒介进行优化组合,发挥协同效应,实现传达品牌信息、与消费者沟通交流的目标。广告媒介分为电视、广播、报纸、杂志、户外广告、印刷品广告、网络传媒等。

1. 电视

电视具有覆盖面大、受众范围广、市场反应快、投入成本低、电视形象生动、感染力强,能引起受众的兴趣、激发受众记忆等优点,是广告媒介中最重要的一种类型。但电视的缺点也十分明显,如广告信息转瞬即逝、广告费绝对值高、受众指向性差等。电视广告的形式包括普通电视广告、栏目冠名广告、直销广告、贴片广告、字幕广告等。电视广告中要聚焦恰当的目标市场,创意要简单明了,品牌标识要清晰,注重设计展示者的体态语言和面部表情。

2. 广播

广播广告的优点是传播迅速、成本低、灵活、受众指向性较强,缺点是信息一闪而过、缺乏图像而较难引起人们的注意。广告形式包括普通广播广告、特约栏目广告,也可以制作与消费者沟通互动的广告。大卫·奥格威认为广播广告中有四点很关键:尽早说出品牌名称、经常提及品牌名称、尽早说出受众可以获得的利益、经常重复播放广告。此外,优美的音乐、个性化的音效、幽默或富有悬念的对话都是广播广告创意的要点。

3. 报纸

报纸是出现较早的广告传播途径。报纸广告信息发送及时，便于发布时效性较强的产品广告，专业报纸有固定的读者群，广告目标对象比较明确。报纸信息容量大、说明性强、覆盖面广、成本低、可灵活调整内容。报纸广告的缺点是保存寿命短、印刷效果较差、不易引起注意、读者层面有一定的局限性。因此，一些带有公告性质（如促销、新产品信息）的广告更适合在报纸上刊登，而品牌形象广告则不太适合在报纸上做。

4. 杂志

杂志广告的目标对象明确、生命周期较长、印刷精美、吸引力强、内容多、容量大，缺点是出版周期长、时效性较差。因此，一些高档产品（如洋酒、高级轿车、钻戒、别墅等）比较适合在杂志上做广告。此外，杂志广告与报纸广告同属印刷品广告，因此也存在静态、不易引起注意、比较被动等缺点。

5. 户外媒介

常见的户外媒介有路牌广告、招牌广告、霓虹灯广告、旗帜广告、户外灯箱、大屏幕显示屏及车身广告等。户外广告的优点是可精心选址、简洁明快、主题鲜明、重复出现、形象性强、易被注意、成本低廉，缺点是信息容量小、只适宜做形象广告、覆盖面小。户外广告创意要求比较高，为了脱颖而出，要在广告语、图片甚至造型上做文章，画面要具有冲击力。例如，立邦漆"彩色小屁股"的路牌广告能激发兴趣，引起注意，非常成功。

6. POP 广告

POP(point of purchase)广告意为购买点广告。广义的 POP 广告是指在商业空间、购买场所、零售商店的周围、内部及商品陈设场所设置的广告物，如商店的牌匾、店面的装潢和橱窗、店外悬挂的充气广告和条幅、商店内部的装饰和陈设、招贴广告、服务指示、店内发放的广告刊物和进行的广告表演，以及广播、录像电子广告牌广告等。POP 广告的优点是比邻卖场、针对性强、容易吸引消费者、可以营造现场气氛，缺点是设计要求高，过多的 POP 广告有时会削弱广告效果。POP 广告在制作上要求醒目、简洁、易懂。

此外还有很多广告方式，如赠品广告、包装盒和手提袋广告、企业印刷物广告、直邮广告。还有一种是嵌入式广告，将品牌以道具的方式很自然地加入电影、电视、歌曲、小品等演出情境中，潜移默化地强化人们对品牌的认知。

二、促销与品牌传播

随着广告费用的稳步提升及消费者需求的日益多样化，现场促销正日益成为厂家和商家的重要选择，促销费用占广告和促销总费用的比例上升到 70%。促销已经成为提升销售业绩的重要途径。

（一）促销的定义

促销是生产厂家或零售商使用各种短期的刺激工具，促使消费者和中间商快速、大量地购买特定的商品或服务的行为。一些商家定期对某些品牌的商品有序地使用短期刺激工具，其目的是吸引顾客光顾，希望其在购买促销商品的同时购买非促销商品。

促销有三个基本功能：①传播信息，通过定期提供信息，引起消费者注意，并把顾客引向产品；②刺激，采取某种让步、诱导或赠送的方法让渡产品价值，增加消费者剩余；③邀请，邀请顾客来进行交易。

促销的优点包括：激发顾客的购买欲望，强化品牌的记忆、回忆和联想；引起市场的强烈反应，提高品牌的市场占有率，提升销售业绩；鼓励中间商增加库存，或获得新的销售渠道等。但促销的缺点也十分明显：消费者会感觉质量下降，从而对品牌的忠诚度降低；消费者对价格的敏感度会增强，产生低价购买的心理预期；长期促销有损品牌形象等。

（二）促销工具

促销可分为以消费者为对象的消费者促销和以中间商为对象的交易促销。

对消费者的促销意在影响消费者的购买决策，如品牌选择、购买数量和实践等。消费者促销分为两类：一类是与产品或品牌有关的促销活动，如样品、演示、展销会、产品保证、教育材料等，这类促销活动的主要目标是影响消费者对品牌的态度，促进消费者对品牌的认知，增加品牌联想，进而影响消费者的品牌忠诚度，是增加品牌资产的手段；另一类是与产品或品牌没有直接关系的促销活动，如折扣、兑奖、回赠附加交易等，这类促销直接影响消费者的购买决策。

对中间商的交易促销是促销的主要方面。对中间商的促销包括价格折扣、折让、免费商品、销售竞赛等。唐纳利（Donnelly）销售公司某年的促销年报显示，在营销预算中，对中间商的促销占47%、对消费者的促销占28%、媒体广告预算占25%。由此可见经销商促销的地位。

随着品牌竞争越来越激烈，对中间商的促销，以及保证品牌商品的货架空间、位置挂钩的方式也越来越重要。在商场里，货架的位置和品牌商品的摆放是否与人的视线齐高，对吸引消费者注意、影响消费者购买具有重要意义。

（三）促销活动设计

哈佛大学的约翰·奎尔奇（John Quelch）教授提出了促销活动设计中的六个注意事项。

1. 应当使用何种促销方式

所有促销方式都有其优缺点，如折扣能迅速促进品牌销售，但会使品牌形象受损；样品、演示可以促进消费者认知、增加品牌资产，但销售业绩的提升较慢。企业应根据营销目标选择具体的促销方式。

2. 促销哪些型号的产品

对品牌产品进行促销，应该按上市时间的长短、市场需求特点进行有序安排。例如，对不同产品的促销政策要有所区别，有的型号参加促销，有的型号不参加，甚至不同型号产品的折扣幅度也不同。促销也可以按厂家或商家的目的进行安排，如推动上市促销、加快回收资金促销等。

3. 在哪个区域的市场开展促销

选择某个地区还是选择全国开展促销活动，是由促销战略目标、企业实力、市场竞争情况综合决定的。

4. 促销何时开始,持续多久

促销的可选时机包括新产品上市时、产品有大量库存积压时、竞争者蚕食了市场份额时、产品销售出现淡季时、产品销售旺季到来之前等。促销持续时间应适当,促销时间太短效果尚未显现就已经结束了,太长则可能损害品牌形象。

5. 促销应当包括哪些折扣

在使用最为广泛的折扣促销中,折扣率的确定是一个关键问题。折扣率太高或太低都对品牌销售业绩不利。折扣率与品牌销量之间并不是简单的线性关系,要找到折扣率与销量的最佳均衡点,企业需要分析产品及品牌的需求价格弹性。

6. 促销中应当附加怎样的销售条件

很多企业在促销中会增加一个"门槛",即购买到一定量时方可享受促销的好处。设置这个"门槛"也是一个比较复杂的量化分析过程。例如,一些高档购物场所要求顾客消费到一定金额时才能申请办理白金卡,成为高级会员,享受折扣和免费停车等优惠。

三、公共关系与品牌传播

(一) 公共关系的定义

公共关系(public relation),简称公关,是指某一组织为建立、改善与公众的关系,促进公众对组织的认识、理解及支持,达到树立良好组织形象、促进品牌商品销售的目的而实施的一系列活动。其本意是社会组织、集体或个人必须与其周围的各种内部、外部公众建立良好的关系。

(二) 公共关系的功能

1. 公共关系有利于建立消费者和公众与品牌的关系

企业通过一系列公关活动,可以升华与消费者和公众的关系,增加消费者和公众对品牌的认同与好感。例如,蒙牛乳业响应温家宝总理号召,举办了"每天一斤奶,强壮中国人"的大型活动,为全国贫困地区的500所学校捐赠了价值1亿元的牛奶,赢得了良好的口碑。

2. 公关活动有利于积累品牌资产

品牌公关具有高度可信性、消除消费者心理防卫的特征。企业可以通过品牌活动消除与消费者的心理距离,获得消费者认可,通过品牌沟通引发消费者共鸣,从而产生情感倾斜、欣赏、依恋和忠诚,达到提升品牌魅力、巩固品牌形象、厚积品牌资产的目的。

3. 公关活动有利于促进产品销售

公关不能直接带来品牌的销售,但会促进品牌的长期销售。公关不像广告一样直接宣扬品牌的卖点,所以短期内品牌的销量不会有很大提高,但公关活动多具有公益的性质,可以深入消费者的内心,对品牌的影响是长期的,产品销量也会长期保持增长。

4. 树立品牌形象

公关活动可以形成政府、专家机构、目标消费者群体的互动沟通,多方面赢得品牌支持者,增强品牌的说服力,有助于品牌形象的提升。

(三)公共关系的结构

公共关系是由组织、公众、传播三要素构成的。公共关系的主体是社会组织,客体是社会公众,连接主体与客体的中介环节是信息传播。这三个要素构成了公共关系的基本范畴。

1. 公共关系的主体是企业

虽然企业的目标是股东价值最大化,但企业在经营过程中的目标是多元化的,这就决定了企业目标在公关中会体现非营利性、互利性和公益性的特点。

2. 公共关系的客体是公众

公众有群体性、同质性、变化性、相关性的特点,公众与企业之间存在相互影响和相互作用。公关中根据企业目标通常将公众划分为目标消费者、潜在消费者和普通公众。

3. 公关传播

企业公关的目的是传播。公共关系的传播媒介既有大众媒介(广播、电视、报纸、杂志等),又有群体媒介(联谊会、新闻发布会、茶话会等),也有实体媒介(公关礼品、象征物、购物袋等)和人体媒介(社会名流、新闻人物等)。

(四)公共关系的种类

1. 内部刊物或报纸

将企业内部刊物或报纸在工作场所赠送给客户或邮寄给客户,可以帮助客户了解企业动态,解答客户疑惑,吸引其关注形势焦点,使客户融入企业文化中。例如,招商银行的《招银文化》不但是其文化的一个载体,也是联系银行与客户的纽带。有的企业甚至出版正式读物,如《华为真相》《海尔的品牌之路》《蒙牛内幕》等,给读者带来管理智慧的同时也传递了企业的品牌精髓。

2. 事件

企业可以主办研讨会、周年庆典等活动来吸引顾客关注产品和企业,与顾客建立融洽的关系。这些活动有时也会与其他品牌传播活动联合起来。例如,2001年北京申奥成功,可口可乐公司给其旗下的产品换上了金光灿灿的申奥成功纪念罐。

3. 赞助

赞助是一种常用的营销手法,大大小小的赞助随处可见,如赞助文化活动、体育比赛等。企业的赞助活动有时与企业的价值取向紧密结合。例如,体育用品品牌阿迪达斯通过赞助奥运会、世界杯等大型比赛活动,向人们传达阿迪达斯卓越表现、积极参与、振奋人心的品牌精神;而耐克则赞助运动员参加比赛,通过运动员的出色表现来诠释和宣传耐克富有进取心、直面挑战、生机勃勃的品牌精神。

4. 公益服务活动

企业在自身发展的同时,必须以符合伦理道德的行动回报社会,将公益事业与企业营销结合起来。例如,某品牌果冻为了宣传自己"营养健康"的品牌定位,配合教育部提出的第二课堂,策划了一系列青少年益智健康推广活动,邀请著名的营养专家、教育专家和家长参加公益论坛等。

第四节　新媒体的品牌传播方式

新媒体是以数字信息技术为基础、以互动传播为特点,具有创新形态的媒体。新媒体能及时、广泛地传播信息,具有互动、开放等优势,推动了人类社会的进步。随着新媒体的发展,互联网、移动终端、艺术展览、电影、歌剧等传播渠道和传播工具不断创新,传播内容所依赖的互联网及流媒体等技术支持平台也在快速发展。微博、微信、QQ等自媒体和社交平台改变了人们获得信息的传统习惯,促进了传播内容、渠道、功能的逐渐融合,电视、电脑、移动设备和互联网使消费者的信息获取和分享更随时、随地、随意。品牌传播要想获得成功,必须顺应网络信息时代新的游戏规则。

一、网络传播

(一)网络广告传播

1. 传统的网络广告传播

传统的网络广告包括图标广告、对联广告和插入式广告等。图标广告和插入式广告等的设计方式是用一个醒目的图标、旗帜或按钮作为引擎,浏览者点击图标会弹出详细的广告传播内容或到达广告企业的网站。对联广告是指在页面左右对称分布对联广告,不影响浏览者的视觉焦点。插入式广告又称弹出窗口,当浏览者打开页面时会跳出一个略小的页面,显示广告主的广告。这种方式是强行推出广告,会干扰浏览者的正常活动,容易引人反感。目前一些新的浏览器都设置了弹出广告的拦截功能,以便减少浏览者的烦恼。

2. 新型的网络广告传播

新型的网络广告主要包括电子邮件广告和搜索引擎广告。电子邮件广告可以分为两类:一类是新闻信件,以提供新闻或信息为主,是信息附加型的电子邮件;一类是商业广告电子邮件,这类邮件通常被称为垃圾邮件。搜索引擎广告是采用新型的付费排名的推广传播方式,是指在关键词或引申关键词的搜索结果中,按照广告商的付费多少排位,付费越多排位越靠前,点击率就越高,获得消费者的机会也越高。搜索引擎广告针对有需求的消费者设计,具有较强的针对性,也可以帮助消费者在比较分析中分清良莠。

(二)社交平台传播

1. 互动社交平台

(1)虚拟社交平台。网络的无边界性、开放性和交互性使每个人都可以在网络空间进行自由的表达,信息传播者、受众和传媒之间的界面变得模糊了。在表达过程中,具有共同需求和兴趣的人很容易建立或寻找他们愿意接受和愿意表达的社区,并聚集成为平台。创立于2004年的脸书和创立于2006年的推特(Twitter)是两个比较典型的社交平台,很多企业将其作为与客户对话的主阵地,通过这些平台与客户互动,吸引新的客户。

国内的个人博客、微信群、QQ等不但是个人互动的工具,也是企业进行网络沟通、提供网络支持、传播企业文化的平台。例如,奔驰的微信支持系统不仅聚集了各种信息,而且与客户互动,通过微信平台上品牌传播中的微妙互动,让消费者形成对品牌的深度体验。

(2)应用程序平台。企业为实现以自我为中心的网络传播,帮助消费者解读品牌的商业信息,方便将感性的、单向的、教条式的内容切换到双向的、交互的、动态的、生动的传播内容和画面,会在品牌传播中选择构建自己的应用程序平台,为消费者提供更加详细的品牌展示和产品型号、功能定位等方面的信息,以及快捷有效的消费指导和体验服务。消费者可以通过扫描二维码或发送短信的方式下载应用程序,快速获得VIP服务并通过程序平台管理自己的账户,分享独有的体验并同步到个人社交平台,及时获得品牌的最新促销活动等信息。

2. 品牌传播强调互动

移动互联网为品牌传播带来了巨大的机遇和挑战。移动互联网用户随身携带智能手机,可以随时随地使用手机参与品牌的传播互动。这让用户拥有了一个全新的、重要的互动参与平台。雷军曾经说过,互联网思维最关键的有两点:第一是用户参与,就是群众路线;第二是方法论,就是互联网七字诀——专注、极致、口碑和快。

(1)信息接收者变为信息的主动传播者。由于新媒体的迅速发展,在移动互联网这个平台上,品牌传播由传统的一点对多点的单向传播变为多点对多点的立体网络传播。企业抓住这个特点构建"粉丝"群,通过既有趣好玩又具有学习价值,还符合"粉丝"所在圈层价值观的内容引导每个人参与信息内容的互动沟通,将广告变成话题性的内容,植入"粉丝"互动的场景中,使品牌的推广活动变得趣味生动,有利于形成品牌与"粉丝"群共同的价值观。

(2)购买和消费过程中的互动。在信息分享与互动的时代,在一个存在各种"植入"的时代,成交是继续营销的开始。传统营销中当一个客户购买了产品或消费完后,基本就意味着销售过程的结束。但在移动互联网时代,一个客户成交的完成是其他潜在目标客户消费的开始。客户在买到了一件称心如意的产品,或者有了一次感觉非凡的消费体验后,常做的一个动作就是,拍照片、发朋友圈、发微博,在购物App上写用户评语,给商家打分。在这个随手发送的过程中,产品的使用体验、消费过程的服务体验、到货是否快捷、产品或服务是否完美等,都通过互联网一目了然地呈现在潜在买家面前。小到餐馆订餐,大到超过几十亿元的合作,成交完或签完合同拍照留念,然后发微博、发朋友圈,时间很短,动作简单,但是却完成了在目标人群中传播口碑的全过程。

品牌不再只靠企业自己来宣传,用户成为企业真正的关注重心。企业需要颠倒买卖逻辑,通过打造共同点拉近与消费者的关系,与其成为一个阵营的人。用心维护好客户关系,给客户一个完美的消费和使用体验,可以让消费者主动成为为品牌摇旗呐喊的好帮手。

(3)品牌与客户的互动。品牌与客户的互动主要分为两个方面。一是客户参与产品的设计和开发,根据用户的使用反馈开发新产品,最终产生更贴近客户、让客户满意的产品。在品牌的"粉丝"和社群里,如果能通过品牌与"粉丝"的互动,确切了解他们需要什么,慎重考虑他们的建议,就可以聚集他们的集体智慧和意见,完善品牌的产品和服务。

更加认真地倾听消费者的想法,积极地响应他们,是对消费者最大的尊重和奖励。一个包含了自己想法的产品,何尝不是自己的一种荣耀,即使只有那么一点点都足够了。二是品牌为宣传品牌文化、品牌个性、品牌传播的新主题、新话题,为广大消费者设计有奖互动活动。

二、展览传播

1. 会展平台的品牌传播

会展经济的发展为品牌传播提供了一个全新的渠道,也为品牌与客户提供了一个交互的平台。国际、国内的各行各业都定期组织行业内的产品展销会,如机器人展览会、环保设备展览会、糖酒会等。这些展会上聚集了大量的同行业生产厂家,是学习生产技术、观摩产品设计、把握行业发展趋势的好机会。展会吸引了大量的客户,通过展位设计,可以展示产品、增加互动、宣传品牌、洽谈业务。展会既是提升销售业绩的有效途径,也是企业策划传播推广品牌产品的优选平台。

2. 艺术展览的品牌传播

艺术展览日益受到高端品牌和奢侈品的品牌管理者的重视。艺术展览是对高层次品牌文化的阐释,将产品用艺术展览的形式呈现在人们眼前,从艺术审美的角度解读产品的巧妙构思、精湛技艺和品牌背后的文化内涵,引导人们探寻品牌的发展历史及品牌文化的形成过程,使产品提升到艺术的高度,让品牌在文化中得到升华。很多企业把建设博物馆作为品牌艺术展览的平台,如葡萄酒庄园的制作工艺、酒藏、品尝等一体化的艺术展览,以及汽车公司的汽车博物馆、农业公司的农业博物馆等。高端品牌和奢侈品品牌可以利用艺术展览平台,营造独特的品牌体验氛围,引导消费者从品牌认知较肤浅的"商品驱动型"转变为深刻认知的"体验驱动型",通过品牌文化体验提高品牌的艺术价值、核心价值。

三、影视剧传播

在现实生活中,电影、综艺节目、舞台剧等都具有承载广告内容的能力,在影视剧中传播品牌形象具有现身说法、生活色彩浓、说服力强等特点,能让消费者更直观地体验品牌的核心价值。

1. 影视剧植入

在电影中植入广告是非常普遍的品牌传播现象。在电影《非诚勿扰》中陆续出现了清华同方、摩托罗拉、温莎威士忌、剑南春酒、招商银行、斯巴鲁汽车、杭州西溪湿地、歌诗达游轮、海南航空等大量直白浅显的广告,通过镜头特写、角色口述等方式一再引起消费者的注意。《007》系列电影更是插入了一系列名车的明星使用体验,充分展示了名车的商标和性能,增强了消费者对相关品牌的熟悉、热爱和期待。

在电视剧、戏剧、舞台剧中也存在广告植入,其手法与电影植入广告的手法相似。

2. 电视节目冠名

收视率较高的综艺节目一直是商家冠名广告的焦点。尽管冠名的传播方式对观众来说还存在争议,但其广告效应却是立竿见影。加多宝是由于与王老吉的品牌纠纷才更名的,宣传点只有相同的配方,但冠名红遍中国大江南北的《中国好声音》让这个新更名的凉茶品牌的知名度进一步提高,红罐王老吉到金罐加多宝的过渡也让消费者欣然接受,加多宝品牌深深地印在了消费者的脑海里。江苏卫视的《非诚勿扰》相亲节目开始,主持人孟非的台词:"从本期开始,首轮亮灯22盏以上,男女嘉宾牵手成功将获得由娃哈哈幸福快线爱情一线牵赞助的爱琴海之旅"表明了节目的冠名广告商是娃哈哈。

复习思考题

1. 根据自己的理解阐述品牌传播的内涵和特征。
2. 简述品牌传播的理论和载体。
3. 简述品牌传播方案的设计程序。
4. 品牌传播的阶段选择与企业发展的阶段性具有同步性吗?
5. 举例说明传统的品牌传播方式。
6. 举例说明新兴的品牌传播方式。

案例分析

大整合,成就汉正街大涅槃

2006年4月28日,高朋满座,商贾如云,霓裳羽衣翩翩起舞。曾拥有"天下第一街"的美誉、有着530多年商业历史传承的武汉汉正街,在沉寂多年后,再一次成为世人瞩目的焦点。投资25亿元的中国中部商业街第一街——汉正街第一大道盛装开街,拉开汉正街涅槃、续写汉商辉煌的序幕。

汉正街第一大道已经不再只是服装批发市场,而正在蝶化成现代化、国际化和信息化的商业贸易与旅游区。汉正街第一大道的成功及由此带动的汉正街商圈的复兴,不仅是一个地产项目的成功,而是整合了政府、本地外埠地产、美国著名商业街、服装商业和流通、服装产业与品牌、时装设计与展示、旅游、传媒及营销顾问等多种优势资源,形成了强大的复合力,推动了区域优势经济的成功。

一、纽约第五大道和全球媒体资源整合

一是与纽约第五大道结盟,和世界巨人站在一起。

如何使汉正街第一大道少走弯路,快速地学习、借鉴世界著名商业大街先进的经营管理经验,使汉正街第一大道快速成长并与世界著名商业大街比肩、享誉全球?福来品牌营销顾问机构提出,找世界著名大街联姻是捷径。

福来认真研究了法国巴黎香榭丽舍大街、美国纽约第五大道、英国伦敦牛津大街、东京银座等多处世界著名商业大街的特点与模式,确定美国纽约第五大道为首选潜在合作对象。纽约第五大道是全球顶级品牌的展示销售中心,是百货业态的先锋,与其他商业大街相比,纽约第五大道可供汉正街第一大道学习借鉴的更多。

通过纽约驻京的商务渠道,没费太大的周折,一套汉正街第一大道的资料摆上了纽约第五大道管理协会CEO马克·凯姆斯利(Mark Kemsley)的案头。美方第三天就迅速回应:建议双方互派代表考察接洽。

经过相互考察和接触,我们惊喜地发现,在我们向外寻找合作的同时,其实纽约第五大道也一直想在中国找合作伙伴。中国经济的迅速崛起引起了远在西半球的这个商业巨人的注意。让马克·凯姆斯利没有想到的是,中国的中部居然有这样一个潜力巨大的商业码头。

与巨人携手,站在世界的舞台上,超越自身发展规律,一步到位。这是汉正街第一大道资源整合中最闪亮、最为人称道的亮点。

第五大道位于纽约的中心,始建于1850年。所有世界顶级的品牌都希望在第五大道展示。货品丰富、品牌齐全、高档优质成为纽约第五大道的特质,品牌的运作成为寸土寸金的第五大道的突出特点。

一个是全球顶级商品的展示窗口,一个是中国中部服装及小商品的集散地。两个差异巨大的街道将如何"结盟"?美方代表马克称,纽约第五大道与拥有500多年历史的汉正街一样,区位、交通、商脉、辐射力均极具优势,现在都需要进一步提升。比如,第五大道要从单纯面向富人的顶级品牌展示、零售,向日益庞大的中产阶层适度倾斜,并通过汉正街扩大在中国的市场,而汉正街也需要通过第五大道展示和塑造全球品牌。

这两条商业街结盟后,将共同推动中美商业文化交流,相互推广商业街区成功经营经验及先进的商业运营模式。在武汉和纽约举办每年一次的全球商业街区高峰论坛,由纽约第五大道管理协会每年在纽约第五大道街区邀请、组织、承办、召开中国汉正街文化周。每年由汉正街第一大道在武汉组织、邀请、承办、召开第五大道品牌展示周。

此举一下把汉正街第一大道推到了世界时装业的最前沿,搭起了让世界了解中国,让中国走向世界的桥梁。

二是把握历史性契机,借势超级传媒平台创造超级传播。

我们在筹备中部商机(武汉)国际高峰论坛时,同时在考虑汉正街第一大道与纽约第五大道结盟签约仪式怎么安排。刚巧,我们得到一个好消息,第三届世界华文传媒(武汉)论坛将在2005年9月11日举行开幕式,这是全球华文媒体聚焦的一个超级传播平台。借助这一超级传媒平台举行签约仪式,真是天赐良机。

经过协商,武汉市政府给予了大力支持。汉正街第一大道与纽约第五大道结盟签约仪式被安排在第三届世界华文媒体(武汉)论坛开幕式上进行。这也是中部商机(武汉)国际高峰论坛——武汉商业振兴的路径选择将举办时间定在9月10日的原因,我们要一脉相承。2005年9月11日,在全球300多家华文媒体的见证下,汉正街第一大道与纽约第五大道正式签约成为战略结盟伙伴。

围绕中部商机(武汉)国际高峰论坛和汉正街的振兴,围绕第三届世界华文媒体(武汉)论坛开幕式上与纽约第五大道结盟的事件,汉正街第一大道被全国新闻媒体传递着、放大着,沉寂多年的汉正街又一次成为媒体的焦点。会议期间,国内最大门户网站之一搜狐网现场全程直播,国内其他众多知名网络也进行了转播。会后全国100多家主流媒体从消息、通讯,到评论、专访等,全方位、多角度、深层次地进行了强势的宣传报道,不包括转发,直接发稿共 350 多篇。

汉正街第一大道 CEO 张屹东体会颇深:"做商业地产,要有高度,要会造势,比如与纽约第五大道结盟,将汉正街搬到纽约去,这对武汉、对汉正街的知名度拉升作用非常大。"

二、时尚与品牌的整合

品牌与时尚,是当代服装业的两大成功元素,是提升商业街档次和品位的关键,是商业街的标志。老汉正街的衰败与极度缺乏这两大元素是分不开的。因此,汉正街第一大道的腾飞必须插上时尚和品牌的翅膀。一场汉正街历史上从未有过的时尚与品牌整合大戏拉开帷幕。

在汉正街第一大道正式开街前,龙腾置业就已经开始导入品牌和时尚元素。2005 年 12 月 5 日,龙腾置业举办了汉正街第一大道暨第二届业主活动暨新丝路模特 SHOW 活动。从苗族到藏族,从春秋战国的彩帛、盛唐的绝色风貌,再到明清的旗装,中国五千年的文化和全国各族人民大团结的繁荣景象,在舞台上都一一展现,这是汉正街第一大道品牌与时尚展示的首次尝试。

2006 年 4 月 28 日,在汉正街第一大道开街盛典上,国内顶尖的新丝路模特公司携旗下名模,演出了一台高品质的"时尚前沿秀"。新丝路模特机构的著名超模关琦、杨金和三位亚洲著名服装设计师先后登场。

此前,汉正街第一大道已经与超模们所属的新丝路模特机构签订了战略合作协议。根据协议,新丝路将在武汉成立分支机构,每年举办一次汉正街第一大道知名服装品牌展及武汉知名服装品牌全国巡展,由旗下知名模特推广汉派服装并提供咨询服务,展示汉派服装魅力,携手推广武汉知名服装品牌。

同时,亚洲著名时装设计师李小燕、宗柏伸、施熙瑜在开街盛典上也展示了自己设计的新作品。除了在本地举办新品发布会外,汉派服装还将有新的展示平台:按照汉正街第一大道与美国纽约第五大道的结盟协议,今年汉派服装将走出武汉、走出中国,到世界时尚之都的纽约展示中国服装的魅力。

"汉派服装太需要品牌了!"汉派服装曾经名噪一时,2004 年武汉共有 1 500 多家汉派女装企业,产量突破 3 亿件,销售收入近百亿元。在全国服装企业年销售收入、利润双百强中,武汉服装企业占有 5 席,涌现了太和、佐尔美、红人等一批知名女装品牌。

汉派女装亟待从区域性品牌向全国性品牌迈进,这是武汉服装企业发展的共识。它们迫切需要有一个大规模、上档次、能够集中进行产品展示,同时具有交易、信息流通作用的汉派专业女装市场。

在这样的大背景下,作为汉正街产业提升重点项目的汉正街第一大道把红宝石座整栋 2 万多平方米商用空间整体作为汉派女装经营区域,集中资金、人才、管理优势,强势打造全国最大规模的汉派女装集中展示、交易、信息中心汉派女装品牌港,促进汉派女装向品牌化方向发展。

2005 年 7 月 15 日的红宝石二三层招租会吸引了 300 余人到现场抢租 200 间商铺,现场反应热烈,当天招租率高达 95%,反映了市场对项目定位的认同。汉正街第一大道已入驻 1 200 余个商铺,集纳了上海外贸、七匹狼、太和等国内外知名服装品牌近千家。

在汉正街第一大道外的汉正街商圈内,先后有库玛、全新、美奇儿童等多个中高端服装市场相继开业或即将开业,加上老牌的万商白马,汉正街商圈已具有了代表国内乃至亚洲时尚的潜质。

2006年8月28日至9月4日,由武汉市龙腾置业运营管理公司举办的汉正街第一大道服装节隆重举行,千家商户发起"诚信签名",承诺所售商品的品质不打折。服装节整合了"嘉年华"的形式,活动丰富,异彩纷呈,内容包括中秋装发布会、品牌服装模特展示、文艺演出、特价促销、购物抽奖、小游戏、礼品派发等。可谓:不去嘉年华,也要乐翻天!

汉正街要在服装品牌的打造和提升上做足文章。市场档次提升了,才能吸引更多服装品牌进入展示。汉正街第一大道提供舞台,服装企业纷纷支持,武汉必将成为服饰时尚的设计中心、发布中心和普及中心。

案例来源:大整合,成就汉正街大涅槃——武汉汉正街第一大道品牌整合营销传播案例. https://www.docin.com/p-1623454385.html.

案例讨论思考题

1. 从汉正街品牌策划及传播策划中,可以获得哪些启示?

2. 汉正街与纽约第五大道联姻,举办第三届世界华文媒体(武汉)论坛,进行时尚品牌整合的三位一体策划和传播。这些举措有哪些好处?

第八章 品牌延伸

【学习目的与要求】
(1) 理解品牌延伸的定义；
(2) 了解品牌延伸的分类和动因；
(3) 掌握品牌延伸的理论；
(4) 理解品牌延伸的影响因素和风险；
(5) 掌握品牌延伸的策略。

扩展阅读 8.1
品牌延伸需要注意的问题的误区

由于技术更新加快使产品生命周期缩短，企业很难在一种产品上保持持久的竞争优势。随着经济发展，消费者的消费水平迅速提高，追求新产品的需求快速上升，加快了产品的更新换代，缩短了产品的生命周期。这引发了一系列的矛盾：①新产品要被市场接受并不断扩大市场份额，需要一个消费者认知和体验的过程，如果原有的品牌具有优势，则这个过程会大大缩短；②产品生命周期的缩短，增加了品牌培育的风险和代价，甚至出现新品牌刚刚创立，产品却因技术等原因已经进入衰退期的尴尬情形；③如果其他企业采用品牌延伸推出新产品而本企业通过创立新品牌推出新产品，其他企业借老品牌的影响力迅速占领市场，新品牌产品进入市场时竞争强度增大难以立足，会使本企业十分被动。

品牌延伸为解决产品生命周期缩短这一问题提供了思路和方法，从而成为企业重要的市场战略之一。

第一节　品牌延伸的概念

一、品牌延伸的定义

品牌延伸在品牌实际运营过程中已经非常普遍。1981 年美国康奈尔大学的爱德华发表了学术论文《品牌授权延伸，新产品得益于老品牌》，品牌延伸成为学术界和实践领域的热点。

美国品牌学者凯勒认为,品牌延伸是利用一个已有的品牌引进一个新产品。这个定义对新产品并未做出明确的界定。

营销大师菲利普·科特勒认为,品牌延伸是指把一个现有的品牌名称用到一个新类别的产品上。事实上,品牌延伸并非只借用表面上的品牌名称,而是对整个品牌资产的策略性运用。

中山大学卢泰宏教授认为,品牌延伸是指借助原有的已经建立的品牌地位,将原有品牌转移使用于新进入市场的其他产品或服务(包括同类的和异类的),以及运用于新的细分市场之中,达到以更少的营销成本占领更大的市场份额的目的。他的观点的要点包括:①原有品牌已经建立了品牌地位,没有声誉的品牌进行延伸是没有意义的;②新的产品或服务包括同类和异类,同类即原有品牌产品线的延伸,而异类即新的产品类别,两种延伸都是品牌延伸;③品牌延伸的目的是以降低营销成本的形式进入新的细分市场和扩大品牌的市场份额。

品牌延伸战略与多元化战略十分相近,但又有明显的区别。多元化是企业层面上经营不同产业类别或不同业务类别,最终产品有很大的差别,可能会采用同一个品牌,也可能采用多个品牌。如果采用的是同一个品牌,则属于品牌延伸,如三星公司的三星液晶电视、三星手机和三星洗衣机等就属于品牌延伸;反之,如果采用的是多个品牌,则不属于品牌延伸,如宝洁旗下有飘柔洗发水、汰渍洗衣粉、玉兰油护肤品等,品牌均不相同,不属于品牌延伸。

品牌延伸从广义上可分为产品线延伸和产品种类延伸两类。

(1) 产品线延伸(line extension)是指利用具有影响力的原有品牌,在同一产品线下推出新的产品项目,新产品项目可能具有不同的成分、不同的口味、不同的外形设计、不同的使用方式、不同的档次等。例如,康师傅方便面根据口味不同分为红烧牛肉面、香辣牛肉面、海鲜方便面等系列产品就属于不同口味的延伸,而宝马三系、五系、七系的各种车型则属于不同档次的延伸。

(2) 产品种类延伸(category extension)是指利用原有品牌推出属于不同种类的新产品。产品种类延伸又分为相关延伸和间接延伸。相关延伸是借助共同的核心技术、核心市场等优势资源进行的延伸。例如,海尔借助制冷技术推出冰箱、冷柜、空调等类别的产品。间接延伸则是将原有品牌延伸到与原产品并无技术联系的新产品类别上。例如,海尔除家用电器外,还有生物制药、物流、旅游、房地产等;云南的红塔集团除卷烟主业外,还有汽车制造、化工项目、酒店和旅游项目、房地产开发等。产品延伸远离了原有的产品领域,品牌覆盖的产品范围很广。

二、品牌延伸的动因

品牌延伸是树立品牌形象、扩大品牌影响力、增强企业盈利能力和市场竞争力的重要途径。海尔因电冰箱的质量可靠建立了品牌信誉,接着推出了冰柜、空调等产品,紧接着又推出了电视、洗衣机、计算机等家用电器,实现了从单一产品竞争到多元化竞争的转变,成为全球家电领域的著名企业。企业品牌延伸的原因主要有以下几个。

1. 开发品牌"金矿资源"

一个品牌的培育过程是漫长的，在这个漫长的过程中，企业要投入大量的人力、财力和物力。在经过千辛万苦打拼出来的知名品牌形成的无形资产对企业发展具有巨大推动力的情况下，企业自然不会将"品牌金矿"放着不加以"开采"，而必然会借助原有品牌的知名度和美誉度来开发新的产品、进军新的行业，以充分挖掘品牌金矿，获取更多的收益。

2. 提升品牌内涵

品牌延伸的成功可以为原有品牌注入许多新的元素，提升品牌内涵，特别是那些容易与某一产品产生强烈联系的品牌可以有效摆脱"品牌就是产品"的束缚，为品牌提炼内涵奠定基础。实际上，品牌可以通过个性元素提升品牌的内涵，品牌个性元素可以超越品牌定位层次，让具有个性的品牌在消费者认知中不断深入和清晰。例如，娃哈哈品牌最初的代表产品是儿童营养液，属于保健品品牌，之后转向果奶、八宝粥、童装等，产品属性发生了巨大变化。在中国保健品行业全行业出现信用危机、儿童日用品行业竞争加剧时，娃哈哈抽出身来，涉足纯净水行业，利用纯净水行业巨大的发展空间，启用"明星＋广告"模式为娃哈哈加入了快乐、时尚的个性元素，使娃哈哈品牌突破了儿童品牌的局限，增值为"快乐和时尚"。

3. 捍卫主品牌

很多企业在进入新的行业时采取低价渗透策略，以比主导品牌低许多的价格去抢占主导品牌的市场份额。这时，处于主导地位的品牌便会对应地进行品牌延伸，推出低档品牌与新进入的品牌进行竞争，开发多层次市场，保住主品牌的市场地位，让对手占不到丝毫便宜。例如，为稳固主品牌喜茶的竞争地位，与新进入的茶饮料品牌进行竞争，喜茶凭借本身的知名度和消费者认同度，采用品牌延伸的方式布局多层次城市市场，推出平价子品牌喜小茶。喜小茶的价格只有喜茶价格的一半，有效开发了多层次的市场，减缓了喜茶的市场竞争程度，捍卫了主品牌喜茶的行业地位。

4. 占领更多的细分市场

在市场营销初期，企业通常会针对特定的细分市场，在细分的基础上选定与企业资源最匹配的目标市场率先进入，并在这一市场上站稳脚跟，占据优势，建立自己的品牌。企业发现其他细分市场更有利可图时，通常会采取品牌延伸的方式来占领更多的细分市场。这种品牌延伸一般与企业经营多元化相伴相生，如海尔、海信等家电企业都经历了这样的延伸过程。

5. 防止顾客流失

顾客在面对让其眼花缭乱的产品时，或者顾客的消费品位、习惯发生改变时，通常都会喜新厌旧地转换品牌，毕竟能获得100%品牌忠诚的产品是不存在的。企业如果只有单一品牌、单一产品，将面临较高的顾客流失风险。为了防止这种不利情形的发生，企业往往通过品牌延伸的方式提供多种不同功能和形象的产品。一个本想转移的顾客，发现原来经常用的品牌也能提供与其他品牌具有同样功效的产品，自然就会优先选用原有品牌的产品。这样，企业就可以避免老顾客的流失。例如，汇源果汁原本生产100%纯果汁，后来投资十几亿元生产果汁饮料，进行品牌延伸，推出汇源真鲜橙果汁饮料，满足了顾客对饮料的新需求，预防了原有顾客的流失。又如，耐克是运动服装品牌，为满足顾客的多样化需求,生产和销售运动款式、休闲款式等多个系列的运动服装。

6. 降低营销成本

品牌延伸首要的一点是广告成本的降低。新品种上市的一个重要任务是通过广告提高品牌知名度,而品牌延伸的新品由于是延伸过来的,很容易"沾"原品牌知名度的"光"。据估计,全美市场推出一个全新品牌的产品需要3 000万～5 000万美元,而运用品牌延伸可以节约40%～80%的费用。同时,品牌延伸特别是产品线内的品牌延伸可以共享企业的渠道资源,节约渠道再建成本。

第二节 品牌延伸模型

品牌能否顺利地延伸到新的产品类别,主要取决于消费者对原有品牌的认知程度及延伸产品与原有品牌产品的关联程度。这主要表现在延伸能力和延伸范围上。

一、品牌延伸能力模型

要确保品牌延伸成功,就要把握原有品牌与延伸品牌的关联程度,使延伸产品与原有品牌产品的内核在逻辑上是合理的,并且具有较高的契合度。让·诺艾·卡普费雷(Jean-Noël Kapferer)提出了一个品牌延伸能力模型(如图8-1所示)。

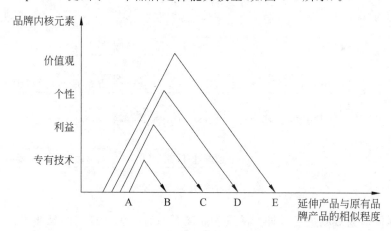

图8-1 品牌延伸能力模型

资料来源:KAPFERER,J N. The New Strategic Brand Management:Creating and Sustaining Brand Equity Long Term:4th ed[M]. London:Kogan Page Limited,2008.

该模型的纵轴是品牌内核元素,横轴是延伸产品与原有品牌产品的相似程度。品牌内核元素是指原有品牌具有显著特征的一个方面,包括专有技术(know-how)、利益(benefit)、个性(personality)和价值观(values)。产品相似程度是指延伸产品与原产品之间的技术相关性。

由模型来看,根据品牌类型的不同,延伸产品与原有品牌产品的相似性也不同。专有技术是原有品牌产品所具备的技术性特征,所延伸的产品与原有品牌产品应在技术上具有较强的相似性或相近性。例如,海尔的制冷技术使其从冰箱品牌很自然地延伸出新的产品类别——冰柜、空调。

品牌利益是品牌带给消费者的产品利益,据此所延伸的产品与原产品相距稍远。例如,立白洗涤用品的利益是"不伤手",这使其能顺利地从立白洗衣粉延伸到立白洗洁精。

个性是品牌的拟人化特点,据此所延伸的产品可以离原产品较远。例如,万宝路的个性是豪迈、粗犷,因而能从香烟延伸到牛仔裤。

价值观是品牌所持有的理念,所延伸的产品可以与原产品在技术上不相干,只需要保持理念和核心价值一致,如海尔的核心价值观是对顾客的真诚,核心价值是"真诚到永远"。海尔品牌包括冰箱、彩电、洗衣机、空调、橱柜等在内的所有产品,都时刻践行着对客户"真诚"的价值观。

二、品牌延伸的边界模型

影响品牌延伸成败的决定性因素主要有两个。一是消费者对原有品牌的认知,主要表现为消费者所能记住的品牌的主要特征,包括由品牌所能联想到的产品类别,该品牌下产品的优势、市场形象等。二是延伸产品与原有品牌产品之间的关联性,包括技术的关联性,市场的关联性,价值、理念的关联性,主要表现为支持原有品牌产品的要素与支持新产品的要素的契合度或转移程度。对原有品牌的认知是品牌延伸的优势基础,与原有品牌的关联性是品牌延伸的指导原则。将二者结合起来,可以构建一个品牌延伸的边界模型(如图 8-2 所示)。

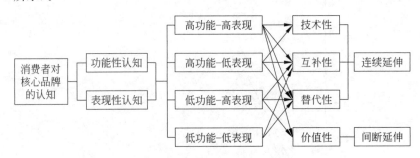

图 8-2 品牌延伸边界模型

品牌延伸的成败取决于延伸产品是否脱离了原有品牌所规定的延伸边界。消费者对原有品牌的认知可以分为功能性和表现性两种。如果再将每种认知分为高低两种,那么消费者对原有品牌的认知就有高功能-高表现、高功能-低表现、低功能-高表现、低功能-低表现四种情况。延伸产品与原有品牌间的联系又可以分为与产品特征有关的技术性、互补性、替代性,以及与产品特征无关的价值性四种情况。其中,技术性是指核心技术和品牌资源的可转移性或迁移性,如丰田轿车根据消费者越野活动的需求,开发了丰田 SUV 车型,根据全家旅游的需求开发了 SPV 车型;互补性是指延伸产品与原有品牌产品之间的配套补充,如华为手机、耳机、鸿蒙操作系统;替代性是指延伸产品与原有品牌产品可以满足消费者的同一需求,它们之间可以相互替代,如茶饮料与矿泉水、香皂与沐浴液等;价值性是指品牌概念、表现、内涵等核心价值的一致性。结合以上两个决定性因素,可以确定四类品牌延伸的边界。

（1）高功能-高表现品牌。可以在技术、互补、替代、价值上延伸，较少受到限制，成功的机会也比较大。例如，劳斯莱斯轿车可以向私家游艇延伸（技术性、价值性），可以向专用轿车配件、装置延伸（互补性），可以推出另一型号的豪华轿车（替代性）。又如，牛津大学不仅开设其他教育机构和出版专业图书（功能性延伸），而且授权一家服装生产商使用，推出一个颇具人文气息的服装品牌（价值性延伸）。

（2）高功能-低表现品牌。应选择技术性、互补性、替代性三个方面的延伸，而不宜向价值性延伸。例如，松下可以很成功地延伸到各类家电产品，却无法进入高档手表或名贵香水等表现性产品市场。

（3）低功能-高表现品牌。只能采用价值性延伸，也可以向互补性和替代性产品延伸。例如，高档洋酒本身并无太大功能性，但其名贵的特征会满足部分人的虚荣心，所以更适合向名贵家居装饰品或珍藏品延伸（价值性），也可以延伸到高档酒具（互补性），以及其他口感的高档洋酒（替代性）。

（4）低功能-低表现品牌。从理论上讲，延伸难度很大。但是，如果在互补性与替代性上操作得好，也能获得成功。例如，一种普通食盐品牌可以延伸到碘盐、铁盐、钙盐（替代性），也可以延伸到味精、酱油等其他调味品（互补性）。

第三节　品牌延伸的影响因素分析

成功企业都愿意通过品牌延伸来充分挖掘"品牌金矿"资源，发挥企业潜在优势，实现企业的规模扩张和竞争能力提升。但品牌延伸并不是一本万利的经营秘籍，更不是一劳永逸的点金之术，而是一把双刃剑，运用得当是一把营销利器，运用不当则反伤自身。因此，品牌延伸应该把握一定的原则。品牌延伸的关键在于正确地评估品牌延伸的影响因素，把握延伸的机会。影响品牌延伸的因素包括：企业是否有一个强势品牌；品牌定位度和适应度；延伸产品与原有品牌产品的相似度；外部市场机会等。

一、品牌优势分析

品牌延伸的先决条件是企业已经建立了一个强势品牌，品牌已经具有了很高或较高的知名度、品质认知度、忠诚度和积极丰富的品牌联想，具有良好的品牌优势和品牌形象。

1. 品牌知名度优势

品牌知名度是指品牌为消费者所知晓的程度。一般而言，品牌的知名度越高，品牌就越会被更多、更广泛的人所熟悉，延伸后被消费者认出、忆起的可能性越大，品牌延伸成功的可能性也就越大。

2. 品牌品质认知度优势

品牌品质认知是指消费者对品牌所代表的产品或服务的整体品质的感觉。消费者购买产品不仅要花时间成本、精力成本，还要耗费心理成本。现代社会生活节奏加快，消费者为节约更多时间去休闲，往往不愿"高度卷入式"地购买产品，而通常是根据品牌的品质认知去购买。具有高品质认知的品牌有一定的光环效应，在品牌延伸上具有更大的潜力，其品牌延伸也更容易成功，因为消费者会将原有的品质印象转移嫁接到新的产品上。

3. 品牌联想优势

品牌联想是指一提起某品牌，消费者脑海中就会产生与产品有关的联想。它源于企业对消费者持久的品牌传播和教育，以及消费者对品牌的理解和消费者间的口碑相传。品牌联想可以从三个方面评价：一是品牌联想的强度，即消费者看到品牌就想起某一事物的程度；二是品牌联想的喜欢度，即消费者看到品牌时产生正面、积极的联想；三是品牌联想的独特程度，即消费者一看到品牌就产生的异于竞争品牌的独一无二的印象。品牌延伸中，三个方面的评价不可或缺，仅有品牌联想喜欢度和强度的品牌延伸出来的产品很容易被淹没，而如果具备品牌联想的独特性，则延伸出来的产品将与众不同、引人注目，成功的概率也更高。由于品牌延伸的同时品牌联想也在延伸，所以品牌经营者要充分利用各种手段和工具，增强联想强度、联想喜欢度和联想独特程度。

4. 品牌忠诚度优势

品牌忠诚度是指消费者对所用的品牌感到满意并坚持使用的程度。这一术语一般用来衡量消费者对所用品牌的依恋程度。品牌忠诚度应是前面所讲的品牌知名度、品牌品质认知程度、品牌联想的综合反映，也是消费者对品牌的态度在行为上的体现，而企业的一切营销努力最终也是为了使顾客产生品牌忠诚度。品牌忠诚度越高，其迁移到延伸产品上的可能性就越大，品牌延伸也就越容易成功。

二、延伸产品与原有品牌的相似度分析

延伸产品与原有品牌的相似度是品牌延伸成功的关键因素。当消费者认为延伸产品与原有品牌高度相似时，对产品品牌延伸就比较有利；相反，当延伸产品被认为偏离了企业的传统专业范围时，消费者就会对延伸产品产生怀疑。相似度是一个抽象的术语，根据品牌延伸边界模型，相似度可以由互补性、替代性、技术性和价值迁移性来度量。例如，如果消费者认为能够制造冰箱的企业也能制造空调，那么这两种产品的相似度就比较高，可以相互延伸。同时，消费者群体的相似程度也是影响品牌延伸的重要因素。

具体而言，在多元化战略的基础上，影响原有品牌与延伸产品相似度的有下列因素。

1. 消费群体的相似度

消费群体的相似度是指延伸产品与原有品牌产品的使用者是否接近。如果延伸产品与原有品牌产品的消费群体相同或相近，则延伸比较容易成功。

2. 产品的关联度

产品的关联度是指延伸产品与原有品牌产品在价值链上是否存在关联关系，如共享核心技术、共享营销渠道等。相关多元化战略下，产品的关联度较高；不相关多元化战略下，产品无关联性。

3. 产品的互补度

产品的互补度是指延伸产品与原有品牌产品具有互补关系。例如，金利来最早生产领带，后来推出皮带、西装、运动服、男皮鞋等男士用品。

4. 可替代度

可替代度是指延伸产品与原有品牌产品是否可替代。品牌延伸的可替代度往往意味着一代产品被新一代产品替代，原有的技术和品牌资源转移到新产品上。例如，摩托罗拉

原来生产传呼机,在传呼机被逐渐淘汰的过程中,其手机业务逐渐成熟。本田轿车、本田SUV、本田SPV也是根据家庭用车需求,通过品牌延伸实现了家庭车型的延伸和替代。

5. 品牌核心价值的相似度

品牌核心价值的相似度是指原有品牌产品的核心价值能包容延伸产品的核心价值,即品牌延伸不能与品牌核心价值相抵触。皮尔卡丹从服装延伸到饰品、香水、家具、食品等,虽然跨度很大、产品相似度较低,却仍能共享一个品牌,其原因在于这些产品虽然物理属性、原始用途相差甚远,但都能提供一个共同的利益,即身份的象征、尊贵的标志,能让人获得高度的"自尊"和满足感。

因此,在品牌延伸时,首先要分析延伸产品与原有品牌产品之间是否存在共同的核心价值和个性,这是决定品牌延伸成败的关键。其次,当延伸产品与原有品牌产品不具有内在的共同核心价值和个性时,应考虑延伸产品与原有品牌产品表面的关联度,尽量使延伸产品与原有品牌产品在定位、特色及消费对象等方面相吻合。

三、品牌定位度分析

品牌定位往往从技术、个性、文化和价值等方面入手。根据卡普费雷的品牌延伸能力模型,延伸产品在技术、个性、文化和价值等方面的支持要素与原品牌产品相关的支持要素的契合程度,原有品牌产品支持要素向新产品支持要素的转移程度是决定品牌延伸成败的关键。品牌定位对于品牌延伸应有品牌定位度和品牌适应度两个层次的理解。

(1)品牌定位度是指品牌独一无二的特征,包括独特档次与个性特色等,依据企业优势和公众评价的风格选择、市场选择、消费者选择和发展战略选择培育而成,具有个性化、独特化、专门化等特点。具体而言,就是品牌的独特性与特色会在消费者头脑中形成固有的品牌形象。

品牌如果代表特定配方或特定技术,跨行业的延伸就比较困难。例如,王致和品牌已经成为一个产品的化身,只能是"青方"和"红方"之类的产品,不可能延伸到牛奶和面包上,因为"青方"和"红方"的支持要素是豆腐乳制作的专有技术,与牛奶和面包的契合度和转移度非常低。

品牌延伸应该尽量不与品牌的核心价值相抵触。例如,一说茅台,我们就马上知道是白酒品牌,是国酒,不可能是啤酒或葡萄酒。对于定位度高的品牌,如果延伸产品不具有原有品牌的特性,不具有原有品牌的核心价值,则不容易被市场接受。

(2)品牌适应度是指品牌可延伸的范围。任何品牌都有定位,品牌定位表明品牌在消费者头脑中的位置,不论品牌拥有者是主动、自觉地寻求定位,还是被动地接受定位,品牌定位都有一个适度的范围。

青岛啤酒是中国啤酒第一品牌,在香港上市之初,势头十分好。但在青岛啤酒宣布要进军香港房地产市场时,它的股票价格急剧下跌,因为香港投资者看中的是它的啤酒生产能力,而非房地产经营能力,他们认为青岛啤酒没有必要把钱投资到不熟悉的香港房地产行业,这样的品牌延伸可能会对企业业绩产生负面影响。

德国的大众汽车是一个知名的汽车品牌,人们将它与大众市场联系起来。大众汽车公司想进入高档车和豪华车市场,推出了超出德国普通大众消费水平的V6Syncro车型。

大众汽车的品牌效应不能与高档车宝马、奔驰相媲美,该车的市场业绩不佳,其原因是超出了品牌定位的适应度,因为德国人始终认为大众是大众化的汽车。这样的品牌适应度在中国同样存在,与中低档车型迈腾、速腾非常成功的情况相比,大众在中国推出的高档车型辉腾市场认可度很低,最后黯然退出了市场。

四、外部市场机会分析

1. 延伸产品要进入的市场没有强势品牌

市场没有形成强势品牌意味着市场尚未被强势品牌控制和垄断。强势品牌在消费者心目中有着非同一般的地位,占据了市场最多的份额,并控制了主要的销售渠道。新的品牌进入时,往往被消费者视为心理上的入侵者,品牌延伸也难以成功,如施乐进入电脑市场的失败、3M公司进入胶卷市场遭到柯达的扼杀等。有时,市场已经有强势品牌,市场格局已定,如果能在市场上找到一个有价值的空隙,用延伸产品来占据这个空隙,延伸就有可能会成功。例如,虽然以小天鹅为领导者的洗衣机市场早已有了固定的格局,海尔还是找到了全自动滚筒、高品质、高价格和优质服务洗衣机的市场缝隙,由空调延伸到洗衣机,成功地打入了洗衣机市场。

2. 品牌格局尚未稳定

市场还不太成熟,市场上的品牌繁多,市场容量很大,未形成品牌市场竞争的稳定格局,那些相对有优势的品牌地位不稳,市场还未被强势控制,市场容量也比较大,因此还有延伸的空间。在这种市场上,那些有相对优势的强势品牌不存在抵抗延伸品牌的优势,因此品牌延伸比较容易成功。例如,娃哈哈延伸到纯净水市场就是这种情况,虽然市场上纯净水的品牌繁多,也存在优势品牌,但全国市场的品牌格局未定,还有市场空间,娃哈哈凭借其品牌优势,抓住机会延伸成功。

3. 消费者的需求发生变化或市场发生变革

消费者的需求发生变化,有了新的需要,就有了新的市场,延伸就有了机会;市场发生变革,意味着行业之间的竞争结构发生了变化,只要对变化反应正确,行动快,就能抢占市场。因此,品牌在此刻延伸就有了新的机遇。例如,TCL由彩电延伸到手机、海信由彩电进入空调市场,在一定意义上都是抓住了由变化导致的市场机会。

4. 所要延伸的产品的生命周期

延伸产品处于不同的生命周期,会使品牌延伸的结果不同。一般来说,如果产品处于导入期,消费者接受这一新产品需要一个过程,品牌延伸也存在风险,一旦延伸失败,会极大冲击原有品牌的形象和信誉;在成长期、成熟期,竞争者之间的力量对比可以达到某种程度的平衡,品牌延伸的成功机会较大,但延伸的费用相对较高。对于处于衰退期的产品则不应该进行品牌延伸,因为产品的生命周期已经快到尽头,消费者已经没有需求或者需求不断减少。例如,长虹进入VCD市场的失败,主要是因为VCD已经处于衰退期。

五、品牌延伸的原则

从品牌延伸的影响因素分析可以看出,尽管品牌延伸是在挖掘"品牌金矿",但品牌延伸并不是随心所欲的,应遵循以下原则。

1. 主成分相同

延伸产品与原有品牌产品具有共同的主成分,在技术上、个性上、文化上、价值上具有相关性。

2. 具有相同的销售和服务体系

延伸产品在售前、售中、售后的服务体系保持一致,让消费者认识到无论是原有品牌产品还是延伸产品都很好。

3. 品牌定位度不高,适应度较宽

高度定位的品牌不适合延伸。例如,加多宝是源自传统配方,具有降火功能的茶饮料品牌,定位度很高,适应度也比较窄,延伸产品不具有降火的功能,则成功的概率较低,所以加多宝在生产矿泉水时就选用了另一个品牌——昆仑山。

4. 质量档次相当

例如,大众汽车品牌延伸到高档车市场与延伸到 10 万元以下的低档车市场都不适合。

5. 品牌名称联想所及

例如,碧浪这个品牌延伸到洗手液、洗洁精没有问题,如果延伸到饮料行业则不太合适。

第四节　品牌延伸的策略

由于企业所拥有的品牌在市场上得到的消费者认可度、品牌忠诚度、品牌信誉等资产不同,企业的资源状况、面临的市场环境和竞争态势不同,企业所采取的品牌战略和发展思路也就具有差异,这就决定了品牌延伸策略的选择也具有差异。

一、冠名与副品牌延伸策略

冠名是指新产品直接使用原有品牌(或主品牌)的名称及标识,或者间接或部分使用原品牌名称,相当于延伸产品与原有产品使用统一的品牌。品牌延伸有直接冠名、间接冠名和副品牌式延伸三种策略。

在原品牌具有较为深厚的品牌资产,冠名与副品牌策略具有沟通优势、管理优势和成本优势的情况下,该策略在对消费者的认同宣传上也很有优势。

1. 新产品直接冠以原品牌名称或部分原品牌名称

直接对新产品冠以原品牌名称是最常见的品牌延伸方式,这种方式实行的条件是原品牌的内涵主成分与新产品的特性及买方对新产品的评价标准吻合程度较高,如消费者对电器产品的评价标准基本都是产品的质量,企业的技术、服务、声誉等,所以世界范围内很多电器生产企业的产品共用一个品牌。例如,海尔从冰箱到冰柜、空调、洗衣机、彩电等都是直接冠以海尔的名称,后来按欧洲的标准创建卡萨帝,通过并购获得飞雪派克等品牌,才采用了多品牌战略。有的品牌延伸甚至是跨行业的,如日本的三菱,有三菱汽车、三菱冰箱、三菱银行等。其他如食品业、服装业的不少企业的产品群,由于符合以上条件,也采用统一品牌,如瑞士的雀巢有雀巢咖啡、雀巢奶粉、雀巢麦片等。这种延伸方式下,新产品导入市场的速度和被消费者认可的速度通常是最快的,也容易形成品牌声势,但容易出现株连效应或品牌稀释。

间接或部分使用原品牌名称也比较常见,如麦当劳产品品牌延伸时使用的麦乐鸡、麦香鱼等,都用了来自原品牌的一个"麦"字。这种方式大大拓展了品牌延伸的幅度和空间,对原品牌和产品的负面影响较小,但原品牌对于新产品的市场支持力度也相对较弱。

2. 副品牌式的品牌延伸策略

副品牌延伸就是在原有品牌后面再加上一个副品牌。副品牌式的品牌延伸策略是近年来比较流行的品牌延伸方式。原有品牌涵盖了企业的系列产品,用副品牌来突出产品的个性特点,形成产品的差别化,满足不同消费者的需求。副品牌策略的最大优点是既利用了原有品牌的影响,又能突出新产品的差异特性。副品牌延伸实质上是一种发展式的延伸方式,缓冲了定位理论和品牌延伸理论的一些矛盾。例如,以设计师乔治·阿玛尼名字命名的美国服装品牌阿玛尼就有 A/X 阿玛尼、阿玛尼·交流、阿玛尼·简氏,分别流行于美国、亚太地区和欧洲。在产品更新换代很快的今天,副品牌策略给企业的品牌策略提供了更大的变动余地。

二、品牌组合与产品线延伸策略

(一)品牌组合延伸策略

品牌组合是指品牌经营者提供给顾客的一组品牌,包括所有的品牌线和品牌名目。企业的品牌组合具有一定的宽度、长度、深度和相关度。品牌线是指密切相关的一组品牌,它们以类似的方式发挥功能,售给同类顾客群,通过同一类型的渠道销售出去,或者售价在一定幅度内变化。例如,美国雅芳公司的品牌组合包含三条主要的品牌线:化妆品品牌、珠宝首饰品牌、日常用品品牌。每条品牌线下包括许多独立的品牌,如化妆品品牌可以细分为口红品牌、胭脂品牌、水粉品牌等。

品牌组合的宽度是指公司有多少条不同的品牌线。品牌组合的长度是指品牌组合中品牌的数目。品牌线的平均长度就是总长度除以品牌线数。品牌组合的深度是指品牌线中每一品牌产品有多少个品种。品牌组合的相关度是指各条品牌线在最终用途、生产条件、销售渠道或其他方面的关联程度。

上述四种品牌组合的概念给品牌经营者提供了进行品牌延伸的大方向。品牌经营者可以从三个方面进行品牌延伸:增加新的品牌线,以扩大品牌组合的宽度;延长现有的品牌线,以成为拥有更完整品牌线的企业;为每一品牌增加更多的品种,以增加其品牌组合的深度;使品牌线有较强或较弱的相关度,这主要取决于品牌经营者是考虑仅在单一的领域还是在若干领域获得良好的声誉和业绩。按照品牌延伸方向的不同,可以分为水平品牌延伸和垂直品牌延伸。

(二)产品线延伸策略

1. 水平延伸

水平延伸即原产品与新产品处于同一档次。这种延伸风险最小,可以满足消费者现有消费水平的多种选择,也是最容易成功实施的品牌延伸方式。由于产品处于同一档次,品牌形象和个性定位容易统一,原产品的影响很容易泛化到新产品上去,产品的信息、传播容易整合。但在延伸前要特别关注市场空间的大小,如玉兰油深质滋润晚霜延伸到玉兰油保湿美白晚霜。

当企业营销能力比较强时,运用这种延伸策略可以充分利用品牌延伸的好处,使企业的发展速度加快。当然,即使是水平延伸,在同一行业取得成功的可能性更大,向不同行业延伸时还应注意行业之间的兼容性。

2. 垂直延伸

垂直延伸即原产品与新产品处于不同的档次。垂直延伸又可以分为高档品牌向下延伸、低档品牌向上延伸或中档品牌向高档和低档两个方向的双向延伸三种方式。

(1) 向下延伸。许多企业的品牌最初定位于目标市场的高端,随后为了反击对手,向下扩展以占据整个目标市场,将品牌线向下延伸,在市场的低端增加新产品,填补自身中低档产品的空缺,吸引更多的消费者,提高市场占有率。如果向下延伸以扩大市场份额为目标,容易引起消费者对原有品牌内涵和档次的怀疑,影响原品牌的定位和品牌形象,失去一部分原有的消费者,引起品牌价值的贬损,延伸风险较高。如果以反诘竞争对手为目的,只是一种竞争策略,往往是可取的,但要注意产品不能降低质量标准。

根据营销学者的调查,消费者对品牌不利信息的接收比对有利信息的接收要快得多。也就是说,向下延伸可能严重损耗品牌资产。因此,品牌经营者在采取向下品牌延伸的策略时面临一定的风险。新的低端品牌可能会使高端品牌受到打击,新的低端品牌可能会导致对手趁机占据市场的高端。同时,低端品牌的价格低、利润少,经销商可能不愿意经营市场低端品牌,因为这可能导致经销商的形象受损。

(2) 向上延伸。通常定位于市场低端的经营者经营了一段时间之后,由于受到高端市场高利润的吸引,或者为了给消费者更完整的品牌选择,可能会以新产品进入高端市场,这样可以获得较高的销售增长率和边际贡献率,逐渐提升企业产品的高档形象。例如,日本的本田、丰田车以价格低、质量好著称,进入美国市场时,都采取向上延伸的品牌延伸策略,开发了新品牌讴歌(Acura)与雷克萨斯(Lexus)占据高端市场。

经营者采取向上品牌延伸的策略同样面临一些风险。经营者从低端市场进军高端市场时,要投入大量的资金。原处于低端市场的品牌进入高端市场,消费者会对其是否有良好的质量产生怀疑。同时,处于高端市场的品牌不会轻易让别人进入,因此会有所反击。

(3) 双向延伸。双向延伸适用于那些原来定位于中端的品牌,品牌经营者可以向高端和低端两个方向发展,使品牌线更完整。美国得克萨斯仪器公司就是运用双向延伸策略赢得了便携式计算机市场早期的领导地位。

双向延伸的主要风险是可能模糊了原有品牌清晰的定位,给消费者留下"高不成,低不就"的印象。

综观以上三种品牌垂直延伸的策略方式可知,品牌的垂直延伸比水平延伸难得多。因为对于同一品牌,在一个产品类别内同时生产高档、中档和低档产品是很困难的,容易破坏品牌的整体形象和定位。企业应根据所处的行业特点及其他实际环境条件,具体分析和应用垂直品牌延伸战略。

第五节　品牌延伸的风险

任何事情都具有两面性,尽管品牌延伸能给企业带来诸多好处,而且从短期看甚至全是好处,但是从品牌延伸提出和实践以来,正反两方面的经验都很多,甚至有人说它是充满诱惑的陷阱,延伸一旦失败,后果极具破坏性。品牌延伸具有如下特有的风险。

一、削弱主品牌形象

创建一个品牌需要一个长期的过程,也需要付出艰苦的努力才能准确地在消费者头脑中树立品牌形象。不适合这种品牌形象的延伸,会削弱原有品牌形象,特别是当代表高品质、高品位的高端品牌向下延伸时,尽管销量会有所增长,但长此以往,会将其高品质形象一点点销蚀殆尽,损害已有的品牌形象。例如,美国派克笔是体面、气派、有文化的象征,是高档钢笔品牌。1982年,派克公司新任总经理彼得森上任后,改变公司维护高档品牌形象的战略,把派克品牌向下延伸,去争夺低档市场,生产3美元以下的大众钢笔。结果派克不仅没有顺利打入低档钢笔市场,反而将钢笔第一品牌让位于竞争对手克洛斯公司,其高档钢笔市场占有率下降到17%,不及克洛斯公司的一半。

二、淡化原有品牌的内涵

消费者对品牌产品的性能、形象认知明确、记忆深刻,如果原有品牌延伸的广度和深度过大,就会淡化品牌的核心概念,混淆消费者的记忆,毁损原有品牌在消费者心目中的形象。消费者会怀疑原有品牌产品的使用经验,失去品牌忠诚的目标。企业要想重新树立品牌形象,找回已经失去的品牌个性则比较困难。例如,娃哈哈品牌最初是儿童营养液的代表,随着娃哈哈一步步延伸到纯净水、可乐、八宝粥,娃哈哈儿童饮品的品牌形象淡化了许多,以至于其想重拾儿童市场——进军童装市场时,并不是很成功,这与其品牌的初始形象淡化有很大关系。

当然,使原有品牌淡化的延伸有时是企业有意策划的,旨在使其品牌上升为理念型而非产品型,以期将来能扩展到更多行业。如果原有品牌能在新行业成功,当然可以弥补损失;如果不成功,则会降低原有品牌的价值。

三、使消费者产生心理冲突

关联性是品牌延伸中使用同一品牌的一个必备条件。如果不顾原有品牌定位的兼容性,盲目地把原有品牌延伸到毫不相干行业的产品上,当产品的用途、性能出现矛盾或不相符时,会造成消费者的心理冲突。

例如,三九集团是靠三九胃泰出名的,后来受啤酒行业和摩托车市场的吸引,进入啤酒行业和摩托车生产行业,生产三九牌啤酒和三九牌摩托车,结果让消费者产生心理冲突。消费者联想产生混淆,三九牌啤酒是不是有一种胃药的味道?毕竟多喝酒会伤胃,但三九又卖胃药,它会不会故意多卖"伤胃"的啤酒,让大家多买它的胃药呢?另外,多喝三九牌啤酒,再骑三九牌摩托车,会有什么感觉和后果呢?所以消费者联想使品牌延伸不被消费者接受,导致延伸失败,也拖累了企业的发展。

四、跷跷板效应

艾尔·里斯提出了跷跷板效应:一个名称不能代表两个完全不同的产品,当一种产品的销量上来时,另一种的销量就要下去。品牌延伸到另一个类别的产品时,新产品的销量上去了,原有品牌产品的市场份额却被竞争对手夺走了。这种情况往往发生在原有品牌地位尚未稳固,便轻易延伸到其他行业的企业。例如,20世纪80年代,波顿公司是美国最大的以经营奶制品为主的企业,同时还是从事多种食品生产和供应的超级大企业,公司印有埃尔西(Elsie)奶牛的产品标识,在美国家喻户晓。1986—1991年,公司斥资20亿美元先后收购了91家食品公司,走品牌延伸之路。公司的一个新品牌Snaktime仅在6周内,发展就超过其他竞争者,一举盈利1 700万美元。然而,不当的延伸混淆了消费者对原有品牌的印象,品牌的概念模糊了,原来的忠诚消费者变成了游离消费者,原有成功且知名的品牌与延伸产品之间发生了跷跷板效应。1991年,与上一年相比公司的销售额下降了5%,营业收入下降了19%。竞争者竞相涌入,企业面临巨大的危机。

复习思考题

1. 试述品牌延伸的概念。
2. 品牌延伸战略与多元化战略的区别是什么?
3. 品牌延伸的动因表现在哪些方面?
4. 试述品牌延伸能力模型和品牌延伸边界模型。
5. 品牌延伸应该分析哪些影响因素?遵循哪些原则?
6. 品牌延伸有哪些策略?存在哪些风险?

案 例 分 析

腾讯品牌延伸策略

品牌延伸策略是现代企业在进行新产品开发和品牌拓展时常用的一种方式,即把现有的成功品牌用于新产品上。腾讯是中国目前影响力较大的互联网公司,拥有超过一半人口的活跃用户数。作为一家拥有千亿美元市值规模公司,腾讯发展的每一步都深深地影响着数以亿计的网民。

一、满足用户需求是品牌延伸的动因

腾讯在最早推出QQ即时通信软件之后,是一个以企鹅为标志的互联网通信社区。2003年8月,基于QQ用户的年轻化特性,以及网络游戏的热门需求,腾讯推出了第一款

游戏产品"QQ游戏",仅用了一年多的时间,到2004年年底,QQ游戏就超过竞争对手,成为国内第一大休闲游戏平台,最高在线人数100多万。2003年12月,腾讯推出了自己的门户网站"腾讯网"(QQ.com)这一集新闻信息、互动社区、娱乐产品和基础服务为一体的综合性门户网站,也是腾讯公司旗下并列于QQ的横向媒体平台。

上市之后,腾讯确立了全盘产品布局和发展模式,以QQ和QQ.com为战略核心,展开一横一竖的业务模式,将无线增值服务、互联网增值服务、互动娱乐服务、网络内容服务及电子商务服务融入平台中。与此同时,腾讯在现有产品的基础上不断纵向细分产品类型,相继推出了面向商务办公人员的即时通信工具TM、网页浏览器腾讯TT(Tencent Traveler)等产品,同时涉足电子商务,开发"拍拍网"(www.paipai.com)等,后续随着社交媒体、网络视频的兴起,腾讯视频、腾讯微博、腾讯会议等产品应运而生。

在更蓬勃发展的移动互联网行业,腾讯也是早早布局,并在社交等多个领域保持了一贯的高市场覆盖。根据App Store的数据,腾讯上线的App数量超过50款,领域涉及社交、工具、新闻、商务、生活、娱乐、游戏、音乐、图书、美食、导航等。

在这一系列成功延伸的背后,是腾讯紧紧围绕"打造满足用户情感需求的在线生活平台"的目标,密切关注用户需求,精准进行产品定位及开发,不断实现消费者情感满足的结果。从使用者的角度来看,基本上是互联网生活需要什么,腾讯就会推出相应的产品,而腾讯一旦推出新产品,用户总能在第一时间获得相关信息。凭借腾讯的品牌知名度,"腾讯系"的产品也比其他非知名公司推出的产品具有先天的品牌优势,如腾讯会议是视频会议和视频课堂最受欢迎的软件品牌。

真正满足消费者所需,是核心品牌在进行延伸时取得成功的必要因素。

二、相关性是腾讯品牌延伸成功的关键

根据品牌延伸的相关性原则,一个品牌从原有的品牌向新品牌延伸,除了需要品牌强势度,还需要产品相关性,也就是品牌状态。品牌状态是品牌在消费者心中得到赞同的相关度。最有效的品牌传递往往不是通过文字,而是通过在我们大脑里储存和记忆的东西所形成的相关度,这是品牌进一步延伸的保证及与其他企业品牌的区别。核心品牌与延伸产品的相关性,是指核心品牌与延伸产品的相关程度。相关程度越高,延伸成功率也就越高;相关程度越低,延伸成功率也就越低。

QQ即时通信工具从诞生之初就满足了人们的情感交流所需,成为最受欢迎的大众娱乐休闲网络工具,而其后开发的QQ游戏、腾讯网、腾讯会议等一系列产品无一不是从满足使用者娱乐休闲生活所需出发而进行的延伸开发。这些产品与QQ的业务紧密捆绑,也从一开始就注定了成功的必然性。

三、腾讯注重品牌延伸的受众相关度

受众相关度是指核心品牌与延伸产品是由受众性别、年龄、职业、文化、地域等方面的差异性和特点决定的。也就是说,不同的受众接受不同的品牌与产品,在品牌延伸过程中,把原有品牌延伸至原有忠诚消费群体及其所消费的其他产品中去,成功率自然就比较高。

最初的QQ产品推出时,以学生为主要使用人群,用户的年龄普遍较小,而其开发的QQ秀、Q币、QQ游戏等一系列延伸产品也都紧密围绕用户,符合该年龄段的用户需求。在进一步扩展市场时,腾讯先对整体品牌进行了调整,通过改变标识、建立腾讯网门户等一系列举措进一步消除了公众对其用户年龄层过低、消费能力较弱的疑惑后,陆续推出了企业QQ、大型游戏、腾讯会议等一系列产品。可以说,腾讯在进行产品规划及品牌延伸时,时刻考虑到了受众相关度及产品的关联度。

综上所述,腾讯在发展中紧紧围绕目标用户,通过一系列的产品打造,不断夯实品牌基础,强化自身的品牌效应,使腾讯品牌的无形资产不断提升,同时通过产品的拓展,使品牌外延不断得到延伸,反过来进一步强化了核心品牌的形象,成为国内互联网企业的标杆之一。

资料来源:张杰.浅析腾讯品牌延伸策略[J].传播与版权,2014(12).

案例讨论思考题

1. 阐述腾讯品牌延伸成功的原因。
2. 腾讯最初通过QQ塑造品牌,为什么后来又转而强化腾讯品牌?
3. 结合腾讯案例谈一谈你认为品牌延伸过程中应该关注的因素。

第九章 品牌结构

【学习目的与要求】
(1) 了解品牌建立的因素与作用；
(2) 了解选择使用制造商、中间商和许可品牌有什么不同；
(3) 了解品牌-产品矩阵结构；
(4) 理解凯勒的品牌结构理论；
(5) 掌握统一品牌与多品牌结构及其优缺点。

扩展阅读 9.1
品牌组合、品牌架构与品牌战略分析

为了更好地适应市场需求，推动企业发展，企业一般要生产、销售很多类别的产品。如果存在产品目标市场过大、价格差距大、产品关联性不强的情况，企业就需要根据资源状况进行品牌决策，确定品牌组合结构，让每个品牌承载企业或产品特有的信息，并通过各种渠道传播给消费者。在实践中，如果企业有多个品牌，每个品牌的信息都应该有一个明晰的边界，使消费者对品牌的认知不因为各品牌之间的信息交叉而混乱。因此，品牌决策和品牌结构安排在品牌管理体系中具有举足轻重的地位。

决策就是选择，品牌决策也包含了一系列的选择。新成立的企业会考虑是否为自己的产品设置品牌。如果设置产品品牌，是为自己的公司和产品设置统一的品牌名称还是选择不同的品牌名称？是按消费者因素还是按产品类别安排品牌结构？处于发展阶段的企业会根据市场情况、消费者行为的变化等因素，决定是否对品牌决策进行调整，重新规划品牌结构。

第一节 品牌建立

企业生产和销售首先遇到的品牌决策问题就是企业的产品是否使用品牌、使用哪种类型的品牌，是制造商品牌还是中间商品牌，如何根据企业的发展规划安排品牌结构。

在商品交换初期的经营活动中，许多产品不用品牌。生产者和中间商把产品直接从桶、箱子和容器内取出来销售，无须供应商的任何辨认凭证。中世纪的行会经过努力，要求手工业者把商标标在其产品上,以保护他们自己及消费者不受劣质产品的损害,从而出现了最早的品牌标记。

使用品牌的趋势发展迅速,时至今日很少有产品不使用品牌。例如,食盐被包装在有品牌名称的包装物内,粮食、蔬菜包装后贴上经销商的品牌标签,柑橘上贴有柑橘种植者的信息甚至种植过程信息,螺帽和螺丝被包装在有经销商标签的玻璃纸内,汽车部件火花塞、轮胎和过滤器也都标有汽车制造商的品牌名称。但是,任何事物都不是绝对的,有时实行"放弃品牌"的策略,也有其道理。

一、决定品牌建立的因素

企业是否使用品牌可以综合考虑以下因素。

1. 产品所在的是新兴行业还是成熟行业

产品行业领域的成熟程度是一个很重要的因素,在一个成熟领域的终端市场上创立品牌难度较大,需要强大的资源支撑和相关的技术支撑,才能在市场上竞争并得到稳定发展;在新兴的市场领域或利用创新产品创立品牌,因为市场空间比较大而相对容易。在一个行业的产业链中选择代工(OEM 或 ODM)也可以创建一个品牌,如手机代工企业富士康、芯片代工企业台积电等,或者选择某种技术含量较高的生产元素创建品牌,如英特尔品牌芯片是信息行业多个产品领域的芯片供应商。

2. 目标顾客的消费习惯及消费行为

如果目标顾客看中的是低价格,而不是特定的品牌,那么商家就会倾向于"非品牌化"。由于使用品牌必然要增加广告、包装及其他成本,而这些开支最终势必会转嫁给消费者,使消费者支出了较多的费用。而"非品牌化"的目的就是要节省广告和包装费用,降低成本和价格,增加产品的市场竞争力。在美国,无品牌产品比品牌产品的价格通常低20%~40%。例如,美国的两家大零售商沃尔玛(Wal-Mart)和凯玛特(K-MART)相继推出了无品牌商品大宗售货法。它们要求消费者成打、成箱或按一定散装量来购物,商品仅限于无品牌,甚至是无正式装潢包装的统货,单价相对低廉。此举迅速风靡美国、加拿大的超市甚至是街头集市。美国零售商从中悟出当今消费者以内在价值而不是以包装、宣传来衡量价格的购物趋向。调查表明,对于粮食、蔬菜等生活用品,消费者选定一家商店购物,价格是否低廉是其考虑的关键因素,无品牌的散装商品成为首选。这一结论促使沃尔玛等零售商进一步开拓低价经营方式,增加非品牌化商品的供应品种。

3. 产品特性

有些产品由于生产过程的普遍性,在制造加工过程中不可能形成一定的特性,也不易与其他企业生产的同类产品相区别,即产品不具备因制造商差异带来的质量差异;还有一些产品,其质量难以统一保证或统一衡量,而且消费者不需要或不容易进行有效辨认,这些产品原则上要采用无品牌策略,使用品牌意义不大,甚至毫无意义。例如,工业用原材料、电力、矿石、粗钢坯、铁坯和木材等一般采取无品牌策略,而很多消费类的产品,如电子产品、快速消费品和珠宝首饰等,对品牌的依赖则相对较高。

一般来说,无须加工的原料(如矿砂),不会因生产者不同而形成不同特色的商品(如钢材),生产比较简单、选择性不大的小商品,临时性或一次性生产的商品等不需要建立品牌。

4. 企业创新研发能力

创建品牌是一项长期的投资活动。首先，品牌要塑造自己的特征，产品必须有独特性，而保持独特性需要持续创新投资。例如，运动服装品牌除了新颖的款式设计，还要有面料吸湿排汗、舒适、弹性强度等性能上的创新，户外运动还要考虑防风、防雨、防晒等功能，这些功能都需要持续研发投资活动，也需要持续的广告和赞助才能确保品牌的独特性。其次，品牌需要不断地改善和提高现有产品并推出新产品，这些都有赖于企业的创新和研发能力。例如，华为、苹果、三星等手机品牌每年都会推出新款产品，在款式、主要功能上进行升级，这需要持续的研发投资以及强大的创新和研发能力。

5. 资源配置能力

打造品牌需要企业具有强大的人力资源能力、财务能力、生产能力和企业管理能力。如果企业没有足够的实力就盲目投资打造品牌，就有可能把企业拖垮。企业需要逐渐积累上述能力，在具备了一定市场能力和研发能力后，通过自己的产品创建自己的品牌。例如，宏碁电脑就是先做了几年 OEM，逐渐积累生产经验、市场经验和管理经验后推出的电脑品牌，最终通过努力成为知名品牌。

6. 品牌营销能力

建立品牌是一个讲求科学和艺术的过程，要使品牌成功，需要很强的营销能力支持。品牌战略制定、品牌定位、品牌文化塑造、品牌传播和形象推广等品牌活动需要有大局观、开阔的思路、品牌统一规划和落实，每一个环节都需要企业有强大的品牌营销能力。

二、建立品牌的作用

无品牌产品可以使用简单的包装、采取较低的质量标准，也不用专门设计品牌和推广，从而可以大幅节约成本。如果建立品牌则需要按标准对生产过程进行严格控制以确保质量，要进行包装设计、注册商标等，还要进行品牌传播，从而需要付出巨大的成本。如果某品牌被证明不受欢迎，还需要对品牌进行调整，再追加投资。不过，建立并使用品牌也会得到可观的品牌溢价，为企业的规模扩张和发展提供支撑。综合起来，建立品牌有以下作用。

1. 方便订单处理

品牌名称和包装有助于销售者处理订单并发现问题。例如，青岛啤酒公司接到一份订单，指名要购买青岛纯生啤酒 100 箱，啤酒公司就可以根据这个订单发货。假如货物装运发生差错，公司也可以比较容易地追踪订单，查找原因，纠正差错。如果购买者只是提出要 100 箱啤酒，青岛啤酒公司就不知道应该如何发货了。

2. 有利于品牌保护

品牌名称和商标对产品独特的特点提供法律保护，避免被竞争者仿制。

3. 有助于建立公司形象

良好的品牌形象可以增强经销商和消费者的信心，有利于培养消费者的忠诚。品牌忠诚使产品供应者在竞争中得到一定程度的保护，并使其在规划营销方案时具有较强的控制能力。同时，企业可以借助品牌影响，更容易地推出同品牌的新产品。

4. 有助于销售者细分市场

例如，宝洁公司推出潘婷、飘柔、海飞丝等不同的洗发水吸引对洗发水有不同需求的顾客,推出不同品牌的洗衣粉适应不同消费能力的顾客需要。

5. 具有更强的盈利能力

在全球市场上,一流品牌相比普通品牌的盈利能力高 5~6 倍,相比无品牌产品的盈利能力更高。

第二节　品牌使用类别

企业在使用品牌方面有三种选择:制造商/服务商品牌;中间商品牌;许可使用品牌。

一、制造商/服务商品牌

产品使用制造商或服务商的品牌十分普遍。企业可以利用优质产品建立并使用制造商品牌,通过经营理念与核心价值的传播活动树立品牌形象,建立与消费者的良好关系,提高品牌的忠诚度,赢得企业的长远发展和持久经营能力。同时,使用制造商品牌有利于根据市场的变化规划品牌,推出新的产品或新的品牌,更好地满足消费者的需求。例如,海尔是电器制造商品牌,通过高品质的冰箱塑造了海尔品牌,赢得了消费者的认知和忠诚,此后又推出了海尔品牌的空调、电视机、洗衣机等一系列产品,成为我国知名的电器制造商品牌。

二、中间商品牌

产品也可以使用中间商名牌,即使用零售商、商店或私人品牌。例如,顾客走进华联超市会发现从针线包、电池、电线、螺丝、家庭生活用品、文具、水暖配件到护手霜的一系列以华联超市为品牌的系列组合袋装小商品,这些商品当然不是华联超市自己生产的,其针线包来自江苏一家不知名的企业,而护手霜则产自上海高姿化妆品公司。

三、许可使用品牌

制造商的产品可以使用一个许可品牌名称,或者在使用许可品牌的同时使用制造商自己的品牌名称,以便在产品被广泛接受时改用自己的品牌。例如,宏碁电脑起家于为国际电脑公司代工生产电脑产品,也就是贴牌生产(OEM),在积累了足够的生产经验和经济实力后,在为国际电脑公司贴牌生产电脑产品的同时,也生产自己的宏碁品牌电脑。随着宏碁电脑的市场占有率不断上升,宏碁逐渐降低 OEM 的比例,由使用许可品牌变为自主创立品牌,为品牌国际化发展重新设计了品牌名称和标识,改用 Acer 品牌标志。宏碁如今是全球最大的电脑设备生产商之一,Acer 也已经成为国际知名的电脑设备品牌。

第三节　品牌组合

很多企业根据市场需求、自身资源和市场竞争状况来规划产品生产,制定企业的品牌组合决策,形成一定的品牌结构。在一些大公司、大集团中产品类别复杂多样,品牌结构决策尤为突出。例如,三菱公司的产品多达 25 000 种,3M 公司的产品有 50 000 种。我国一些大企业的生产规模虽然还不能与跨国大公司相比,但产品数量也非常可观。例如,上海家化的美加净品牌下就有护肤、护发、美容、防晒、洗发五大门类四十余种产品,海尔的主导产品有电冰箱、空调、冷柜、洗衣机、电视机等十几个类别,在全球不同地区还有不同的产品标准,分别采用海尔、卡萨帝、雅克亚等品牌名称。在品牌与产品的关系上,飞利浦的产品与品牌总是冠上公司的名称,而宝洁、上海家化等却突出产品的品牌。

企业制定产品和品牌战略时,可以借助凯文·莱恩·凯勒的品牌-产品矩阵(brand-product matrix)来划分品牌和产品,并与细分的市场消费群体形成对应关系。矩阵中的行表示企业的产品品牌,列表示相应的产品(或产品类别),如图9-1所示。

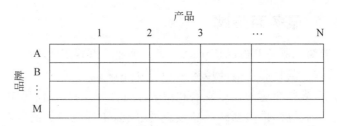

图 9-1 品牌-产品矩阵

矩阵中的行代表品牌-产品关系(brand product relationships),通过一个品牌下的产品类别或全部产品反映品牌延伸战略,通常称为品牌线(brand line),用来反映一个品牌延伸的程度。如图9-1所示的矩阵的一行就代表一条品牌线。例如,奔驰品牌下有轿车、越野车(SUV)、跑车、商用车等类别,轿车有高中低档S级、E级、C级的各排量的轿车,越野车有GLS、GLE、GLC的各排量的汽车等。一个类别下的所有产品称为产品线,如奔驰轿车产品线、奔驰越野车产品线,需要区别品牌线和产品线。在品牌战略上,品牌-产品关系中,一个品牌下覆盖多少个产品线,每个产品线下有多少个款式,通常称为品牌宽度(brand breadth)。

矩阵中的列代表产品-品牌关系(product brand relationships),通过每一品类下所营销的品牌数量和性质反映品牌组合战略,通常称为品牌组合(brand portfolio),用来反映企业出售的每一特定产品类或产品线所包含的品牌数量。矩阵的一列就是一个品牌组合。例如,伊利的鲜奶类产品有伊利和金典两个品牌,酸奶类产品有伊利和安慕希两个品牌。企业设计、生产和销售不同的品牌产品,是为了满足不同细分市场上的顾客需求,或者在不同的目标市场上生产和销售不同标准的品牌产品。在品牌战略上,描述企业一个类别的产品有多少个品牌、这些品牌有什么区别,通常称为品牌深度(brand depth)。

一、凯勒的品牌结构理论

品牌结构包括品牌的纵向关系和横向关系两个维度。品牌的层级描述的是品牌的纵向关系或归属关系。品牌树是在纵向关系的基础上强调品牌的横向关系。

(一)品牌层级

品牌层级(brand hierarchy)是描述某一个具体产品时所使用的一套品牌之间的纵向

关系。凯勒认为,从上到下可以用四个层级的品牌来简单描述一个产品:公司品牌(corporate brand)、家族品牌(family brand)、个体品牌(individual brand)和修饰品牌(modifier brand)。

公司品牌位于品牌层级的最高层,通常是一个组织的名称,包括总公司品牌(如百胜集团)或子公司品牌(如肯德基餐厅)。公司品牌会出现在产品或包装上,至少也会在公司名称一栏标出;家族品牌位于品牌层级的次高层,通常是一个产品大类的统一名称,如康师傅的"食面八方"系列方便面;个体品牌是某个具体产品的品牌,如本田的思域汽车;修饰品牌用以标示某一具体产品的项目、型号、版本或成分,如百事可乐的红罐纪念装、宝马3系、Windows的11版本、益达木糖醇的薄荷口味等。以通用汽车公司的别克凯越HRV为例,通用汽车是公司品牌、别克是家族品牌、凯越是个体品牌、HRV是修饰品牌。品牌层级越往下,指向越明确。值得注意的是,并不是说所有的产品描述都要用全这四个层级的品牌,家族品牌与个体品牌、个体品牌与修饰品牌有时是动态的。只采用公司品牌的战略称为单一品牌战略。

(二)品牌树

我们可以利用品牌树把一个主力品牌下的各种品牌和产品的关系厘清,树状模型类似于一个组织结构图,横向表示处于同一层次的各种品牌,纵向表示不同层次品牌的归属关系。例如,2009年奇瑞汽车发布的汽车品牌,可以用结构简单绘制一个品牌树(如图9-2所示)。有了品牌层级树的辅助,通过与竞争者对比,可以分析公司同级品牌之间以及上下级品牌之间的逻辑关系,以便了解各个品牌或型号是不足还是多余,是重叠还是互补等。

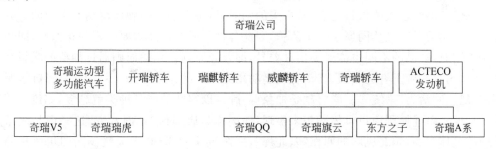

图 9-2 奇瑞汽车品牌树

企业根据共有的、有意义的特征对品牌进行逻辑分组,依照一定的技术标准安排品牌结构,并划分同一层次的品牌。这个技术称为品牌分组。一般情况下,分组的标准包括:①细分市场,如金龙制衣的男士内衣使用健将品牌,女士内衣使用爱莎品牌;②产品质量,如康师傅方便面的中高档面使用康师傅品牌、中低档面使用福满多品牌;③产品设计,如纳帕佳服饰(La pargay)的黑白系列称为 La pargay Collection、彩装系列称为 La pargay the Series;④产品品类,如奇瑞汽车公司的汽车品牌有奇瑞、开瑞、瑞麒、威麟,发动机的品牌则是 ACTECO;⑤产品技术,如英特尔公司目前有迅驰、博锐和欢跃三个技术平台;⑥分销渠道,如在欧莱雅集团的品牌中,兰蔻在百货商场销售、欧莱雅和美宝莲在超市销售、薇姿和理肤泉在药房销售。

(三) 品牌层次规划的原则

品牌层级规划问题比较复杂,凯文·莱恩·凯勒针对品牌层级划分提出了下列原则。

1. 品牌层级的数目——简单原则

新产品设定品牌时,首先要考虑的决策问题是选择几个层次的品牌。有的企业选择单一品牌结构或层级比较少的结构。多数企业都会选择多层次的品牌,因为品牌层次越多,蕴含利益点的信息量就越大,从而越能刺激消费者购买。试想,美的空调与美的冷静星1.5匹立式空调哪个更容易吸引消费者?几个层次的品牌组合在一起,不仅能够充分利用高层次品牌的辐射效应,而且能够利用一些次级品牌来丰富和延展高层次品牌的内涵。例如,耐克持续不断地在篮球鞋产品线上推出子品牌(如 Air Jordon、Air Flight、Air Force),使耐克在篮球鞋领域成为绝对的权威。

不过,过多的品牌层次也会加大消费者认知品牌的难度,超过三个层次之后,消费者将难以弄清各层次品牌之间的关系。在这种情况下,管理者需要采取简单原则,即根据与品牌相关的产品的复杂性以及产品与品牌的关系,决定品牌层次的数目。如果产品很复杂或者希望拉近产品与品牌的关系,则适宜推出多个品牌层次;反之,如果产品比较简单或者希望使产品与品牌的关系疏远,则适宜推出较少的品牌层次。例如,口香糖是一种相对简单的产品,所以绿箭口香糖的品牌层次非常少;而汽车是一种很复杂的产品,所以一汽大众速腾2.0L自动挡的品牌层次就比较多。又如,出自尼桑公司的英菲尼迪汽车因为其高端定位而希望保持一定的独立性,于是直接采用英菲尼迪的独立产品品牌而不是尼桑加子品牌的母子品牌模式。

2. 每个层级中,期望的品牌知名度和形象——相关原则、差异原则

确定了品牌层次的数目之后,接下来的问题是:每个层级品牌所容纳的类似的产品应该如何设定关系。既然同属于一个品牌,因此各种不同的产品需要一定的相似性,即相关原则。同时,产品的不同也需要突出其差异,即差异原则。相关原则通过抽象的联想来实现,比如耐克品牌下有运动服、运动鞋和运动用品等产品,都以"Just Do It"品牌口号所表露的"酷"和"活力"来统一。联想越是抽象,品牌可以容纳的产品种类就越多,如维珍、3M都是如此。差异原则通过具体联想来实现,如同样是康师傅"食面八方"这一产品线品牌下面的具体产品,东北风味的叫作"东北炖"、广东风味的叫作"老火靓汤"、四川风味的叫作"油辣子传奇"、山西风味的叫作"酸香世家"、福建风味的叫作"山珍海烩",等等。没有相关性,各产品就成了"散兵游勇",失去了发挥合力的作用;而没有差异性,消费者就无法对产品进行有效区分,从而会产生选择困惑。

3. 如何安排不同层级的品牌元素——主导原则

在同一个产品上面,不同层级的品牌元素如何组合,公司品牌、个体品牌哪个层级的品牌元素更突出?这个问题涉及品牌对于消费者购买决策的驱动问题。有些品牌是由低层级的品牌驱动的,所以会突出低层级品牌的地位,达到突出低层级品牌名称和标志的目的,有些品牌则相反。华为是全球设备供应商,终端产品华为手机以技术和服务成为行业领导者,是华为新一代科技产品的代表,是公司品牌主导,而华为手机驱动系统鸿蒙是华为旗下软件系列中的手机驱动软件,是个体品牌主导。对于用主导原则安排不同层级品牌关系的问题,格雷和斯梅尔策给出了五种主导的类型:①单一实体,即只提供一条产品线或一组风格,公司形象与产品形象完全一致,如联邦快递;②家族或个体品牌主导,即突出产品品牌,如汰渍洗衣粉,突出个体品牌,只是制造商标明了宝洁公司出品;③同等地位,即公司和产品品牌同等重要,如丰田凯美瑞、LG巧克力手机;④混合主导,即公司的品牌组合比较复杂,有些产品是品牌主导,有些产品是公司主导,有些又是同等地位,如在康师傅公司,康师傅纯净水就是公司品牌主导,福满多方便面则是产品品牌主导;⑤公司主导,即突出公司品牌,如飞利浦、戴尔公司等。

4. 如何跨越产品链接品牌——共同原则

不同产品共享的品牌符号越多,产品之间的联系就越紧密。共享的品牌符号包括品牌名称、品牌标志、品牌口号等。很多企业在开展产品多元化经营时,直接采用完全一样的品牌名称,如锦江国际(集团)有限公司旗下锦江旅游、锦江酒店、锦江金融、锦江地产等产业的名称都以锦江命名。有些企业则采用了某个专用的字词来建立各产品的关系,如索尼的 Walkman 和 Discman 都采用"man"的后缀,麦当劳用"Mc"前缀推出了很多产品,如 Chicken McNuggets,Egg McMuffin 和 Mcrib 三明治。品牌标志的设计也是如此,锦江国际旗下的各产业在品牌标志上都差不多,只是外圈的形状和底部的名称不完全相同(见图 9-3)。品牌口号是连接各产品的另一个主要黏合剂,福特旗下的福克斯、蒙迪欧、翼虎、嘉年华等品牌都统一在"活得精彩"的手写体品牌口号下面。

图 9-3　锦江国际及旗下公司标识

二、统一品牌

统一品牌是指企业生产的所有产品都使用同一个品牌。该品牌一般是公司品牌,如戴尔、飞利浦等公司品牌与产品品牌统一。这种统一品牌的结构安排符合层级简单、公司品牌主导和品牌链接的共同原则,常用于一些比较大的专业生产公司,其特点是品牌结构清晰(如图 9-4 所示)。

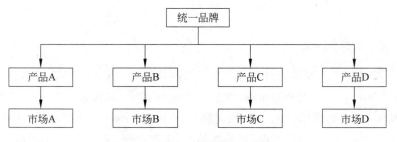

图 9-4　统一品牌结构示意图

例如，日本索尼公司就是使用统一品牌决策比较成功的企业，索尼的各种产品都打上了 SONY 商标，对外传播都围绕 SONY 品牌（如图 9-5 所示）。

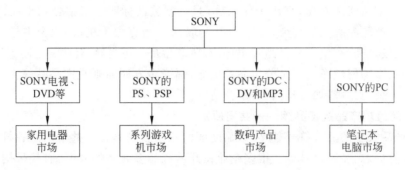

图 9-5 索尼品牌结构

统一品牌战略具有下面三个优点。

（1）有利于新产品进入市场，缩短投入期。新产品刚进入市场时，消费者对其比较陌生，一般不愿主动购买。如果新产品使用老品牌则可以给消费者提供认识该产品的捷径，从而迅速消除消费者对产品的不信任感。

（2）可以降低产品的广告宣传和促销费用。只要对一个品牌做广告或开展其他促销活动，就相当于对企业的所有产品都进行了宣传促销，尤其是在当今广告宣传费用在产品总营销费用中的比重越来越大的情形下，这一优势对企业极有吸引力。

（3）增强企业知名度，树立良好的企业形象。不同的产品使用同一品牌，不同的产品针对的又是不同的目标消费群体，因而不同的目标消费群体接触的只有一个品牌，这无疑会强化品牌的感染力，有利于提高品牌的知名度；同时，品牌与企业名称交相辉映，有利于树立企业形象，壮大企业声势。

统一品牌也有其局限性。一个品牌旗下产品过多会模糊品牌个性，不同产品在一个品牌下宣传自己的优势时，寻找一种共性难度较大；面对专业品牌的宣传优势，消费者更容易转而选择专业品牌。因此，统一品牌的使用对企业也有一定的条件限制：一是要求这种品牌在市场上已获得一定的信誉，企业的品牌要有较高的知名度和美誉度，并被消费者所接受；二是采用统一品牌的各种产品在产品质量、市场价格和目标市场上要有一致性，即产品形象一致、市场定位一致。有些企业为了满足不同细分市场的需要，采用双层品牌结构。双层品牌结构又称主品牌加副品牌或公司品牌加修饰品牌结构。例如，在卡萨帝回到中国市场前，海尔冰箱的品牌包括海尔大王子、海尔小王子、海尔双王子、海尔金王子等。

三、多品牌结构

多数企业根据市场需求的细分对产品进行精准定位，这就需要采用多品牌的结构安排，每一个品牌对应一个细分的市场，满足一个市场需求，从而取得良好的品牌溢价。对多品牌结构安排，卡普费雷提出了品牌架构（brand architecture）理论。该理论认为多品牌结构可能有五种类型：产品品牌、产品线品牌、范围品牌、来源品牌和担保品牌。从影响消费者的购买决策来看，这五种品牌结构各自扮演了不同的角色，适用于不同的情况和条件,并具有各自的优缺点。下面逐一分析这五种品牌结构。

(一) 产品品牌

产品品牌结构是给每一个产品或每一类产品冠上一个或一个以上的独立品牌(名称、标识),并给予它们不同的定位,占领特定的细分市场。其表现形式是一品一牌或一品多牌,如宝洁公司的纸尿裤品牌是帮宝适、柔顺剂品牌是 Bounce,属于一品一牌;洗衣粉使用一类产品多个品牌,碧浪定位于洗涤更白,汰渍定位于洗涤快、节约;洗发水也是一品多牌,海飞丝定位于去头屑,飘柔定位于使头发柔顺,潘婷定位于使头发健康,沙宣定位于保湿、超乎寻常的呵护等。

当市场的主导者采用产品品牌战略,通过清晰定义的品牌组合获得各种各样的消费者时,其竞争对手将难以在市场上找到缝隙和利润空间。例如,箭牌公司通过益达、劲浪、绿箭、白箭和黄箭等占领了中国口香糖市场的 60% 以上。如果你是它的竞争对手,在超市和零售店的什么地方能够找到你的柜台位置呢?以这种品牌策略和结构模式参与市场竞争非常有效(如图 9-6 所示)。

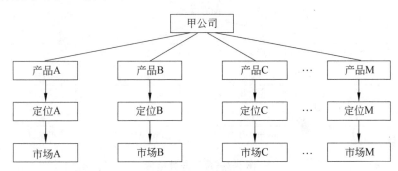

图 9-6 产品品牌结构

产品品牌结构中,品牌要得到发展,首先要不断地更新产品,但应保持其原有的定位。产品品牌结构的优势包括以下几个方面。

(1) 获取更大的货架空间。当厂商对一个特定的市场具有战略上的需要时,采用产品品牌能为企业赢得一定的优势。宝洁的洗发水有四个主要品牌,尽管它们实质上没有多大的区别,却都具有明确的定位,可以在商场的洗发水区域占据更大的货架空间,获得更多的被购买机会及更大的份额。

(2) 锁定目标消费者。产品品牌能凸显产品个性,锁定目标消费者。例如,欧米茄代表成功人士或名人的尊贵豪华的选择,雷达是高科技的象征,而斯沃琪则深受前卫和时髦、潮流人士的喜爱。

(3) 获得有利的定位。当公司对创新具有强烈的欲望时,产品品牌能为公司抢先获得有利的定位。品牌名称可以使创新变成自己的专利,从而有效地抵御同行的仿制。此外,还有利于公司在新市场上冒险。如果一个细分市场的前景不明朗,那么采用产品品牌结构,即便失败也不会影响原有成功产品的品牌形象。

(4) 更多的品牌选择。产品品牌战略能给低品牌忠诚者提供更多的选择。宝洁公司提供伊卡璐、飘柔、潘婷、海飞丝、沙宣和威娜 6 个品牌的洗发水品牌,不但可以占据货架空间,也为消费者提供了更多的品牌选择。

产品品牌结构下,产品各品牌之间的定位必须有明晰的定位区隔。该结构主要用于生活用品、食品、服饰等行业。

(二)范围品牌

范围品牌是指对所有产品使用不同类别的家族品牌名称,给予一个相关的、具有相同能力水平的产品群,并有一个单独的名称和承诺。事实上,范围品牌是指按一定的标准对所有产品进行分类,不同类别使用不同的家族品牌名称,因此范围品牌又称分类品牌。范围品牌被广泛地用于化妆品、食品、服饰、厨房用具等零配件和工业品。"不同类别"是指一个范围较宽的组别,包含数条产品线或全部产品线。这种品牌结构也可以理解为"不同类别的家族品牌名称组合"(如图 9-7 所示)。

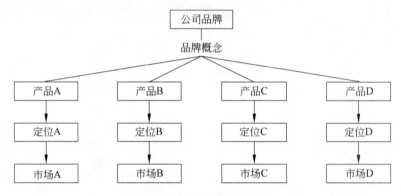

图 9-7 范围品牌结构

例如,全球化妆品行业的领导者欧莱雅集团旗下品牌众多,如顶级代表品牌赫莲娜(Helena Rubinstein)、一线代表品牌兰蔻(Lancome)、二线代表品牌碧欧泉(Biotherm)、三线代表品牌巴黎欧莱雅(L'Oreal Paris),以及药妆代表品牌理肤泉(La Roche-posay)和薇姿(Vichy)等,各品牌属于不同类别的家族品牌,每个品牌旗下都有一系列产品或产品线,对应不同市场的消费者需求,但每个家族品牌内部的产品都具有相关性,都有一个相同的承诺,在不同的消费层次和不同的消费群体中,它们都体现了欧莱雅集团的品牌理念——做全球美妆品行业的领导者。在销售渠道划分上,欧莱雅集团旗下不同的品牌也有差别,一般情况下顶级品牌和一线品牌在高档百货商场销售,二线品牌兰蔻等在超市销售,而药妆系列的理肤泉、薇姿等在医药公司或医药商店销售。在互联网经济快速发展的时代,欧莱雅集团旗下的各个品牌都有自己的官方网站和网上商城,也都在兑现着各个品牌的承诺。

范围品牌的家族品牌分类没有统一的标准,可能由于历史原因形成,也可能是按技术标准分类,或按不同目标市场、不同的客户群体分类,在不同类别的产品中使用不同的品牌。例如,在世界名表中,欧米茄、雷达、浪琴、斯沃琪、天梭等品牌是出自同一制表商SMH集团,每个品牌都有自己的产品线,有相应的定位和市场。特别是宝珀

（Blancpain），号称"世界上最后一块机械表"，拥有 400 年历史，产品在全球限量发售。SMH 将自己的品牌分为三层：低档售价 100 瑞士法郎；中档售价 1 000 瑞士法郎；高档和豪华型的售价可达 100 万法郎，甚至更高。就像其总裁哈耶克所说："可以像天空一样高。"

品牌结构选择需要根据企业资源和市场竞争情况等因素确定。有的企业使用范围品牌结构，经过市场检验后又改变品牌结构，如松下公司原来将其音像制品的品牌定为 Panasonic、家用电器的品牌定为 National、立体音响的品牌定为 Technics，2003 年年底开始在海外市场上统一使用 Panasonic，由范围品牌改为统一品牌。

范围品牌结构主要有两个优点。第一，集中在公司品牌下，公司品牌知名度能为所有品牌共享，而范围结构下的家族品牌能通过传播向消费者传达其独特承诺，树立自己的品牌形象，通过品牌延伸开发新的产品线，也可以通过品牌影响力拓展业务空间。第二，范围品牌界定了每个家族品牌的范围，也划分了消费者的范围，每个范围的边界相对清晰，便于满足不同消费者的需求，也有利于占有更大的市场份额。

范围品牌结构的缺点包括：在一个品牌下集中了太多的产品，难免会出现与品牌概念不同的产品，导致对品牌个性产生负面影响；具体产品的传播信息难免与整个品牌的承诺不一致。

（三）来源品牌

来源品牌是一种双品牌结构，其主要形式是"总品牌-独立品牌"。具体说有两种情况："企业品牌-独立品牌"和"独立品牌-独立品牌"。例如，雀巢-美禄高能运动饮料、雀巢-美极酱油、雀巢-宝路薄荷糖属于"企业品牌-独立品牌"；霞飞-奥利斯、惠而浦-水仙洗衣机、三洋-科龙冷柜属于"独立品牌-独立品牌"。如果总品牌就是企业品牌，则品牌结构称为来源品牌。当产品需要独立品牌张扬个性，但独立品牌的知名度、威望不足以打动消费者时，需要企业品牌的帮助才能使消费者接受（如图 9-8 所示）。

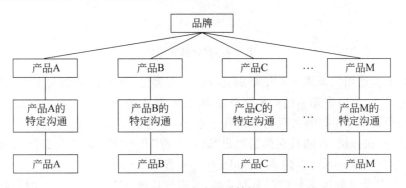

图 9-8 来源品牌结构

在来源品牌概念下，独立品牌有自己的信仰，但它们仍牢牢地受到总品牌的精神支配。来源品牌结构的优势在于，总品牌是具有悠久的历史、很高的知名度、威望和无形资产的大品牌，消费者对其有信任感、认同感和安全性，它有能力把一种差别化感觉赋予独立品牌。独立品牌则个性张扬、锦上添花。通过独立品牌的个性特点和优良表现，总品牌可以强化自己的价值和识别,二者的核心价值与识别具有较高的一致性。因此,我们可以发现,独立品牌与企业品牌相互影响、相互促进,最终吸引一个特定的细分市场。

如果独立品牌与总品牌的核心价值和识别差别很大,就需要专业思考和高超的智慧。在来源品牌战略中,雷吉斯·麦肯纳(Regts McKenna)提出了"银色子弹"。所谓"银色子弹",是指独立品牌的个性特点被当作一种改变或支持母品牌形象的工具。例如,果冻品牌喜之郎要彰显品牌个性,利用来源品牌推出了"喜之郎-水晶之恋"产品,喜之郎是总品牌,水晶之恋是独立品牌,广告也强调喜之郎的水晶之恋。随着市场对水晶之恋的认可和喜爱,水晶之恋成为喜之郎品牌推广的中心,变成了喜之郎的"银色子弹"。在高科技领域,这种应用的情况也比较多。

(四)担保品牌

担保品牌结构与来源品牌结构比较相似,都是担保品牌(总品牌)与独立品牌之间的关系。担保品牌只对独立品牌起担保、"背书"或支持作用,告诉公众担保品牌是独立品牌的制造商、核心技术或元件的供应商或投资者,以取得消费者的信任和认可。独立品牌彰显产品的独特价值。担保品牌一般不与独立品牌一起亮相,在市场中担保品牌并不突出,主要是独立品牌在起作用,消费者只能记住独立品牌。品牌的个性化空间比来源品牌大,担保品牌与独立品牌是比较松散的关系(如图9-9所示)。

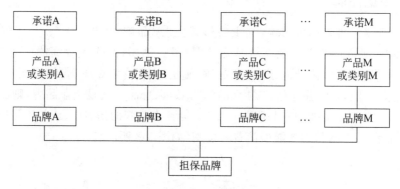

图9-9 担保品牌结构

例如,美国通用汽车旗下不论是别克、欧宝、雪佛兰、凯迪拉克四大主力汽车品牌,还是悍马、旁蒂克、萨博等知名的高档汽车品牌,在产品上各独立品牌都有自己的醒目品牌标识,而公司名字GE有的出现在车尾且字很小,有的根本不出现,在宣传上也突出各独立品牌的特点和标识,有的只在最后打出"通用制造"几个字。福特汽车品牌旗下的担保品牌有金牛座(Taurus)、探险家(Explorer)、林肯(Lincoln)、水星(Mercury)和美洲豹(Jaguar)等,其他品牌则多数使用来源品牌,突出福特的标志。这几个品牌实际上都是知名度很高的高档车,人们往往不知道它们是福特汽车的品牌。除非有特殊情况,消费者通常只关注产品的独立品牌。每个独立品牌可以自由地表现其个性特点和创新性,因此在产品独立品牌的名称和符号使用上有广泛的变化。

担保品牌战略的主要优点是能够获得很大的自由。以通用汽车为例,如果是来源品牌,则像悍马这样的特殊形象必然会影响产品品牌的发展,而担保品牌战略却为通用汽车带来了无限的发展空间,使其产品领域涵盖很多细分的高端市场。

来源品牌与担保品牌还可以相互灵活地过渡。由于采用来源品牌时,总品牌比较醒目地出现在产品与广告中,能把消费者对总品牌的认同优势淋漓尽致地发挥出来,新产品上市时通过来源品牌能迅速地使新产品推广成功并带动独立品牌的成长。独立品牌发展成熟后,则可以将来源品牌隐在幕后,使产品的个性主要通过独立品牌得到凸显,事实上这时来源品牌已经变成了担保品牌。例如,花王在推出新产品时使用来源品牌"花王-碧柔",表明碧柔是花王的碧柔,而碧柔在市场上得到消费者的认可和喜爱后,碧柔的知名度高于花王,来源品牌过渡成为"碧柔-花王出品"的担保品牌。

担保品牌有时也可以向来源品牌转化。例如,福特汽车公司的主品牌是福特,独立品牌包括金牛座、探险家、林肯、水星、美洲豹等。二者之间原本是松散的关系,即福特属于担保品牌。后来福特汽车公司意识到了主品牌的重要性,把促销重点放在提高主品牌形象的宣传上,将每个独立品牌都联系起来,使之既有益于加强主品牌形象,又能受益于主品牌形象。这与通用汽车公司的策略正好相反。

以上五种品牌结构都是企业的典型做法。事实上,很多企业采用了产品品牌、范围品牌、统一品牌、来源品牌或担保品牌的混合结构,或者说从一个视角看是范围品牌结构,从另一个视角看可能也是产品品牌或来源品牌。毋庸置疑,许多混合情形的产生是因为在新产品的不断开发过程中,很少对品牌决策做出严格的选择。如果缺乏对一个品牌整体运作及与产品关系的预先计划,将导致品牌结构的混乱,这无疑会对品牌资产造成内耗。

复习思考题

1. 简述品牌建立的因素和作用。
2. 选择使用制造商、中间商和许可品牌有什么不同?
3. 如何理解凯文·莱恩·凯勒的品牌结构理论?
4. 如何理解品牌线和品牌组合?
5. 统一品牌策略有何优缺点?你对此有什么认识?
6. 试述你对范围品牌、来源品牌和担保品牌的理解。

案 例 分 析

海信的多品牌战略向何处去?

1994年,周厚健征集全厂意见,取"海纳百川、信诚无限"各一字,正式将青岛电视机厂更名为海信,突出企业以博大胸襟和无限诚信渴望成长的强烈愿望。海信英文商标"Hisense"由"High"与"Sense"组合而成,代表了高品位、高享受和高科技的含义。同时引进 CI 系统,逐步形成文化与行为相得益彰的品牌运作体系,海信逐渐进入品牌管理的时代。从泛核心竞争力意义上说,"海纳百川、信诚无限"是海信品牌的第一次核心竞争力提炼。这种文化性的核心竞争力的强大涵盖力,使海信在资本运作和多元化经营上取得了巨大成功。在成功并购了科龙电器后,海信采用多品牌战略,形成了海信、科龙、容声、赛维组成的海信品牌星系(如图 9-10 所示)。

图 9-10　海信品牌结构形象

科龙(Kelon)代表想象力、科技感和无限的延展性,以英文名称首字母 K 做焦点,加入"海信橙",分外突显、跳跃,象征不断进取和开拓创新的活力,而"科龙蓝"则是代表企业平衡的、实实在在的,不深沉也不浅薄,稳健步伐的另一面。

容声(Ronshen)寓意质量取胜,是具有实用功能和深受欢迎的大众品牌。其商标设计简洁清新,左上角配一颗闪烁的星形设计,添加光彩和生命力,突出容声回应及关注顾客需要的企业态度,亦代表可靠、创新科技及质量,为容声注入无限动力。

赛维(Savor)的英文意思是"尽情享受",海信将其解释为"只要拥有赛维的服务,可以尽情享受所有的家电"。

2006 年 9 月,借助发布科龙新标识的机会,海信集团同时正式启动全新的多品牌策略,宣布在未来的发展中,科龙将专注于空调,容声将专注于冰箱,而海信则是集团品牌,也是涵盖电视机、手机、空调、冰箱等多个产品的综合品牌。由此,在白色家电层面,海信、容声和科龙三个品牌如何运作成为摆在海信面前的难题。

面临多品牌运作的海信集团需要对品牌与产品之间的关系进行全面调整和规划,具体有以下几种选择。

一是在白色家电领域,海信、科龙、容声并存,在同一业务及产品领域多品牌运作。选择这种战略的理由是:从历史的角度来看,海信在白色家电领域业绩不错,起码是符合期望,收购容声和科龙后,通常情况下,无论在情感还是理智上,海信的决策层都会百般呵护海信品牌,因为这是血浓于水的感情;从现实角度来看,多品牌共存目前一定可以增加市场份额,容声和科龙品牌正从低谷走出并开始上升,海信也发展良好,很难进行品牌的取舍。

但多品牌运作隐含一些问题。比如,如果几个品牌是同一类产品,在现有的市场情况下,无论是进行目标市场细分还是进行渠道区隔的可能性都很小。多品牌决策首先想到的方案一定是市场细分,各品牌分别面对不同的目标市场,这是一般的原则,但冰箱和空调很难进行市场的区隔和划分,因为这类产品的顾客需求往往是集中分布的(尽管有个性化趋势),而不像时装类产品,需求具有高度的离散性。

从实践角度看,一个低端一个高端是不现实的,两个都不大可能成功。因为在家电市场上没有一个国产品牌是做低端成功的,也没有一个国产品牌是做高端成功的。"趋低"是流行消费趋势,消费者都趋向于选择价廉物美的商品,只定位于高端会失去市场基础,而只定位于低端,则找不到附加值源泉。白色家电品牌的产品线选择只能像诺基亚手机那样,拉长自己的产品线来满足不同类型消费者的要求,这几乎是规律。只有苹果电脑等一些外资品牌是依靠独特产品来占据某个目标市场,中国品牌走这条道路很难,一般情况下只能是走大众化道路,贴近最广泛的消费群。

二是按技术区隔,如海信和容声各做一种技术特色的冰箱,但这样操作起来并不现实。现在家电产品功能聚集化趋势明显,空调也是如此,比如中国市场上空调还有变频和非变频之分,而在日本所有空调几乎都是变频的,它是一个技术平台。

三是通过渠道来区隔,如科龙走一个渠道体系,海信走另一个渠道体系,这是多品牌存在的另一个依据。目前来看,这种区隔有一定的可行性,但随着连锁大卖场份额的提高、家电零售业态的成熟,渠道区隔的现实条件也会逐步消失。由此可见,对品牌进行市场区隔操作很难,可行性很低。

若品牌之间不区隔,资源就会分散。如果是同一个团队或组织进行操作,必然会因为用力不均,造成不同品牌表现各异。同时,不同品牌在不同区域市场上的竞争优势也有差异,如有些地区非常喜欢容声冰箱,有些地区非常喜欢海信冰箱,区域不均衡。这样会带来两个结果:一是一个品牌可能越来越强,另一个品牌可能越来越弱;二是两个品牌都做不强,因为二者彼此有内部竞争和牵制。因此,从长远战略考虑,品牌还要适当集中,应该是一类产品只对应一个品牌,集中做成一个国际性品牌。

资料来源:https://wenku.baidu.com/view/7d6a61b3824d2b160b4e767f5acfa1c7ab00827e.html;
http://news.51hvac.com/company/2006/1213/13105.html。

案例讨论思考题

1. 结合海信和科龙的案例,分析多品牌战略的利弊。
2. 就海信集团启动全新的多品牌战略可能面临的问题提出解决方案。
3. 查阅海信收购科龙的详细资料,分析海信实施了哪些措施来稳住并盘活科龙。针对拯救科龙的下一步,就海信和新科龙的布局提出建议。

第十章 品牌运营

【学习目的与要求】
(1) 理解品牌联合的定义、原则；
(2) 掌握品牌联合的类型；
(3) 理解品牌授权的含义和意义；
(4) 理解品牌授权的步骤和风险；
(5) 理解品牌并购整合的思路和方法。

扩展阅读 10.1
王者荣耀掀起
IP 授权热潮

品牌运营也是品牌外部延伸扩张的重要途径。在品牌扩张过程中，企业采取的品牌运营方式有两类：一类是运用品牌资产进行品牌联合、品牌特许经营、授权经营；另一类是企业利用品牌影响力在资本市场上进行扩张，包括通过上市实现品牌扩张与通过品牌并购实现品牌扩张。

第一节 品牌联合

早在 1961 年，美国通用磨坊食品公司旗下的贝蒂妙厨公司就曾成功地与新奇士公司完成了一项品牌联合。而福特汽车与凡士通轮胎的合作则可以追溯到 1908 年。20 世纪 80 年代品牌联合的概念被首次提出，品牌联合在管理实践中得到了越来越广泛的应用。20 世纪 90 年代以来，全球范围内实施品牌联合的品牌数量正以年均 40% 的速度递增。Nutra Sweet、微软和英特尔等品牌都曾通过品牌联合取得了巨大成功。

两个或两个以上的品牌联合可以提升品牌影响力和品牌资产价值，更新品牌形象，开拓新的市场，因此品牌联合日益受到企业的青睐。品牌联合广泛应用在食品、零售、石油、银行卡、汽车等领域。实践表明，当品牌价值提升在短期内空间很小的时候，两个价值取向相同的品牌协调合作能创造巨大的协同力，品牌双方的收益和品牌价值都会得到提高。

一、品牌联合的定义

品牌联合是品牌在企业外部的延伸。最初，人们将合作营销、交叉促销、联合促销、品牌联盟、品牌合作等都称为品牌联合,随着研究的深入,学者们倾向于将品牌联盟(brand alliances)和品牌合作(co-branding)称为品牌联合(brand alliances/co-branding)。

20世纪80年代,朱丽叶·布恩(Juliette Boone)基于红龙虾在假日饭店开设餐厅的实践活动正式提出了品牌联合的概念。1996年,Park、Jun和Shocker提出:品牌联合是指将两个现存的品牌名称相结合而为一个新产品创造一个组合品牌名称。2003年,Leuthesser、Kohli与Suri提出:品牌联合是在维持两个或更多原有品牌特性的条件下,将这些品牌结合而创造一个新的产品或服务。

根据上面两个定义,我们认为品牌联合是指两个或多个品牌通过组合或合作,创造一个新的品牌或同时出现在一个新的产品或服务上,在这个过程中所有参与其中的品牌名称都被保留。

两个品牌的联合比较多见,如公司层面的品牌联合——华晨宝马、一汽大众、上海通用等,产品品牌一般采用合作方的品牌(宝马、大众、别克等)。多个品牌的联合有时发生在公司品牌层面,而新产品可能使用新创品牌。例如,东风悦达起亚是东风汽车、悦达投资和韩国起亚公司的联合品牌,其产品品牌是典悦、华骐;上海通用五菱是上海汽车、通用汽车和五菱汽车的联合品牌,其产品品牌是宝骏。这两个例子中,联合品牌被作为新创品牌的来源品牌或担保品牌。

从直观上看,品牌联合主要表现为在单一的产品或服务中使用多个品牌名称;从经营战略的视角看,品牌联合是两个品牌名称下两个资本之间的深层合作,品牌联合只是资本合作的载体和表现形式。品牌联合有两个特征:①具有相近的价值取向,而且是两个强势品牌联合在一起,品牌的强强联合才有意义;②联合的两个品牌的地位是相同的,不是主副品牌的关系,也不是来源品牌或担保品牌的关系。

二、品牌联合的类型

根据共同创造价值的潜力,可以将品牌联合划分为认知型品牌联合、价值认可型品牌联合、元素组成型品牌联合和能力互补型品牌联合四个类型。

1. 认知型品牌联合

认知型品牌联合共同创造价值的潜力处于最低层次。合作企业通过品牌合作向对方的顾客群展示自己的产品、服务和品牌,并通过提供服务扩大企业在新目标市场上的影响,提高企业品牌在新受众中的认知度。

例如,中国工商银行利用自己发行的信用卡金卡与中国国际航空公司合作,共同发行国航知音卡信用卡金卡。该卡上面有两家公司的标志,并有两个卡号,主卡号是中国工商银行的信用卡卡号,下附国航知音卡卡号。联合发行该卡对国航的好处是:在中国工商银行的顾客群体中展示、宣传自己的产品和服务,推动消费者认知自己的品牌,在刷卡购买机票时,由于工商银行的信用卡金卡带来的方便和优惠而选择国航的航班。工商银行获得的好处是为自己的信用卡赢得了更多的高层用户,提高了品牌的认知度。消费者用该卡购买机票可以得到积分,并享受机票折扣、免费升舱等优惠,积分达到一定的数额后,还可以累积一定的飞行里程。中国工商银行的普通信用卡与中国石油也进行了类似的品牌联合。

2. 价值认可型品牌联合

价值认可型品牌联合的关键是参与合作的公司在客户心中具有品牌价值的一致性,

品牌之间有着密切的核心特性和价值上的联系,合作双方能够通过这种联系提高其互补性的品牌声誉,创造满足消费者的新价值,并从中分享品牌联合的收益。消费者认可品牌联合创造的价值,可以刺激品牌联合的经济效果,但价值认可在很大程度上减少了品牌联合可以选择的合作伙伴。价值认可型品牌联合与认知型品牌联合的主要区别在于有新产品创造。

价值认可型品牌联合有两种。一是互补型的专业品牌合作,强调联合品牌的专业性。例如,五粮液集团与上海巨人投资有限公司利用在品牌、技术、资金和营销网络等方面的优势,采用五粮液的浓香型基酒,遵循四百余年中医古方,酿造出五粮液黄金酒,共同打造保健酒行业的领袖品牌。二是某行业品牌与具有高度影响力的专业组织合作,为市场提供新的产品或服务。例如,我国商业银行发行的信用卡、借记卡上都有银联(UnionPay)标志,可以实现信用卡、借记卡的跨行、跨国支付服务,有的银行卡上有维萨(Visa)标志,可以实现银行卡的跨国支付服务。

3. 元素组合型品牌联合

元素组合型品牌联合是实践中最为常见的一种品牌联合,也是营销理论界研究最多的一种类型,是指一个产品上同时出现两个品牌的联合方式,其中一个是终端产品的品牌,另一个是终端产品所使用的成分产品(或组件)的品牌。终端产品品牌希望通过包含成分产品品牌的某种元素来说明或保证自身具有良好的品质或特征。通过元素组合型品牌联合,制造商和供应商向消费者传递了其产品和性能的特定信息,不仅提升了双方的品牌价值,而且分摊了宣传费用。例如,1991 年英特尔斥资 1 亿美元与康柏、戴尔、联想等知名品牌电脑制造商合作,成为各电脑制造商的 CPU 供应商,以承担广告费用为条件,向各电脑制造商提供英特尔处理器并要求它们在电脑说明书、包装和广告上加入"Intel Inside"的独特标志,使英特尔成为 CPU 制造行业的领军品牌。李宁运动服装品牌与杜邦公司开发的莱卡面料品牌合作,推出李宁-莱卡联合品牌服装,由于莱卡弹性纤维提升运动功能而被市场广泛认可。

4. 能力互补型品牌联合

能力互补型品牌联合是品牌合作的最高层次。两个强大的互补品牌结合在一起产生一种新的产品或是服务,而且每个合作伙伴把自己的核心技术和竞争力投入新的产品或服务中,使品牌合作从初级合作关系上升到高级合作关系。这种品牌联合的前提是各方都具有较高的声望和专业优势。例如,拥有 100 多年历史的钟表品牌劳力士联合 LG 开发劳力士手机,依托 LG 时尚手机制造方面的专长,同时融入了劳力士的外观设计理念,使这款联合品牌手机具有精致的做工和不俗的品位。

三、品牌联合的原则

品牌联合可以深化品牌内涵,强化品牌个性,提高品牌认知度,同时品牌的强强联合可以实现企业优势互补,扩大市场范围,减少市场推广费用等。但品牌联合在品牌契合度、与消费者关系的匹配程度方面比较复杂,因此在品牌联合时应遵循以下原则。①

---

① 周志民. 品牌管理[M]. 天津:南开大学出版社,2008,有删改。

1. 根据实际需要选择品牌联合的类型

不同的品牌联合类型在选择合作者和合作经营方面是不一样的。当需要另一个著名品牌也起到驱动购买的作用时,可以选择主品牌合作的类型,必要时甚至合资;如果只是要满足某一短期的销售目标,则可以选择联合促销。通常情况下,品牌联合要么是跨行业的联合,要么是一个产业链上下游的联合,而如果某一问题是整个行业共同面对的,甚至可以不计前嫌地发起同业竞争者之间的联合。例如,东莞机动车协会联合东莞众多车行搞的合作促销活动,就是这一策略的具体应用。面对较为萧条的车市,它们不是进行品牌间的恶意竞争,而是化干戈为玉帛共同开拓市场,用盛大的宣传场面为冷清的车市赢得眼球。

2. 联合品牌的品牌内涵、目标市场等应吻合

由于品牌联合将几个合作品牌放在一起推广,消费者会认为这些品牌的内涵具有相同的特征。而如果品牌内涵并不吻合,就会让消费者产生认知混乱。此外,合作的各目标市场应该一致,因为各联合品牌在联合推广时所对应的将是同一个市场。例如,帕萨特一向表现出成熟和稳健,如果与中国移动的"动感地带"进行品牌联合就会显得不伦不类,与"全球通"进行联合成功的可能性就很大。因此,在选择品牌联合候选企业的时候,需要考虑该品牌的内涵及对应的目标市场。

3. 联合品牌的产品类别应有一定的关联性

具有关联性的几个产品合作才更容易让消费者接受。如果产品之间没什么联系,则产品的销量很难提高。不仅如此,不相关的产品联合还会影响品牌的定位。在日本,某主要的咖啡制造商给法国蓝带烹饪学院提供了一个具有获利潜力的品牌联合机会。经过仔细考虑,该学院拒绝了,因为它担心蓝带烹饪品牌所代表的特殊专业和价值会被过度延展到食品杂货市场的领域。而当该学院与日本第四大食品生产商日本火腿公司达成协议销售品牌联合的肉酱、羹汤及专业烹煮的菜肴时,则没有这些顾虑。

4. 合作者的资源应能互补

资源互补型的品牌才有更坚固的合作基础。例如,埃索石油公司(Esso)在英国与特易购便利店(Tesco)联合在加油站建立24小时营业的迷你超市。该超市既可借助埃索强大的品牌力量、优越的地理位置和加油站经营经验,又有特易购的品牌力量、顾客购买信息、采购能力和超市经营能力作为后盾,因此合作关系是牢固的。

5. 品牌在各自行业的地位要均等

一般来说,合作各方在各自行业的地位应均等,这样合作起来才能"门当户对"。否则,品牌联合的过程中将产生很多纠纷,而且处于高地位的品牌也不会心甘情愿地全力投入合作。例如,英特尔公司当年启动"Intel Inside 计划"时,IBM 的兴趣就不大,因为二者的市场地位差异较大。

四、品牌联合的优势

1. 有利于强化产品品质的信号

由于品牌联合往往是两个知名品牌之间的合作,能够向消费者传达产品品质得到改善的信号,相对于单独一个品牌来说,能够向消费者传递更好的产品质量保障。潜在的消费者更容易接受并购买联合品牌产品,因为当企业通过联合品牌推出新产品时,新产品的潜在消费者将认为不止一家企业用自身的声誉为新产品的品质提供背书。

2. 有利于降低企业推出新产品的风险和成本

品牌联合通过消费者熟悉的一个现有品牌来助力新产品的推广,是一种帮助企业推广新产品的有效方式。相对于单一品牌,品牌联合可以获得更多的曝光率。研究表明,联合品牌的总利润比单一品牌的利润有明显的增加。同时,在竞争的市场上,与实施品牌联合的产品竞争难度较大,因此开展品牌联合可以有效地降低新产品进入市场时面临的风险与成本。

3. 有利于克服进入新市场的障碍

品牌联合有助于双方利用联合品牌提升技术水平、培养生产能力和市场开拓能力,克服进入新的领域或新的市场的障碍。同时,参与品牌联合的双方可能拥有互补的品牌属性和品牌能力,从而改善消费者对品牌的评价,提升品牌在消费者心目中的形象,推动联合的双方快速树立品牌形象。例如,2005 年,摩托罗拉联合苹果公司发布了首款搭载苹果 iTunes 音乐播放软件的手机,使苹果在与摩托罗拉合作时熟悉了原本陌生的通信行业,并在合作中与北美最大的网络运营商 AT&T 建立了合作关系,为苹果成为世界手机制造商奠定了基础。又如,一汽大众、北京现代等在合作中都推出了自有品牌。

五、品牌联合的风险

1. 稀释原品牌的价值

品牌联合不一定能带来双赢局面,被错误实施的品牌联合不仅可能对企业毫无益处,甚至会使原品牌的价值被稀释。例如,全球汽车产业中,通过并购实现的豪华汽车品牌与大众汽车品牌的联合虽然能使两个品牌共享零部件和技术,提高生产和采购的效率,实现规模经济和范围经济,但是这种联合也可能会削弱各自的品牌特色。

2. 品牌个性的不和谐

品牌都有个性特点,其他品牌的个性并不总是适合自己的心意。顾客对品牌联合的态度主要受品牌之间的和谐性、原品牌的品质和产品的制造难度三个因素的影响。品牌之间的和谐性越强,顾客就越有可能对所实施的品牌联合形成积极的态度。如果企业错误地选择了品牌联合的伙伴,导致品牌个性的不和谐,消费者就有可能对品牌联合形成负面的态度。

3. 破坏战略协调

品牌联合成功的一个重要基础是合作双方保持战略上的协调。但是当一方决定改变其品牌在市场上的定位或战略时,就有可能给品牌联合的伙伴带来不小的麻烦。要想避免这个问题,合作双方必须在协议中对双方品牌将来可能的重新定位做出规定。此外,参与品牌联合行动的一方被收购或合并,也会对联合品牌的战略协调性产生影响,甚至导致合作关系的终结。

4. 品牌危机的株连效应

联合品牌中的一方出现任何危机都会对合作伙伴产生株连效应。如果一个品牌所有者因为破产或陷入其他财务危机,不能继续完成对品牌合作项目的计划投资,那么合作关系将不得不终止,合作伙伴也会蒙受损失。

第二节 品牌授权

在迪士尼公司创立之初,一位家具制造商找到迪士尼的创始人沃特说:"如果你允许我把米老鼠的形象印在我的写字台上,我给你300美元。"这笔钱不仅使迪士尼公司获得了意外的收入,也启发了沃特——将品牌运用于其他公司的产品推广具有很大的商机。迪士尼公司如今在全球拥有4 000多家品牌授权企业,其产品既有最普通的圆珠笔,也有价值2万美元的手表。目前,美国是全球最大的专利授权市场,授权业占全球授权业的65%,年均授权商品零售额达1 000多亿美元。在日本,卡通形象知识产权的买卖占全年卡通消费的一半多。

据美国授权业者协会的统计,全球品牌授权零售市场规模接近2 200亿美元,在美国,各种品牌授权产品占零售市场份额的1/3。我国的授权业还不发达,在全球授权业仅占不到1%的份额。但我国是全球增长最快的授权产品市场,授权产业的发展有相当广阔的空间。在我国,被授权商获得知名品牌授权、贴上消费者熟悉的标识后,其销售额可以增长20%～30%;而对于授权商来说,授权业务带来的"周边收入"高达原价值的近10倍。因此,品牌授权已成为经营领域的重要战略选择。

一、品牌授权的含义

(一)品牌授权的定义

品牌授权是指授权者(品牌拥有者或代理者)利用自身的品牌优势,以合法的协议形式允许被授权者使用品牌,在一定的时间和地理范围内生产、销售某类产品或提供某种服务,并向品牌拥有者或代理者支付授权费用的经营方式。同时,授权者为被授权者提供人员培训、组织设计、经营模式和管理方式等方面的指导和协助。

在品牌授权的定义中有三个主体:第一个是品牌授权商,是指拥有授权品牌版权的公司,如迪士尼公司拥有旗下所有卡通形象的版权;第二个是品牌代理商,是指品牌授权商指定的、全权代理某一地区授权业务的公司,如英属维京群岛英佩德实业有限公司是华纳兄弟公司消费品部门在我国台湾地区的授权代理商,流氓兔的品牌授权业务是由韩国CLK娱乐公司负责代理的;第三个是被授权商,是指获得品牌授权商在合同约定范围内授权使用其品牌的公司,如立鼎国际企业有限公司获得迪士尼公司的授权,生产销售小熊维尼品牌的玩具、糖果产品。

(二)品牌授权的主要方式

1. 商品授权

被授权商可以将授权品牌的商标(logo)、人物(character)及造型图案(design)等无形资产运用在产品的设计和开发上,并进行销售。例如,湖南三辰卡通集团授权加盟商生产、销售蓝猫儿童食品,中粮集团授权食品企业生产梅林和长城品牌的罐头。

2. 促销授权

促销授权包括促销赠品授权和图案形象授权。促销赠品授权是指被授权商可以将授权品牌的商标、人物及造型图案与促销活动结合起来，规划赠品，促进公司产品销售。例如，购买麦当劳套餐赠送天线宝宝玩具。图案形象授权是指被授权商可以将授权品牌的商标、人物及造型图案与促销活动相结合，规划主题广告、创意主题活动，达到促销目的。例如，噜噜米（Moomin）经常现身大型百货公司、信用卡等促销活动中，茶犬、蜡笔小新等图案被授权给台湾大哥大用于手机图案下载活动等。

3. 项目授权

被授权商可以运用授权品牌的商标、人物及造型图案等无形资产，策划并经营某一主题项目，如迪士尼乐园中的好莱坞主题酒店。

4. 渠道授权

被授权商可以加盟授权品牌的连锁专卖店或专柜，统一销售授权品牌的商品，如众多的麦当劳、肯德基专卖店，腾讯 QQ 的 Q-Gen 品牌专卖店。有的直接以专利作为授权对象，被授权商可以将授权品牌的配方等专利技术用于经营活动中。例如，众多的饮食品牌加盟中就涉及配方的授权。

（三）品牌授权概念辨析

与品牌授权相近的品牌经营方式还有特许经营和贴牌生产（OEM）。它们都属于品牌授权经营模式。

品牌授权与贴牌生产都是将品牌用于其他企业的产品。不过，二者存在本质的区别：品牌授权是品牌持有者将品牌授权给某个制造商使用，被授权的制造商拥有品牌的使用权和产品的处置权；而贴牌生产是品牌持有者要求制造商在产品上粘贴指定的商标，制造商既无品牌的使用权也无产品的处置权。

品牌授权与特许经营在品牌运营方式上是相同的，都是先建立"特"（品牌），然后再允"许"（授权或特许）其他人使用品牌。品牌授权的被授权人可以用授权品牌设计、制造、销售产品或服务，联系品牌授权人与被授权人的纽带是品牌；而特许经营的授权内容主要是商品销售和经营模式，在特许的范围和标准上有严格的规范，被许可人要严格按许可人的许可范围和商品标准、模式标准开展经营，联系许可人与被许可人的纽带是一种产品或服务及一套经营系统。

二、品牌授权的优势

（一）授权商的优势

1. 以较低的投入获得主营业务之外的经济回报

品牌授权的种类主要包括：①知名品牌拓展业务范围和改变业务性质的品牌授权，如麦当劳品牌的经营授权、奔驰车品牌授权服装生产等；②电影、电视、网络动画等利用其知名度、塑造人物、偶像和卡通等的影响力进行品牌授权，如利用电影中的主角蜘蛛侠、哈利·波特、白雪公主进行授权经营；③体育运动品牌、文艺作品等的授权经营，如 NBA 的服装授权经营,加菲猫、蜡笔小新、格林童话等艺术作品的品牌授权经营等。品牌授权都是品牌拥有者主业之外的经营,获得的是额外的经济回报。

2. 降低产品研发成本,丰富产品种类

通过品牌授权,企业可以将新产品的研发工作"外包"给一家性价比较高的企业,自己则着力推广品牌。这样,企业可以大幅降低新产品的研发成本,在短时间内推出更多种类的产品。例如,通过品牌授权,在蓝猫旗下已有玩具、文具、童装、图书、饮料、食品等产品。尽管这些被授权商生产的新产品并不真正归授权商所有,但在消费者看来,所有使用同一品牌的产品都应该是一家公司的。因此,可以把品牌授权看成是一种"虚拟联合生产"形式。

(二)被授权商的优势

对于被授权商而言,通过专业化的品牌授权途径,购买一个被消费者所认知的知名品牌,凭借该品牌的知名度和良好的品牌形象、经营理念,能够以较低的成本、较快的速度、较低的风险,使自身产品进入市场并被市场所接受,从而使企业及其产品快速走向成功。具体有以下利益点。

1. 节约成本,快速认知

通过授权品牌,节约推广成本,快速获得消费者认知。品牌授权商为了维持品牌的地位和知名度必须不断培育品牌角色,提醒消费者这些品牌的存在。策划、举办大型品牌传播推广活动可以给被授权商带来更好的销售业绩。同时,产品本身的质量很重要,与已有很高知名度的授权品牌相结合,能更迅速地让消费者接受。

2. 提高企业的利润水平

同样的产品,结合知名品牌可以带来更高的价格和销售额,让企业获得更高的利润。

3. 获得零售商(销售渠道)即时的兴趣及接纳

知名品牌相比不知名品牌更容易进入分销渠道。被授权商借助授权品牌的力量可以迅速进入市场并获得销售网络,更广泛地与消费者接触。

4. 促进出口,获得学习经验

对出口企业来说,可以凭借国际知名授权品牌的影响力增加企业基本产品的贸易认可度,同时,可以有效地学习知名品牌的经营模式来带动企业自有品牌的发展。

在产品营销方面,搭配知名品牌授权还可以获得专业营销团队的帮助,由专业营销团队规划全国性的品牌和广告宣传策略,指导商店的空间规划和帮助解决专业技术问题,协助训练渠道加盟者和店内业务人员等。

三、品牌授权的步骤

目前,用于品牌授权的品牌主要是卡通品牌,如电影、电视、卡通动画娱乐类、网络动画类、造型图案类等的授权,也包括传统的企业品牌,如运动品牌、明星品牌、艺术品牌等。卡通品牌的创造完全是一个从无到有、创建虚拟形象的过程,因此建立卡通品牌形象的授权更加困难。下面介绍卡通品牌授权步骤。

1. 创造品牌形象

用来授权的品牌必须是具有良好形象的品牌。卡通形象创造一般有下面两种方式。

(1) 根据广为流传的传统故事结合现代流行元素开发。以流传多年的、家喻户晓的传统故事为基础，创建卡通娱乐形象，一经推出就很容易被人们接受。例如，我国传统故事《西游记》中的孙悟空、《哪吒传奇》中的哪吒等经过现代元素的处理，都能成为人见人爱的卡通形象。

(2) 新创品牌形象。没有传奇故事基础，而是从无到有地创造一个新的卡通娱乐品牌形象。这个形象的最大特点是符合现代人的价值观，如不屈不挠的海尔兄弟、智勇双全的黑猫警长、机灵可爱的米老鼠。品牌形象创造要在个性上对品牌形象进行鲜明的定位，然后根据这个个性定位选择人物或动物种类，之后进行标志性的设计，包括五官、动作、语言等。受众都是从外到内地理解品牌形象的，而品牌设计者必须从内到外地进行设计。

2. 品牌形象传播

在设计完卡通品牌形象之后，接下来的工作就是将形象向市场推广，一般采取整合传播方式。例如，动画连续剧《哪吒传奇》在中央电视台播出后，动画图书《哪吒传奇》也受到儿童们的欢迎，曾连续十几周高居北京图书大厦销售排行榜首位。媒体之间的联动可以加快卡通品牌形象的建立。品牌形象被大众熟悉和了解后，企业还可以让卡通形象从书里或银幕上走到台前，进入人们的现实生活中与受众互动。

3. 通过品牌授权进行周边产品的延伸开发

一旦卡通品牌形象受到人们的青睐，前来要求授权的产品生产商将络绎不绝。授权产品的开发是品牌授权步骤的核心环节，不能因为一点点授权费用就对授权产品降低门槛。对授权产品的选择有下列要求。

(1) 特征相似性。授权产品在产品类别上应与原品牌产品有较高的特征相似性，任何一个品牌在产品覆盖面上都是有边界的，授权产品的类别过于杂乱会对品牌造成损害。

(2) 核心价值一致性。授权产品的品类特征必须与原品牌在品牌核心价值上保持一致。如果原品牌形象是天真可爱的，则可以授权给文具、玩具、童装、手袋、茶杯等日用品，而不适合授权给手提电脑、商务手机、西服等专业产品。

(3) 避免交叉竞争。授权产品的品类不能交叉重复，每一品类只能授权给一家企业使用。

(4) 选择有实力的企业授权。授权产品制造商必须具有一定的实力，因为一旦授权，建设品牌的责任实际上分摊给了品牌拥有者和品牌被授权商。实力不够的被授权商一旦出现问题，消费者可能会认为该品牌出现了问题。

4. 维护品牌、更新形象、延长品牌寿命

在日益变化的市场上，授权品牌需要不断的更新维护，否则可能会出现老化现象。如果维护得好，一个上了年纪的卡通形象仍然会焕发青春活力。加菲猫已经40岁了，米老鼠有近百岁高龄，而米其林轮胎先生更是"百岁老人"，但它们在受众心目中仍然非常年轻。卡通品牌延伸寿命的保鲜秘诀包括下面几种。

(1) 不断更新品牌形象。卡通品牌形象在发展初期一般都是由著名画家绘制的，非常符合当时人们的审美观，但时过境迁，如果不根据当今的时代潮流进行修改，必定会失宠于新一代的受众。在保留卡通形象原有灵魂的同时应增加新的价值理念。

（2）不断出现在媒体上。品牌与消费者的关系是在不断接触的过程中积累起来的，如果接触少了，关系自然也就淡了。卡通品牌必须充分利用各种媒体的力量使自己展示在受众面前。例如，可以通过出续集的方式不断在漫画、报章连载、小说、电视剧中出现，提高卡通形象的曝光率。

（3）不断出现在现实中。即使有各种媒体的传播，卡通形象毕竟仍然活在虚拟空间，为了进一步拉近与受众的距离，卡通形象应当走进人们的生活，让人们觉得卡通是鲜活的、亲近的。例如，腾讯QQ、迪士尼都授权开设了多家专卖店，销售带有其品牌的产品，或者让卡通形象经常现身大型百货公司的促销活动。

（4）不断开发新的授权产品。通过广泛授权，让卡通品牌形象出现在各种产品的包装和外形上，是令卡通品牌永葆青春的最佳方法。这些带有卡通形象的产品深入人们的生活，使卡通形象成为人们生活中的朋友和伴侣。这不仅会使人们熟悉卡通品牌形象，而且会与之建立深厚的情感关系。

四、品牌授权的风险

品牌授权对授权双方都有重要的意义，但品牌授权也隐藏着风险和陷阱。因此，力求长远发展的授权方和欲借品牌之力腾飞的被授权方都应该尽量避免这种风险。

1. 授权品牌不受保护的风险

获得国外企业授权加工的产品，与国内企业产品的注册商标相同或相近时，将构成侵权。因此，如果国外授权品牌取得的注册商标未在国内注册，并且与国内已注册商标相同或近似，那么在国内使用该商标就有侵权嫌疑。还有一种情况是品牌根本就无法注册，而为所有商家所通用，这样品牌就会减弱甚至失去价值。例如，QQ这个名称，因为作为字母无法注册，所以实际上是一种公共资源，谁都可以用。因此，奇瑞推出了QQ汽车，腾讯也有QQ即时通讯，如果某个企业愿意，也可以推出QQ糖果。如果腾讯QQ对品牌授权，应用于食品、文具、玩具及服装等行业，加入者将面临极大的风险。不仅QQ的名称无法得到保护，即使是腾讯引为豪的企鹅形象，也早已被用于许多产品。

2. 授权变"圈钱"的风险

受品牌授权利益的驱使，一些不法分子打着品牌授权的幌子，有的甚至连商标都未注册，便搞起了所谓的品牌授权，大肆圈钱，然后换一个招牌继续招摇撞骗。因此，被授权方在谈判时必须确认授权方是否拥有合法完备的授权资格，是否拥有良好的整体状况和商业记录，是否受到相关法律的保护，是否会因多方授权而引起市场上的激烈竞争，是否可以提供强有力的培训、法律和协调支持。在签订授权合同时，应格外注意授权产品（品牌数量和产品大类）、销售区域（生产和销售的区域）、销售时间（双方履行合同的时间期限）三个方面，避免日后出现纠纷。

3. 授权产品冲突的风险

某些授权产品由于企业长期经营战略及实际操作的结果，消费者已经在某一产品上认同了该品牌，使其可延伸性变弱。在这种情况下，如果授权产品与原有产品的关联性较差，甚至产生抵触，则会使消费者产生心理不适，有损品牌形象。例如，品牌的原有产品一直定位于儿童,如果授权产品定位于成人,则难以得到认可;如果原有产品是食品,而授权产品是药品、日化用品,则会使产品的可信度降低。一些商标所有者由于缺乏对自身品牌的严格管理,或者为了获取更多的利益,同一个商标被授权给多种不同的甚至是相互冲突的产品及不同的公司,造成了自身品牌的混乱。例如,20世纪80年代,河北保定稻香村注册了稻香村糕点类食品的商标,随后授让给苏州稻香村,后来苏州稻香村许可北京稻香村使用其稻香村品牌,后来又授权成立香港稻香村。四家企业同时使用稻香村品牌名称,品牌标志却具有较大差异(如图10-1所示)。这几家企业虽然都经营糕点类食品,但产品生产标准、口味都不一样,给消费者甄别和选择带来了麻烦,有些消费者甚至认为其假冒伪劣严重,影响了稻香村的品牌声誉和品牌价值。

北京稻香村　　保定稻香村　　苏州稻香村　　香港稻香村

图 10-1　稻香村商标授权

4. 克隆仿冒的风险

克隆仿冒现象并不少见。一个品牌做出了名,马上就会有大量的跟风者,让消费者难辨真假,如克隆伊利的伊俐牛奶、克隆洪大妈的洪六妈。很多享誉已久的品牌销售受挫,与克隆品和仿冒品的泛滥有着直接的关系。对于侵权产品,授权方应予以坚决打击。

5. 授权监控的风险

被授权者是通过"购买"的方式获得品牌使用权,所以被授权者必然会考虑投资的短期收益,而不是注重品牌的维护与发展,很可能出现一些短期行为。由于品牌授权者并不直接进行产品的生产,有的品牌授权者甚至是"二道贩子",无法对具体的授权企业进行产品质量的监督,一旦出现质量问题就会危及整个品牌。

因此,授权方应构建一套成熟的品牌授权体系。对被授权方的选择应慎重,全面考核其资格,确立长远互利的合作关系,绝不能谁交钱就给谁干。同时,要把握发展加盟商的节奏,量力而行,切忌操之过急。以迪士尼为例,在授权活动开展的初期,迪士尼只顾扩充加盟商队伍,对产品的质量不闻不问。后来,广告大师贺蒙·凯曼建议迪士尼注意授权产品的质量,防止劣质产品玷污品牌。迪士尼与贺蒙·凯曼的公司签约由其代表迪士尼处理授权业务。依靠该公司的专业化运作和严格把关,迪士尼授权产品的质量大幅提高。

第三节　品牌扩张与资本运营

一、股市与品牌扩张

从国际权威品牌资产评估机构的品牌价值列表中,我们发现上市公司的品牌价值一般相当于公司价值的 1/3。品牌与资本市场的结合,一方面规范了企业运营,提高了企业的信誉,增进了消费者对品牌的了解,扩大了品牌的影响,增加了品牌资产的价值;另一方面,由于上市公司的社会知名度,推动了市场开拓能力的提升和利润水平的提高。品牌专家大卫·艾格和罗伯特·雅各布森曾对 1989—1992 年的 34 只股票进行分析,发现品牌资产与股票回报之间成正比。品牌资产回报率最高的公司的平均股票回报率为 30%,而品牌资产方面损失最大的公司的平均股票回报率为 10%。

对投资者来说,品牌使股票更有吸引力。品牌驱动型公司把重点放在公司优势上,通常在宣传公司优势方面也更加一致,并把有关品牌的良性信息更充分地传达给市场。这个过程在资本市场上为品牌运营创造了一个更简明扼要的背景,从新上市的公司可以明显看到品牌与股票价值的互动是非常强劲的。例如,2007 年 8 月,谷歌(Google)在美国纳斯达克正式挂牌交易,开盘仅 10 分钟股价就暴涨至 140 美元,较发行价 85 美元增长了 65%。谷歌上市所创造的神话,表明品牌可以借助资本市场进行强劲扩张。我国也有很多公司通过上市,不但扩大了市场、收获了丰厚的经营利润,而且增加了品牌价值。例如,京东上市的融资过程使其市场信誉和利润大幅提升、市场份额翻倍增长,在众多的同行业竞争者中脱颖而出,成为行业的排头兵,京东的品牌影响力和品牌资产也随着其在美国纳斯达克的挂牌上市而大幅增加。

二、并购与品牌扩张

创造一个新品牌要冒极大的风险,一旦不能获得消费者的认同,无法提高其知名度,那么投入品牌设计、定位、传播等方面的巨额资金将付诸东流。因此,对于企业而言,创造一个新品牌不如买一个有影响的成熟品牌。买了一个好品牌就等于买了一个市场、消灭了一个竞争对手,正可谓一举两得。企业通过资本市场的并购实现品牌扩张成为经济社会关注的焦点。例如,TCL 为了进入欧洲市场收购了欧洲家电品牌施耐德;吉利为了技术、市场和品牌收购了沃尔沃轿车等。在品牌收购中,企业不惜溢价几倍、十几倍甚至几十倍购买另一个企业。它购买的不是资产,因为资产可以重置,它看中的是技术、市场、渠道和信誉等有形与无形的资产,这些资产是构成品牌的主要要素。例如,1988 年,世界顶级品牌万宝路的拥有者菲利普·莫里斯公司为了扩大市场,收购了卡夫食品公司,花费在品牌上的资金总计 129 亿美元,是该公司有形资产的 4 倍。同年,法国食品巨人 BSN 以 250 亿美元购买了 RJR Nabiso 公司,这笔资金几乎是后者市值的 2 倍。雀巢公司也曾以 5 倍于账面资产价值的代价购买了 Rowntree 公司。

以品牌为中心的并购也是企业并购的主要动因之一。品牌并购后的整合是一项涉及公司战略、公司文化的复杂工程,并购之前要对品牌资产、品牌结构、品牌影响力等进行全面的了解,以实现品牌并购整合的顺利实施。企业并购后的品牌整合有以下五种情况。

1. 采用并购方品牌

多数并购交易中,并购方的规模和实力大于被并购方,被并购方的品牌在市场上表现平平,因此并购方会保留自己的品牌,而被并购方的品牌则从市场上消失。这是并购中品牌整合最常用的一种方式,是强势品牌并购弱势品牌的通常做法。"吞噬"被并购方品牌的行为多发生在横向并购且两个品牌的目标市场一致或相似的情形下,目的是提升规模经济和市场占有率。例如,海尔并购青岛红星电器后,红星品牌退出市场,采用了海尔品牌。这种并购方式要求并购方的品牌比被并购方的品牌更成功。只有具备这种特征,并购方在并购整合中才能发挥强有力的主导和推动作用。

采用并购方品牌,同时保留被并购方品牌,双方必须进行事前的调研分析,研究其可行性,避免并购品牌和被并购品牌给消费者带来冲突从而造成品牌运营的高成本、高风险。例如,我国美加净、活力28等品牌被外方收购,收购条款中买断了中方品牌的使用权,外方为推广自己的品牌把中方的品牌束之高阁,逐渐淹没了中方品牌,有的品牌在费尽千辛万苦被重新买回后,无奈市场已经被外方品牌侵占,中方品牌已再难找回原来的市场影响力。

2. 采用被并购方品牌

如果被并购方品牌资产价值较高,采用被并购方品牌也是一种选择。并购发生后,并购方品牌从市场上消失,而将所有的资源用于打造被并购方品牌。之所以采用这种模式,可能是因为并购方并不擅长被并购方所在行业的经营管理,而且被并购品牌已经在其所在的行业享有一定的声誉,贸然导入新品牌,所产生的收益可能远远低于采用被并购方品牌;或者是因为遭受一些重大事件的打击,导致并购方品牌声誉严重受损,此时并购的目的是寻找经营转机,因此并购方采用被并购方品牌进行经营。有时,由于并购方的品牌影响力显著低于被并购方品牌的影响力,因而采用被并购方的品牌。一般在"小鱼"吃"大鱼"时,经常采用这种策略。例如,上汽集团收购英国汽车品牌名爵(Morris Garages,MG)时,因为名爵汽车品牌在英国有近100年的经营历史,文化元素受到西方国家认可,上汽集团收购后仍然使用名爵品牌,作为我国整车出口欧洲的主要品牌。

3. 采用联合品牌

采用联合品牌策略的并购通常是因为两个品牌的规模或品牌声誉相当。当品牌价值的提升在短期内难以实现时,一个具有同样价值观的品牌伙伴可能带来惊喜。将两个互补型的品牌联合在一起,可以将其各自的核心技术和竞争力综合在一起,服务于市场。同时,两个品牌具有一定的相似性,即品牌价值、个性相对协同,采用品牌联合的方式,消费者不易产生抵触情绪,从而可以强化彼此客户的忠诚度,共同提升品牌价值。品牌联合可能带给企业巨大的品牌价值,使合作双方提升知名度和增加顾客忠诚度。2004年,索尼、爱立信就因手机部门合并而采用联合品牌索爱,使其迅速名列世界最受尊敬的公司第21名,同时荣获最佳创新公司第二名和世界最受尊敬的消费类产品公司第一名。然而,品牌联合是一把双刃剑。采用这种策略的企业除了要注意两个品牌的特征应具有相似性外,还需要关注二者的品牌文化之间是否匹配,否则会受到较大的负面影响。例如,明基并购西门子手机部门后,就采用品牌联合的方式,推出了明基西门子手机,但遗憾的是,由于低估了双方之间的文化差异、品牌定位差异及其他各种因素的影响,并购后不到一年就以失败而告终。此外,由于消费者对其中一个品牌的感知会直接传递给另外一个品牌,因此出现了两种现象:一个是因为喜欢其中一个品牌而接受另外一个品牌;另一个是因为对其中一个品牌不满,从而抛弃联合品牌。

4. 采用双品牌

并购发生后两个品牌并存于市场。双品牌策略是强者的游戏策略,需要大量的资源支持,也是并购中经常采用的一种策略。例如,2006年7月25日,国美电器宣布以52 168亿港元"股票+现金"的形式并购永乐电器。并购完成后,永乐电器虽然随即退市,但是由于永乐电器在上海的品牌影响力大于国美电器的品牌影响力,因此国美电器决定在上海依然保留永乐品牌。新国美电器就是采取了双品牌整合的策略来实现资源的优化整合。并购后采用双品牌策略的原因在于双方品牌的市场定位或品牌形象不同,企业具有市场运作的空间,不至于造成自己打自己的局面。或者被并购方的品牌在市场上具有较大的影响,采用消灭式的并购可能反而会造成大量消费者的流失。例如,吉利并购沃尔沃,吉利集团采用吉利与沃尔沃两个品牌共存,而且研发系统和生产系统相对独立。与采用被并购方品牌不同的是,这种方式下,并购方品牌并不消失,而在采用被并购方品牌策略时,并购方的品牌会从市场上消失。需要注意的是,之所以采用双品牌策略,是因为两个品牌各有特色,存在显著的差异,而且各自都非常成功,此时可以保留各自的独立性,形成优势互补。否则,双品牌策略可能导致企业浪费资源、增加运营成本、降低管理效益,甚至造成并购后的品牌在市场上相互厮杀的局面。

5. 采用新创品牌

并购双方并不运作其中的任何一个品牌,而是选择两个品牌均从市场上消失,取而代之的是一个全新的品牌。由于新品牌的成功打造需要付出大量的资源和精力,因此这种策略并不经常被采用。如果并购双方的品牌在市场上影响力均较小,那么整合双方资源,通过能力互补重新打造一个新品牌,也是市场突围的方法之一。这种策略在品牌上无所谓失败或胜利,较易受到双方员工的认同和欢迎,当然也可能造成内部员工双倍的反对与不满。由于是一种全新品牌,其风险和成本也较高。

复习思考题

1. 阐述品牌联合的内涵和原则。
2. 品牌联合有哪些类型?
3. 阐述品牌授权的定义和意义。
4. 品牌授权有哪些步骤?存在哪些风险?
5. 品牌扩张与股市有哪些关系?
6. 阐述品牌并购整合的思路、方法。

案 例 分 析

腾讯与可口可乐的品牌联合配方

类似的用户定位、品牌价值观和统一的传播诉求,使腾讯和可口可乐的品牌联合营销之路越走越远。

2007年年初,两个各自在业内领先的企业再次走到了一起。1月25日,腾讯与可口可乐举行战略合作签约仪式,计划在未来两年中继续运用多元化互联网平台手段,使双方在品牌、产品内容、用户体验、营销模式上有更大提升。

腾讯与可口可乐的这次合作并非偶然,早在2006年3月底,二者就缔结战略联盟成为战略合作伙伴,联手打造全新的3D互动在线生活。跨品牌的合作联盟整合了二者的资源优势,创建了中国首个运用3D形象的在线社区icoke网。icoke网自2005年4月推出后,受到年轻消费者的欢迎,目前已拥有超过120万用户。

一、精选伙伴

一般来说,相对于产品合作而言,品牌管理层面很难选择合作伙伴。如果联合的品牌之间不具有某些共性,在发展战略上存在分歧,则联合只会事倍功半。因此在进行品牌联合时,选择合适的伙伴是迈向成功的第一步,十分关键。

腾讯公司执行副总裁刘胜义认为,"要成为战略合作伙伴,至少要有两个基本要素:一是双方有类似的价值观;二是双方有较强的合作潜力。"按照刘胜义的解释,腾讯和可口可乐虽然处于两个不同的行业,但有一个理念是共同的,那就是为了满足用户的需求而不断创新,为消费者提供更丰富的产品和服务;双方的消费群体也有共性,腾讯是以包括学生、白领在内的年轻人为主,这些人群也是可口可乐的消费群体。

可口可乐选择腾讯作为战略合作伙伴,显然是看到了互联网作为营销平台的广阔空间。腾讯拥有数以亿计的QQ用户和丰富的网络资源。这些为可口可乐针对年轻消费者进行网络营销提供了很好的平台。而可口可乐的传统渠道和丰富的品牌运作经验,无疑将为腾讯带来新的动力。

从2006年3月起,腾讯与可口可乐就已经开始合作,推出了一些颇受欢迎的产品和服务。经过一年的磨合,双方的合作提升到一个新的层次。可口可乐(中国)公司副总裁兼市场战略及创新总经理苏柏梁认为,这次战略合作对可口可乐来说很重要,因为双方将合作关系推向了更高层次。下一步,有了这种合作伙伴关系,可以进一步深入中国的消费者市场,为中国消费者带来更多的好处,从而提升合作关系的价值。

二、统一诉求

作为时下流行的营销手段,品牌联合营销被众多企业争相尝试。但多数企业仍将其作为战术层面的手段而非战略目的予以考虑。可口可乐与腾讯的合作则把品牌价值的提升作为衡量投入与回报的重要标准之一。加强与消费者,尤其是目标消费群体的联系,让他们拥有更丰富难忘的互动沟通体验,并在消费者、传播者和企业三者之间找到挖掘市场机会的发力点,是可口可乐与腾讯合作的最大诉求。

在可口可乐与腾讯合作之前,以往的网络在线聊天多是单一的文字沟通方式,比较单调,引入腾讯3D QQ秀后,可口可乐iCoke网站改变了单一的文字沟通方式,升级成为独具个性的立体沟通方式,令网络生活凸显个性。这迎合了年轻消费者的需求,成为时尚潮流的风向标。

谈到这一点时,苏柏梁兴奋地表示,可口可乐与腾讯的合作将iCoke网站上年轻消费者的网络体验从2D提升至3D,腾讯创新的技术使可口可乐iCoke网站可以通过3D形象的运用,突破性地为青少年提供独特的个性主张,并为他们提供精彩纷呈的娱乐互动,体验可口可乐"要爽由自己"的激情生活。

此外,腾讯为可口可乐旗下刘翔、S.H.E、张韶涵、潘玮柏、余文乐和李宇春等众多代言人特制的3D QQ秀网络虚拟形象陆续出现在2006年可口可乐的系列主题广告和市场活动中。通过3D技术特制代言人形象,可口可乐另辟蹊径,为年轻消费者提供了与偶像们亲密接触的另一个舞台。

在iCoke网站上,与消费者的互动被放到了突出的位置,无论是在线小游戏还是3D的虚拟形象,每个栏目都围绕消费者的互动展开。例如,其中广受欢迎的可乐QQ秀就是凭借腾讯的技术帮助,让可口可乐的一些代言人在iCoke社区里成为真实的人物,消费者也可以通过iCoke平台制作自己的3D虚拟形象。

三、线上线下相结合

值得一提的是,可口可乐与腾讯的合作并非局限于网上,而是将互联网与地面活动结合起来,强化二者的关联。为了让更多的人有机会亲身感受"要爽由自己,畅享3D QQ秀"的数码娱乐新境界,从2006年3月起,可口可乐在全国掀起了一场线上线下有机结合的数码整合营销活动。数码娱乐的拥趸们有机会从可口可乐促销包装的产品上获得特定编码,在可口可乐iCoke网站上换取iCoke积分,兑换为3D形象特制的物品配件,打造自己的个性3D形象。此外,他们还可以用iCoke积分享受集音乐、体育、娱乐、游戏、聊天等年轻人热衷的潮流与文化于一体的其他数码娱乐项目,并有机会在可口可乐iCoke网站上换取丰富的数码奖品。

年轻人热衷的QQ宠物新年伙伴"猪猪"是双方的另一杰作。"QQ宠物"是腾讯推出的在线养成游戏,为用户提供虚拟宠物养成、宠物学习、宠物结婚等娱乐体验。与可口可乐合作后,加入了可口可乐红等设计元素,其可爱的形象深受爱宠学生与白领的喜爱。

在QQ宠物新年伙伴"猪猪"的推广上,腾讯和可口可乐的互补优势得以体现。据悉,腾讯方将投入QQ.com、Q-zone、QQ会员等强势资源进行全方位的整合宣传,可口可乐方将投入电视广告、可乐瓶身广告及各种销售终端等重点资源进行全力推广,意欲将QQ宠物新年伙伴"猪猪"打造成2007年最火爆的网络卡通形象。

对于两个都致力于带给用户最热门的潮流和文化的企业而言,双方极其接近的用户定位、类似的品牌价值观,为二者的品牌联合营销奠定了基础,而统一的传播诉求及线上线下相结合的把握则使双方受益匪浅,从而使其可乐QQ秀、QQ宠物新年伙伴"猪猪"等受年轻用户热烈欢迎的产品赢得了市场,品牌价值也得到了提升。

资料来源:https://www.docin.com/p-390385634.html。

案例讨论思考题

1. 腾讯与可口可乐实施品牌联合获得成功的关键是什么?
2. 二者的品牌联合属于什么类型?

第十一章 品牌资产

【学习目的与要求】
(1) 理解品牌资产的内涵和特征；
(2) 了解凯勒的品牌价值链理论；
(3) 掌握品牌资产的构成要素；
(4) 掌握构成品牌资产的无形要素；
(5) 掌握提升品牌资产的方法和策略。

扩展阅读 11.1
品牌资产如何为企业带来竞争优势

1988 年雀巢收购英国郎利公司，收购价格高达 50 亿瑞士法郎，是郎利公司市值的 3 倍、资产总额的 26 倍。这引起了品牌管理学者的关注，他们意识到，品牌作为一个无形资产在企业价值中应该占有很高的份额。于是，品牌资产（brand equity）这一概念开始在业界盛行，并引发了学界对有关品牌资产的内涵、结构、创建和评估模型等问题的深入研究。20 世纪 90 年代初，品牌资产概念被引入我国，开始影响我国的品牌相关活动。1991 年 9 月 20 日，由法制日报社、中央电视台、中国消费者报社联合举办的"中国驰名商标评选活动"落下帷幕，首批中国驰名商标为茅台（酒）、凤凰（自行车）、青岛（啤酒）、琴岛-利勃海尔（电冰箱）、中华（香烟）、北极星（钟表）、永久（自行车）、霞飞（化妆品）、五粮液（酒）、泸州（酒）共 10 种。1995 年，北京名牌资产评估事务所开始借鉴《金融世界》（*Financial World*）杂志的做法每年发布《中国品牌价值研究报告》，品牌资产开始为我国企业所重视。

第一节 品牌资产的内涵

品牌资产的概念超越一般资产的价值范畴，其价值基于品牌对消费者的动员能力和影响力。消费者喜爱的品牌的知名度高、美誉度好，甚至存在不同程度的品牌忠诚度。消费者为了选择该品牌愿意付出更高的价钱，企业也愿意在收购过程中为品牌影响力付出几倍甚至更高的价格。品牌资产也可被视为将商品或服务冠上某种品牌后所产生的持续性的额外收益。

一、品牌资产的定义

品牌资产的内涵和外延一直是一个有争议的话题。我们可以从财务会计、消费者及品牌力三个不同的角度描述品牌资产的概念。

（一）财务会计视角的品牌资产

从财务会计的角度，品牌资产具体表现为品牌在市场上给产品价格或销售额带来的增值，并最终反映为企业财务报表或金融市场的价值增值。在测度上，品牌资产是品牌引起的价格上升和销售额增加带来的增值在其持续年度的现金流折现值。其实质意义在于方便计算企业的无形资产，以便向企业投资者或股东提交财务报表，为企业并购等资本运营活动提供企业价值的依据。这一概念认为，品牌资产本质上是一种无形资产，一个强势品牌被视为具有巨大价值的可交易资产。例如，菲利普·莫里斯公司以129亿美元购买卡夫品牌，该价格是卡夫有形资产价值的4倍。

品牌资产的财务会计概念模型主要可用于以下目的：①向企业的投资者或股东提交财务报告，说明企业的经营绩效；②便于企业募集资金；③帮助企业制定并购决策。财务会计角度的内涵把品牌资产货币化，其现金流的折现也为品牌资产评估和品牌运作提供了依据。

（二）消费者视角的品牌资产

消费者视角的品牌资产是凯文·莱恩·凯勒最先提出的，又称基于顾客的品牌资产（customer-based brand equity）。消费者视角的品牌资产主要表现为消费者与品牌之间的关系，是基于消费者对品牌的认知、认同和忠诚而存在的。消费者与品牌的关系决定了品牌资产的高低。如果品牌对消费者来说没有任何意义（价值），对消费者产生不了什么影响，那么它对投资者、生产商或零售商也就没有任何意义。因此，品牌资产的核心是消费者如何对待目标品牌，与目标品牌建立什么样的联系，如何理解该品牌的意义和内涵。

大卫·艾可提出了品牌资产的五星模型（Five-Star Model），认为品牌资产由品牌知名度、品牌联想、品牌认知质量、品牌忠诚度及其他专有资产五个部分组成。

消费者视角的品牌资产来源于消费者的认知和忠诚，强调品牌资产的持续积累。第一，拓展品牌知名度，让消费者认识它是了解和喜爱它的前提。第二，与消费者的需求之间建立联系，很好地满足消费者的需要。当消费者产生了对该类产品的需求时，就能很自然地联想到该品牌。第三，品牌的产品功能和绩效必须满足消费者的要求。第四，品牌必须与竞争性品牌区分开来，并表现出相对于竞争性品牌的独特优势。第五，品牌必须与终端消费者建立某种情感联系。只有知道品牌处于什么位置，品牌经理才能制定适宜的战略和策略来维持或提高顾客的忠诚度。

（三）品牌力视角的品牌资产

品牌力是指品牌开拓市场、占领市场并获得利润的能力。世界品牌实验室按照品牌影响力制定了评估企业品牌资产的三项关键指标：市场占有率、品牌忠诚度和全球领导力。从品牌力视角来看,品牌应该具有强大的市场开拓能力,能赢得消费者的忠诚和推崇,是企业不断成长、扩张的驱动力,对行业发展具有较强的影响力。品牌资产是品牌成长战略的核心要素。

品牌力视角的品牌资产与财务会计视角的品牌资产的最大不同在于:财务会计的品牌资产着眼于品牌交易,是短期内利益的具体体现;而品牌力视角的品牌资产意图创造持久的、差异化的品牌优势,其研究的重心转移到品牌的长远发展潜力上,试图利用市场占有率、品牌忠诚度和全球领导力三个指标把消费者忠诚度和消费者的行为、企业文化和品牌延伸、渠道成员与差别化优势联系起来。

二、品牌资产的特征

品牌资产是企业的一项重要资产,它超越了产品、厂房、设备等有形资产的范畴,是一种特殊的无形资产。品牌资产具有以下特征。

(一)品牌资产的价值性

品牌资产是企业最重要的一项无形资产。它来源于品牌的客户资源、渠道资源、品牌延伸和差异性优势等方面的综合效应,可以支撑品牌在未来很长的一段时间内持续获利。可口可乐前总裁伍德拉夫说:"如果可口可乐的工厂一夜之间化为灰烬,我仍然可以在很短的时间内再造一个可口可乐。"他有说这话的底气是因为可口可乐得到了全世界消费者的广泛认可,其品牌价值千金。正因为品牌具有价值,所以在企业并购中,除了收购设备、产品、技术、人才等有形和无形资产之外,还需要对品牌进行估价。2006年年初,国际啤酒巨头英博(Interbrew)宣布以58.86亿元收购福建雪津啤酒厂,该收购价格是雪津啤酒厂2005年净资产的10倍之多,多出的那部分就包括雪津啤酒品牌资产的价值。

(二)品牌资产的波动性

品牌资产是企业品牌管理行为的结果,这个结果随品牌管理行为、品牌传播投入等因素呈波动性。无论是世界品牌实验室还是英特品牌咨询公司,每年发布的品牌排名都有所变化。现实中,这样的例子比比皆是。20世纪90年代初期,广州太阳神凭借导入CI系统和优良的产品,在中国保健品行业叱咤风云,但由于品牌投入不到位、品牌延伸与新产品开发迟缓等疏于品牌管理的行为,如今太阳神在保健品市场上已经黯然沉寂了;而娃哈哈则适时进行产品创新和品牌延伸,从儿童保健品市场到饮用水市场,成为中国知名品牌。因此,品牌资产需要规划和维护,疏于管理会导致品牌资产的波动和下滑。

(三)品牌资产的积累性

品牌资产来源于企业与消费者的关系,是企业和产品在与营销者、消费者的无数次接触中逐渐形成的。从接触点管理的角度来讲,每一次接触都是建立消费者与品牌关系的关键,也是积累品牌资产的关键。认识到品牌资产的积累性,企业就能时时以"为品牌资产服务"的理念来规范自己的各项行为。同时,品牌资产的积累性也表明,不存在品牌资产"速成宝典"。尽管品牌可以通过广告轰炸或媒体炒作而"一夜成名",但品牌知名度只是品牌资产中若干要素的一部分，而非全部。要想建立雄厚的品牌资产，企业还需要踏踏实实地精耕细作，把消费者与品牌的关系经营好。

第二节 品牌价值链

品牌资产的形成过程就是品牌持续投资的过程。品牌营销活动的投资针对消费者需求展开，推动市场业绩持续增长，激发品牌持续投资的动力，进而提升品牌价值。

一、品牌价值链模型

要想知道如何设计和实施品牌资产管理系统，需要理解品牌资产的形成过程，同时从来源角度以及投资和产出角度理解品牌资产。凯文·莱恩·凯勒提出了评价品牌资产的来源和结果的结构化方法——品牌价值链（brand value chain）模型（如图11-1所示）。

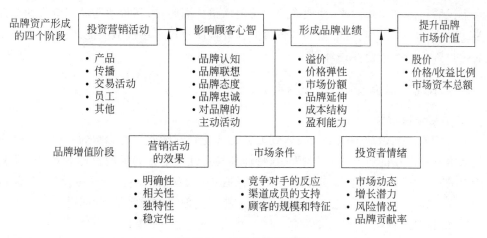

图 11-1 品牌价值链模型

品牌价值链模型在假设品牌价值源于顾客的前提下，把品牌资产的形成分为四个阶段和三个增值过程。

二、品牌资产形成的四个阶段

1. 投资营销活动

企业投资于某项针对实际或潜在客户的营销活动，包括产品设计、营销传播、商业及经销商的支持性活动、员工培训等。这些营销项目投资要想沿着价值链进一步转移增值，并确保品牌价值创造成功，主要依靠项目的精心设计、与顾客紧密相关和目标明确。

2. 影响顾客心智

相关的营销方案会影响顾客心智，营销方案的实施使顾客心智发生了一些变化，具体表现为五个维度的测量指标，即品牌认知、品牌联想、品牌态度、品牌忠诚及顾客对品牌的主动活动。其中品牌态度是指关于质量和品牌满意度的总体评价，顾客对品牌的主动活动包括与他人谈论品牌，搜索与品牌相关的信息等。

3. 形成品牌业绩

品牌活动会影响顾客的心智,提升品牌在顾客心中的位置,这样品牌购买行为就有可能发生,进而提升品牌业绩。顾客的心智通过多个维度与市场相互作用。前两个维度与溢价、价格弹性有关:顾客愿意为品牌额外支付多少?当价格上涨或下降时,这种品牌的产品需求会减少或增加多少?第三个维度是市场份额:(测评营销项目)是否驱动了品牌销量上升。这三个维度决定了品牌的业绩。品牌价值会由于更高的市场份额、更大的溢价,以及对价格下降更富有弹性、对价格上升更缺乏弹性而得到提升。第四个维度是品牌延伸,即品牌成功支持品类延伸或新产品进入相关品类。第五个维度是成本结构,即品牌成功占据顾客心智减少的营销费用。综合考虑并善加利用这五个维度,可以提高品牌的盈利性。

4. 提升品牌市场价值

投资团体注意到该品牌的市场业绩,业绩的提升会体现在财务报表的收益栏中,并在股市上以股价形式反映出来,使股东得到价值回报。同时,市场价值与品牌价值的提升是同步的,顾客认可度提高可能使品牌价值的提升幅度超过市场价值的提升幅度,进一步激发品牌投资活动的周期性循环。

三、品牌增值的三个过程

1. 项目增值过程

项目增值过程是从营销活动投入到顾客心智受到营销质量的影响的过程。营销质量的效果由营销活动的明确性、相关性、独特性和稳定性决定。如果消费者不清楚企业营销所传递的品牌信息、品牌信息与消费者需求没有关系、营销活动并不具有差异性、营销活动没有经过整合,那么营销活动的投入不一定能产生理想的顾客认知和认同。

2. 顾客增值过程

顾客增值过程是从顾客心智受到影响到市场业绩受到市场条件的影响这一市场状况的改善过程。市场条件包括竞争对手的反应、渠道成员的支持和顾客规模等因素。如果竞争对手也开展了有效的营销活动、渠道合作伙伴并未大力支持、顾客规模偏小,那么市场业绩将不会太好。

3. 市场增值过程

市场业绩影响投资者情绪和投资收益,进而影响股价和企业价值,并最终影响股东价值。投资收益受金融市场动态、增长潜力、风险情况和品牌贡献率的影响。如果金融市场疲软、行业成长速度缓慢、行业面临高风险且品牌对企业整体贡献不大,则股东价值也不会很高。

品牌价值链模型有助于管理者了解日常开展的营销工作究竟是如何反映在品牌资产上的,以及"品牌资产由顾客决定"究竟是什么意思。企业营销活动首先作用于顾客心智的品牌资产,对顾客心智的品牌资产的影响最明显。当营销活动传递到产品市场和金融市场的品牌资产时,其作用已逐渐减弱。

第三节　品牌资产的构成

分析品牌资产的构成要素,需要从品牌资产定义的三个视角出发,本节只关注以消费者与品牌关系为基础的品牌资产构成要素,从财务会计和品牌力两个视角对品牌资产构成要素的分析将在品牌资产评估一节介绍。

品牌资产由两个方面的要素构成:一是品牌传播载体部分,主要是品牌名称、标识、口号等,即品牌构成的有形要素;二是消费者接受品牌传播而形成的品牌知名度、品牌认知质量、品牌联想、品牌忠诚度及其他专有资产,即品牌构成的无形要素。

一、品牌资产的构成要素

(一)品牌知名度

品牌知名度是指品牌被公众知晓的程度,是评价品牌资产的量化标准之一。从消费者的心理和行为反应来看,品牌知名度就是社会公众对产品、商标、公司等信息学习和记忆的结果。学习和记忆加深了品牌与公众的关系,在一定的条件下这种关系的形成和消退取决于公众接受信息的强化过程。这种强化的根源在于对产品各种物理特性(价格、款式、包装、质量等),以及消费者通过体验和感受这些物理特性而形成的认知。认知是一个由浅入深的过程,消费者对品牌认知的不同程度可以用品牌认知金字塔来表示(见图11-2)。

图11-2　品牌认知层级金字塔

1. 品牌无意识阶段

品牌无意识阶段位于品牌认知金字塔的最底层,消费者对该品牌没有深入的认识和了解,只是"知道有这个品牌",或者"好像在什么地方见过"。在这一阶段,品牌不会对消费者的行为产生明显的影响,但该阶段是消费者对品牌产生更深层次的了解和认知的基础。例如,当人们通过电视或户外广告认识了某品牌的元素时,对它所要传达的信息并没有更真切和深刻的感受,让目标群体记住这个名称就是该告知型传播要达到的效果。

2. 品牌识别阶段

品牌识别阶段是消费者与其他品牌逐渐形成差异的阶段。如果消费者(被测试者)能够将某类产品与特定的品牌联系起来(但不一定十分强烈),那么该品牌在消费者心目中就处在品牌识别阶段。

3. 品牌记忆阶段

品牌记忆是指消费者在得不到提示和帮助的情况下能够对某品牌产生自主记忆和回忆的心理行为。在这一阶段,品牌清晰地存在于消费者的记忆中,当消费者意识到对该产品类别的需要时,该品牌能够顺利地成为备选项。

4. 深入人心阶段

深入人心阶段位于金字塔的顶端,是品牌知名度的最高阶段。处于该阶段的品牌是消费者在无任何提示的情况下脱口而出的第一品牌。这种品牌在消费者心目中处于一个特殊的位置,令其经久难忘。

消费者在购买产品或服务时,面对众多的品牌,倾向于选择自己最熟悉、最喜欢的品牌。一个能被人们认识、记住,尤其是深入人心的品牌,在消费者的购买决策中起着至关重要的作用。而要提高品牌的知名度,必须在产品和服务具有稳定质量的前提下,通过媒体和公共关系进行宣传与传播,使之为广大消费者所知晓。

(二)品牌品质认知

1. 品牌品质认知的内涵

品质认知是消费者的主观判断,是消费者对产品或服务的整体品质的感觉。品质认知可以产生价值,是品牌的重要资产。品牌品质认知是消费者对品牌产品的主观判断,主要来源于两个方面:品牌传播中关于产品原料、工艺、质量、定位等信息给消费者留下的深刻印象;消费者在接触与使用品牌产品的过程中对产品品质、质量的体验,是对品牌全面的、综合的、无形的感知。

2. 避免品牌认知的片面性

由于品牌宣传信息的有限性和消费者关注点的差异性,个体的品质认知可能具有片面性,导致品牌品质认知并不一定与产品真正的品质相符。其原因有两个:①品牌认知是主观认识,而主观认识是有局限性的;②不同的顾客有着不同的偏好和要求,其对品质质量的关注点不同。有的顾客可能因为对产品性能要求不高而感到满意,有的顾客可能对价格较高的高品质产品持有一种消极态度,还有的顾客可能因为对产品的品质过分信赖而不惜代价。因此,品牌传播中需要调研分析消费者品质认知的要素,让消费者有一个综合的、全面的感知。

3. 品牌品质认知的要素

对品牌的品质认知可以从内在要素与外在要素两个方面理解和认识。内在要素是指产品的具体的物理性资产。只有在改变产品本身时,内在要素才会发生变化,而且只有当使用产品时才会消耗内在要素。例如,有关学者把耐用品的品质总结为使用简易性、功能性、使用表现、耐久性、服务能力及社会地位。服务行业的内在要素包括信赖、负责、保证、认同和可见性。

外在要素与产品实体无关,即使改变它们,产品实体也不会有所改变。例如,价格、品牌名称、标志、广告、分销渠道、促销及质量保证和售后服务等都是品质的外在要素。

对品牌的品质认知因消费群体的不同而各异。因为不同消费群体的目的、意图不同,甚至不同的消费群体还存在千差万别的个性、偏爱和需要等,这些都会影响他们对特定产品或服务的关注点。此外,在不同的市场阶段,消费者对产品或服务要素的关注点也不同。要提高品牌的品质认知,首先要明确消费者对品质的关注点,然后提炼消费者关注的要素品质,以针对关注点的要素品质开展品牌塑造活动。

（三）品牌联想

1. 品牌联想的内涵

品牌联想是指消费者记忆中与某品牌相关联的每一件事情，是品牌特征在消费者心目中的具体体现。人们想起某个品牌时，会很自然地将其与某种特定的产品、服务、形象甚至愉快的场景联系起来，而当人们对某种产品或服务存在需求或体验到某种场景时，也会将其与某一特定的品牌对接起来。这些都是品牌联想的具体表现。例如，提到肯德基，人们就会想到和蔼可亲的山德士上校的白色西装、满头的白发、滑稽的山羊胡子、亲切的微笑；提到海尔，人们就会想到勇往直前的海尔兄弟。

2. 品牌联想的来源

一个成功的品牌包含丰富的品牌信息，这些信息都可以成为品牌联想的来源。不同的消费者群体会从不同的角度理解和记忆这些信息，这就是品牌联想的支撑点，也是品牌联想的来源。对于不同类别的产品，消费者会从不同的方面与该品牌联系起来。例如，提到洗衣粉的各种品牌时，人们通常会联想到不同品牌产品的特殊功效；提到红酒和香水等产品时，人们更倾向于与其产地联系起来。企业应根据产品特征和消费者需求，向消费者传递相关的信息，让消费者产生积极的联想，在产生需求时能联想到自己的品牌。

产生联想的信息来源于下面几个方面。①产品设计、个性、定位等。在消费者产生需求时，能与竞争对手区别开来，使联想与需求相符合。②价格。价格是成本的表现，但塑造品牌信息时，更重要的是考虑能给消费者带来心理和感情的溢价，使其承载品质和服务至上、质高价优的保证。③消费者。当品牌所标示的产品或服务选择一个明确而又独特的目标群体时，人们有时会将品牌与特定的目标群体联系起来，从而形成品牌的消费者联想。④地区和产地。⑤生活方式。品牌信息塑造的优势要与人们崇尚的生活方式联系在一起。

（四）品牌忠诚度

品牌忠诚是指消费者在与品牌接触的过程中，由于该品牌产品或服务的价格、质量因素，甚至是由于消费者独特的心理和情感方面的诉求所产生的一种依恋和稳定的感情，由此形成的偏爱，使消费者长期重复购买该品牌产品或服务的行为。品牌忠诚是消费者对某品牌产生的感情的度量，测度它的指标可以是重复购买次数，也可以是购买的决策时间、对价格的敏感程度、对竞争者的态度、对品牌产品瑕疵的反应等。

品牌忠诚度反映了消费者的偏好由一个品牌转向另一个品牌的可能程度。这种转向是一种行为过程，也是一种心理决策和评估过程。品牌忠诚度的形成不完全依靠产品的品质、知名度、品牌联想及传播，而是与消费者对产品的使用经历和体验密切相关。

提高品牌忠诚度，对企业的生存发展及市场份额的扩大有着极其重要的作用。美国商业研究报告指出，多次光顾的消费者可以为企业带来20%～80%的利润；忠诚的消费者数量每增加5%，企业的利润就会增加25%。忠诚的消费者是企业的财富。品牌忠诚度是品牌价值的核心。

品牌忠诚度可以划分为以下五个层次。

1. 无品牌忠诚度

消费者对品牌漠不关心,无品牌意识,完全按照自己的惯用标准进行决策,而这个惯用标准通常是价格,哪个价格低就选哪个。许多低值易耗品、习惯性消费品都没有品牌忠诚度。

2. 靠习惯维持的品牌忠诚度

消费者购买某一品牌的产品或服务后,并没有明显的不满之处,会继续购买该品牌,形成消费习惯和偏好。但是这种习惯是脆弱的,一旦有明显的诱因,如竞争者提供价格优惠等,消费者就有可能改变习惯,转而购买其他品牌的产品,所以这类消费者的品牌忠诚度也不高。

3. 基于满意的品牌忠诚度

消费者对产品或服务很满意,当对此类产品有需求时,就会想到该品牌,从而对该品牌产品产生习惯性购买的行为。消费者认为,更换品牌可能意味着风险,担心所更换的品牌产品不会令人满意,因此不会轻易更换品牌。

4. 以情感为纽带的品牌忠诚度

消费者的购买经历和消费体验,使其对某一品牌产品形成了情感依赖,品牌已成为其生活中不可或缺的一部分,品牌像朋友一样与消费者相伴,如果更换品牌会有背叛和愧疚的感觉。

5. 完全的品牌忠诚度

消费者对某品牌有着强烈的偏好,有时可能发展成一种偏执,甚至把使用该品牌视为一种实现自我追求、自我价值的途径。他们为成为该品牌的使用者而自豪,并乐于向其他人推荐该品牌。

(五)其他专有资产

扩展阅读 11.2
"品牌资产运营",营销落到经营力

除上述四个品牌资产的无形要素外,附着在品牌上的其他专有资产也是品牌资产的重要组成部分。具体包括与品牌密切相关的专利、专有技术、分销渠道、商业模式、购销网络等,它们对品牌资产的增值具有重要影响。

二、品牌资产的提升策略

提升品牌资产价值的方式有很多,这里仅从品牌资产构成要素的视角进行探讨。品牌资产的构成要素分为有形和无形两种。有形要素包括品牌名称、标识、包装等,我们已经在前面的章节详细探讨过。下面就提升品牌知名度、品牌品质认知、品牌联想、品牌忠诚度等无形要素进行分析。

(一)品牌知名度提升策略

1. 制造"第一"与"独特"

在信息化时代,人的记忆是有限的。人们往往对"第一"情有独钟,记忆深刻,而对第二及以下却不感兴趣。例如,当有人问你世界上最高的山峰是哪一座时,你会快速回答说是珠穆朗玛峰,第二你就不一定能答出。因此,在塑造品牌知名度的过程中,要抓住"第一"做文章,如第一个入市、第一个具有环保功能、第一个提倡24小时服务等。在许多产品中,最知名的总是那些最先进入人们心目中的品牌。当竞争对手已经捷足先登或十分强大时,企业就要注重策划,创造一个"与众不同"的特点,利用这个特点给出品牌的定位。例如,酱油的制作原料和工艺基本一致,厨邦为了创造自己的独特性,第一个宣称自己的产品制作工艺有一个"晒"的过程,足足"晒够180天",利用制造过程的"独特"提升知名度。

2. 利用名人效应

名人效应可以帮助树立品牌知名度。例如,在1936年的柏林奥林匹克运动会上,美国运动员欧文斯独得四枚金牌,他所穿的阿迪达斯运动鞋随即一夜走俏,阿迪达斯从此成为世界名牌。

3. 巧妙利用广告策划

策划的广告词、广告曲应简洁易懂、容易记忆、诱人心动。戴比尔斯的"钻石恒久远,一颗永流传"不但为寻找感情依托的群体找到了感情承载体,其容易记忆的词句、优美的语韵也让人有酣畅淋漓的感觉,使人心动。电视广告场景的设计中巧妙地利用悬念,也会让消费者快速记住品牌,并产生品牌联想。

4. 利用非传统方式进行宣传

一些汽车企业在大型商场、候机楼,甚至公共广场摆展位,只展车不卖车,让潜在的客户了解产品、体验产品,通过热情地讲解品牌产品的设计理念、核心部件的研发情况,提高品牌的知名度。

(二)品牌品质认知提升策略

品牌品质认知在品牌资产形成过程中是一种长期的资产,是品牌资产的重要组成部分。提高品质认知度的策略有以下几种。

1. 保证高品质

高品质首先来源于具体的、物理性的产品,包括产品的设计、使用的原料、制造的工艺、产品的质量等,这是提高品质认知度的第一步。其次,高品质来源于品牌的承诺,也就是品牌传播的综合性、全面性的信息。例如,海尔集团成功的关键在于它一直坚持产品高品质的形象。张瑞敏到任后当众砸烂了76台不合格冰箱,唤起了全体员工的质量控制意识和高品质意识。再次是重视顾客参与,品质认知的决定权在于顾客,只有顾客认为你的产品拥有高品质,你的产品才真正拥有高品质。最后是追求品质文化,只有创造一种对品质追求的组织文化、行为准则、思想意识,才能使行动根深蒂固,保证品质过硬。

2. 设计认知信号

仅有客观的、真实的品质是不够的,必须将其转化为消费者关注的、认知的品质。在很多情况下,人们对品质的判断并不具备客观的标准和可靠的途径,而只能借助产品或服务本身传达的象征信号来判断。因此,产品的设计、包装、服务环境、服务水准、广告水准和数量、品牌名称和标志等都具有重要的作用。为了使"品质"可见,商家要对产品进行精心的创意设计,尤其是在品牌包装设计上。

3. 价格暗示

价格是一种重要的品质暗示。人们大多认为高价格意味着高品质。当一个人没有能力或热情去评估一种产品的品质时,他对价格暗示的依赖性就会增大。这种暗示作用也因产品类别不同而有所差异,难以评估的产品类别更有可能将价格作为品质暗示。

4. 有效使用广告、产品说明书

利用广告来传达品质信息,要把真实的品质与广告创意紧密结合。同时,一份具有实际意义的、有效的说明书能够给产品或服务品质提供可信的支持和有效的保证。

5. 完善的服务系统

良好的服务能给人一种高品质的感觉和信得过的感受,能解除消费者的后顾之忧。同时,良好的服务系统还能产生更高的溢价和强劲的营销组合力。在产品趋于同质化的今天,服务的地位和作用更加突出。

(三)品牌联想提升策略

1. 讲述品牌故事

品牌故事是品牌在发展过程中,从创业人物、品牌历史、产品配方等真实素材中提炼出来并赋予情景关联、情感关联,形成的一种清晰、容易记忆又令人浮想联翩的品牌精神传播载体。品牌故事容易让消费者受到感染或冲击,形成品牌与消费者之间的情感联系。当消费者有某种需求时会联想到品牌故事的情景和感情,激发出积极的联想和购买意愿。此时,消费者购买的不只是冷冰冰的产品,他们更享受的是产品以外的情感体验和相关联想。这种联想还有助于诱发消费者对品牌的认同感。事实上,很多品牌背后都有精彩的故事,甚至可以说,一个成功的品牌是由无数个感人至深的故事构成的。创业故事、引资故事、营销故事等品牌故事传递了品牌感情、品牌个性和品牌精神,是品牌联想的源泉。

2. 借助品牌代言人

品牌代言人是品牌在一定时期内,以契约的形式指定一个或几个能够代表品牌形象并展示、宣传品牌形象的人或物。在现代社会,品牌传播最好的载体就是人,特别是名人。名人代言不仅格调高、反响大,而且消费者崇拜名人的心理也会产生积极的品牌联想。因此,巧用名人、明星、企业家代言品牌能让消费者联想到某种情景、某种精神,积极的品牌联想可以激发消费者对品牌的热爱,让消费者与品牌的关系更紧密。

3. 建立品牌感动

希望在客户和最终使用者心中塑造"环保、亲近自然"形象的石油公司雪佛龙曾拍摄了一则旨在让消费者感动的形象广告。广告片的诉求表现十分真实:当太阳在西怀俄明升起的时候,奇异好斗的松鸡跳起了独特的求偶之舞。这是一个生命过程的开始,但一旦有异类侵入它们的孵育领地,这一过程就会遭到破坏。铺设输油管道的施工者为了不影响松鸡的繁育过程,停止了施工建设,他们要一直等到小松鸡孵化出来,才会回到管道旁,继续工作。企业为了几只小松鸡,真的能够搁置其商业计划吗?雪佛龙就做到了。这就是雪佛龙广告为顾客创造的一种品牌感动。这种感动不仅加深了顾客对该品牌意欲树立的环保形象的认知,而且使社会大众对环保的需求在该类联想中得到理解和融合,从而愈加认同乃至忠诚雪佛龙品牌。

（四）品牌忠诚度提升策略

成功的品牌都是通过增加顾客价值来使顾客完全满意，进而创造和提高顾客的品牌忠诚度。品牌忠诚的基础在于品牌能够提供持续的、令顾客满意的价值。

1. 提高并保持产品或服务的质量

优质的产品或服务质量是建立消费者品牌忠诚的前提条件。品牌产品的设计、原材料、技术工艺、规范的生产和服务流程决定了产品的品质，消费者在购买和使用过程中感知到了质量的优秀，选用该品牌就有了安心、放心的感觉。顾客选择某品牌产品，往往是因为相信品牌代表的质量承诺，而且这种承诺也迎合了消费者规避购买时所面临的知觉风险的心理。从这个意义上讲，品牌是在为产品性能和消费者利益背书。很多品牌影响力强的企业，品牌就等于产品品质，让消费者既放心，又对其产生依赖心理，消费者愿意成为品牌的忠诚客户。但是，如果品牌产品的品质、服务不能保证"始终如一"，消费者很快就会察觉，会对品牌产生质疑，进而改选其他品牌。

2. 产品价格合理并保持稳定

一看质量、二看价格是消费者的普遍做法，因此合理制定产品价格是保持并提高品牌忠诚度的重要手段。首先，在目标群体消费能力范围内，合理定价能为消费者所接受，如果漫天要价，即使是名牌产品也会失去消费者的认同，降低品牌忠诚度。其次，定价应尽可能地符合消费者的预期价格。最后，还要保持价格的相对稳定。从世界知名品牌的经营过程看，企业都注重恪守其对消费者的承诺，既不为了获取高额利润而提价，也不为了促销而降价；既不被眼前利益所左右，更不会以牺牲品牌承诺为代价。因此，企业只有制定合理的价格并保持其稳定性，才能获得稳定的消费者，并提高消费者对品牌的忠诚度。

3. 完善服务体系，提供优质服务

1999年，美国波士顿咨询集团在调查中发现，顾客从一个品牌转向另一个品牌，70%是因为服务问题，而不是因为质量或价格。消费者真正购买的不仅是产品实体本身，更多的是产品所提供的服务。服务日益成为企业营造品牌忠诚、获取竞争优势的关键。在构建和提高品牌忠诚度中实施的具体服务策略包括：提供售前、售中、售后服务和金融支持等的一体化服务；提供超值、精细的服务；设立有效补救服务。即便是最优秀的企业也难免出现服务方面的失误，因而及时采取补救失误的服务措施，消除对顾客的不良影响，是重新获得顾客对品牌忠诚的有力武器。

4. 塑造稳定的品牌个性，创建良好的品牌形象

消费者对品牌的忠诚不仅是出于对品牌使用价值的需要，而且带有强烈的情感色彩。日本最大的企业形象设计公司兰得社曾经评论说，松下电器与日立电器在质量和价格方面并没有多大区别，更多消费者却购买了松下电器，就是因为松下电器的良好品牌形象使消费者钟爱该品牌。与价格、质量不同，品牌形象是提高品牌忠诚度的软件，它要求企业付出长期的、全方位的努力。任何一个有损企业形象的失误，哪怕是微小的失误，都有可能严重削弱消费者的忠诚度，甚至导致忠诚的转移。因此，每一个品牌都有自己的品牌定位，通过塑造一个稳定的品牌个性，建立与目标市场相关的品牌形象。与众不同的品牌个性和品牌形象会使消费者易于接受,同时也很适合现代社会追求个性的特色。

5. 提高人员素质

企业人员素质的高低是影响企业创造顾客价值,进而影响品牌忠诚的重要因素。这主要表现在:一方面,无论是优质产品还是优质的服务,都是企业的人员创造的;另一方面,员工在与顾客交往时的表现,即在与顾客交流时的言谈举止,也是创造顾客利益的独立要素。因为顾客利益不仅包括物质利益,而且包括情感利益,很多情感利益是在顾客与企业的交往及交易中由企业人员的行为和态度来满足的。因此,如果企业人员在与顾客交往中能使他们身心愉悦,实际上就是增加了顾客的情感利益,就会激发顾客的购买动机,甚至获得顾客的品牌忠诚。

6. 强化与顾客的沟通

沟通是信息提供者或发送者发出作为刺激的信息,并把信息传递给一个或多个受众,以影响其态度和行为的活动。在市场经济条件下,企业最为关注的是企业与其目标顾客之间进行的说服性沟通,在通过沟通把产品及相关信息传递给目标顾客的同时,试图在特定目标顾客中唤起沟通者预期的意念,从而对目标顾客的行为和态度产生有效的影响。可见,品牌忠诚的形成也是信息沟通的结果。

第四节 品牌资产评估

根据品牌资产的内涵,品牌资产评估的基本要素包括:财务要素(成本、溢价、附加现金流等);市场要素(市场占有率、市场业绩、竞争力、股价等);消费者要素(知名度、品质认知、品牌忠诚度等)。

如表11-1所示,根据不同的评估目的(如并购等财务的需要、品牌管理的需要、市场竞争及战略的需要等),品牌资产价值的评估方法基本可分为以下几种。

表 11-1 品牌资产评估方法的分类

评估方法要素	评估方法的特点	代表性方法
财务要素	品牌资产是企业无形资产的一部分,是会计学意义上的概念	成本、替代成本法、市值法
消费者要素＋市场要素	品牌资产是与消费者的关系程度,着眼于品牌资产的运行机制	艾克品牌资产十要素模型
财务要素＋市场要素	品牌资产是品牌未来收益的折现,加入市场业绩的要素对传统的财务方法进行调整	英特尔方法、金融世界方法
财务要素＋消费者要素	品牌资产是相对于同类无品牌或竞争品牌而言,消费者愿意为某一品牌所付的额外费用	溢价法、品牌抵补模型(BPTO)

一、基于财务要素的品牌资产评估

1. 成本法

成本法分为历史成本法和重置成本法。历史成本法是依据品牌资产购置或开发的全部原始价值估价。最直接的方法是计算对该品牌的投资,包括设计、创意、广告、促销、研究、开发、分销等。但品牌资产投资与产出的相关性比较弱,品牌投资与企业的其他投资活动往往紧密结合,很难计算出真正的成本,而且成本法无法反映品牌资产的现值,在实践中运用很少。重置成本法的计算公式为

$$品牌评估价值 = 品牌重置成本 \times 成新率$$

其中,品牌重置成本=品牌账面原值×(评估时物价指数÷品牌购置时物价指数)

品牌成新率=剩余使用年限÷(已使用年限+剩余使用年限)×100%

2. 股票价格法

美国芝加哥大学的西蒙(Simon)和沙立文(Sullivan)提出的股票价格法适用于上市公司的品牌资产评估。该方法以公司股价为基础,将有形资产与无形资产相分离,再从无形资产中分解出品牌资产。具体方法如下:

(1) 计算公司总市值 A。可以通过股价乘以股数获得。

(2) 计算无形资产 C。用会计上的重置成本法计算公司有形资产的总值 B,用总市值减去有形资产总值,得出公司无形资产总值 $C(C=A-B)$。无形资产分解为三个部分:品牌资产 C_1、非品牌资产 C_2 和行业外导致垄断利润的因素 C_3。

(3) 计算品牌资产占无形资产的比例。确定 C_1、C_2 和 C_3 各自的影响因素,建立股价变动与上述各影响因素的数量模型,估计不同因素对无形资产的贡献率,在此基础上可以得出不同行业中品牌资产占该行业无形资产的百分比 β。

(4) 计算品牌资产价值。$C_1 = C \cdot \beta$ 即可得到品牌资产的价值,这种方法尤其适用于采用单品牌策略的企业。

3. 收益现值法

收益现值法是通过估算未来的预期收益,采用适宜的贴现率折算成现值,然后累加求和,得出价值的一种评估方法。在对品牌未来利润的评估中,有两个相互独立的过程:第一个是分离出品牌的净收益;第二个是预测品牌的未来收益。收益现值法计算的品牌价值由两部分组成:一是品牌过去某一时间段收益价值的总和;二是品牌未来的现值。其计算公式为相应两部分的加总:

$$品牌价值 = \sum A_t (1+i)^n + \sum A_t (1+i)^{-n}$$

二、基于消费者要素+市场要素的品牌资产评估

大卫·艾克1991年在《管理品牌资产》一书中提出了品牌资产的大五模型。1996年,艾克对品牌资产的五个要素进行了完善,强调了品牌领导力和市场行为,提出了品牌资产评估的十要素模型(见表11-2)。

表 11-2　品牌资产评估与十要素之间的关系

大五模型指标	十要素指标
忠诚度评估	(1)价差效应 (2)满意度/忠诚度
品牌品质认知/领导型评估	(3)品牌认知 (4)领导性/受欢迎程度

续表

大五模型指标	十要素指标
联想性/区隔性评估	(5)价值认知 (6)品牌个性 (7)企业联想
知名度评估	(8)品牌知名度
市场状况评估	(9)市场占有率 (10)市场价格与渠道覆盖率

艾克的模型提出了品牌资产评估中最重要的几个组成要素,借助市场研究方法可以检测上述要素。但在实际应用中,这些指标要根据行业特点进行调整。例如,食品行业品牌资产评估和高科技行业品牌资产评估中,所选用的指标及其评价中的权重显然存在重大差异。

三、基于财务要素+市场要素的品牌资产评估

基于财务要素+市场要素的品牌资产评估有两家权威机构。英国的英特品牌咨询公司以严谨的技术建立的评估模型在国际上具有很高的权威性。美国的《金融世界》杂志从1992年起对世界著名品牌进行每年一次的跟踪评估。《金融世界》的评估结果被各大媒体转载公布,在世界上具有很大的影响力。下面介绍英特品牌资产评估方法和《金融世界》的评估方法。

(一)英特品牌资产评估方法

英特品牌资产评估方法有一个基本假设:品牌之所以有价值不全在于创造品牌付出了成本,也不全在于品牌产品较无品牌产品可以获得更高的溢价,而在于品牌可以使其所有者在未来获得较稳定的收益。英特品牌评估公式是基于品牌未来收益开发的,评估时考虑主客观两方面的依据。客观的数据包括市场占有率、产品销量及利润状况等;主观判断是确定品牌强度。二者的结合就是英特品牌模型的计算公式:

$$V = P \cdot S$$

其中,V 为品牌价值,P 为品牌带来的净利润,S 为品牌强度倍数。

英特品牌评估法需要分如下三个阶段完成。

1. 品牌未来净利润的计算

首先计算品牌未来净利润,即有品牌产品减去无品牌产品的净利润,需要分三个步骤完成。

(1)对品牌进行财务分析。弄清楚品牌未来5年中可能带来的价值,计算数据来自品牌历年来的发展数据和一些公开的财务报表。每年的"全球100个最有价值品牌"的数据主要来源于摩根大通、花旗银行和摩根斯坦利的第三方数据;然后,需要找到为了让这个品牌达到未来5年的收益要投入的有形资产,如设备、土地、厂房和流动资金等,这些资产在某个行业中都会有一个公认的平均回报率。

(2)计算无形资产。将以上得到的两个部分的结果相减,即用未来收益减去有形资

产投入产生的收益,得出的就是在未来5年中,品牌的无形资产带来的回报。

(3)分离出品牌资产。从无形资产回报中分离出品牌资产,采用一种名为品牌作用指数的方法决定品牌在无形资产中创造的收益的权重。该权重依据行业确定,品牌在消费品中的作用比工业品大,因此品牌作用指数也更高。品牌作用指数带有主观和经验成分,几乎不可能做到完全客观和精确。

2. 品牌强度倍数的计算

品牌强度倍数反映品牌盈利能力的可能性大小,表现形式为品牌未来收益的贴现率。品牌强度倍数由7个指标构成,每个指标根据重要程度在百分比中占有相应的分值(如表11-3所示)。

表11-3 评价品牌强度的7个方面及最高得分

指　　标	释　　义	最高得分
市场特性	品牌是否处于成熟、稳定和具有较高市场壁垒的行业	10
稳定性	品牌是否具有较多的忠诚顾客	15
行业地位	品牌是否在行业内居于领导地位	25
营销范围	品牌营销的范围是否足够宽广	25
品牌趋势	品牌是否与消费者需求相关	10
品牌支持	品牌是否获得持续投资	10
品牌保护	品牌是否获得商标法律保护	5
合　　计		100

资料来源:陆娟. 品牌资产价值评估方法评介[J]. 统计研究,2001(9):34-37.

各指标的得分采用专家意见法确定,最后直接汇总。英特品牌咨询公司还发展了一种S形曲线将品牌实际强度得分转化为品牌未来收益所适用的贴现率,根据这个贴现率最后计算出品牌强度倍数。品牌在上述7个因素方面得分越高,品牌竞争力就越强,品牌的预期获利年限也就越长。根据大量调查,英特品牌评估法中将品牌最低的预期获利年限确定为6年,将最高的预期获利年限确定为20年,亦即S的取值范围为6～20。

3. 品牌价值的计算

根据公式,品牌资产的价值等于品牌未来净收益与品牌强度倍数之积,即将第一阶段计算出来的品牌未来净收益进行贴现。

(二)美国《金融世界》的品牌资产评估方法

美国《金融世界》将品牌分成产品品牌和公司品牌两个层面分别进行评估。产品层面称为商标,公司层面称为公司商号。商标的价值评估采用英特品牌咨询公司的方法,而公司商号的价值评估采用特许经营协会(Trade & Licensing Associates,TLA)的方法。从1992年开始,《金融世界》杂志每年公布世界最有价值品牌评估报告。

《金融世界》商标价值评估所使用的方法与英特品牌资产评估方法很接近,主要不同之处是《金融世界》更多地以专家意见来确定品牌的财务收益等数据(参见表11-4)。

表 11-4 《金融世界》品牌资产计算方法　　　　　　　　　　单位：美元

步骤	项目	公式描述	万宝路(1992年)	可口可乐(1993年)
(1)	销售额/美元		154 亿	90 亿
(2)	利润率/%	行业平均	22	30
(3)	利润/美元	(1)×(2)	34 亿	27 亿
(4)	资本比率/%	行业平均	60	60
(5)	理论资本/美元	(1)×(4)	92 亿	55 亿
(6)	一般利润/美元	(5)×5%	4.6 亿	2.7 亿
(7)	品牌利润/美元	(3)−(6)(取整数)	29 亿	24 亿
(8)	修正利润/美元	三年加权平均	—	—
(9)	税率/%	行业平均	43	30
(10)	理论纳税/美元	(7)×(9)	12 亿	7.3 亿
(11)	纯利润/美元	(7)−(10)	27 亿	16.7 亿
(12)	强度系数/倍	6~20	11.5	20
(13)	品牌价值/美元	(11)×(12)	310 亿	334 亿

资料来源：卢泰宏. 品牌资产评估的模型与方法[EB/OL]. http://www.kesum.com/zjzx/mjzl/guangzhou/lth/200612/33219.html.

具体步骤如下：

(1) 计算品牌的利润贡献。首先从公司销售额开始，基于专家对行业平均利润率的估计，计算出公司的营业利润。然后从营业利润中剔除与品牌无关的利润额，如资本净收益(根据专家意见估计出资本报酬率)和税收，最终得出与品牌相关的利润。

(2) 计算品牌强度。根据英特品牌咨询公司的品牌强度七因素模型估计品牌强度倍数，品牌强度倍数的范围为 6~20。

(3) 计算品牌资产。品牌资产＝品牌净利润×品牌强度倍数。

《金融世界》对公司商号评估采用 TLA 的方法，其理论基础是：衡量一个公司商号价值的最佳尺度是现实生活中其他当事人为使用该商号愿意支付的租金。TLA 建立了一个大型数据库，包含涉及几乎所有消费品的 5 000 多种特许经营协议，并以这些具有可比性的许可协议为基础进行评估。TLA 评估思路仍是收益现值法，首先根据利润、消费者认可度、产品扩张能力、市场份额增长率、转产其他产品的能力等 20 种因素确定商号强度(brand's strength)，将公司分为 1~5 级，以 5 级为最高。强度值越大，公司可能获得的特许权费率就越高。特许权费率在不同行业区别很大，在某些食品行业可能低至 0.25%，而在珠宝或化妆品等高利润行业可能高达 5%。然后确定公司商号的有效寿命、预期销售增长率、折现率等，将未来收益期内的预期收益进行折现。TLA 的公式为

商号价值 = 当年销售收入×特许权费率×有效寿命×预期销售增长率×折现因子

四、基于财务要素＋消费者要素的品牌资产评估

从 1998 年起，WPP 集团旗下的英国品牌咨询公司明略行（Millward Brown）开展了名为 BrandZ 的基于顾客的品牌资产研究，收集了 31 个国家的 100 万名消费者对 5 万个品牌的访谈数据。基于其庞大的消费者数据，以及彭博（Bloomberg）和数据监控（Datamonitor）等的多方市场数据，明略行开发了专有的品牌资产评估模型，并于 2006 年起每年 4 月在《金融时报》上发表"BrandZ 全球品牌 100 强"榜单。

BrandZ 品牌价值的计算方法包括下面四个步骤。

（1）计算无形资产利润（intangible earnings）。根据彭博和数据监控公司的数据，分国家计算每一个品牌的总体利润，根据公司和分析师报告、行业研究、收益估算等剥离出无形资产所创造的利润。

（2）计算品牌贡献。根据 BrandZ 中的消费者忠诚度数据估算品牌在无形资产中所占的比例。

（3）计算品牌倍数（brand multiple）。通过 BrandZ 和彭博中的数据估算市场大小、品牌风险及品牌成长潜力，进而算出品牌倍数。

（4）计算品牌价值。将上面三个步骤的数据相乘，即可算出品牌价值。计算公式为

$$品牌价值 = 无形资产利润 \times 品牌贡献 \times 品牌倍数$$

BrandZ 品牌榜单的评估方法与其他评估方法有很大不同，主要表现为：①评估方法结合了消费者和财务两个方面来评估品牌价值，而英特品牌资产评估方法等其他评估方法都是从市场一个方面来评估品牌价值，这使 BrandZ 方法不仅反映了品牌的财务价值，而且反映了品牌成长的驱动力，因此可以具体指导公司进行品牌管理；②不仅评估了发达国家，还评估了发展中国家（中国、巴西、印度、俄罗斯）的品牌。在英特品牌资产评估方法下，前 100 强中至今尚未出现中国品牌，一个很重要的原因是英特品牌资产评估方法看重品牌的国际化，国际化程度不高的品牌不予评估；而在 BrandZ 评估方法中，单一国家的品牌即使国际化程度不高也会进入评估的范畴，因此才出现了中国移动通信以品牌价值 521 亿美元位居第 5、中国工商银行、中国建设银行和中国银行分别以 280 亿美元、196 亿美元和 194 亿美元位居第 18 位、第 31 位和第 32 位的优异成绩。在 BrandZ 的全球品牌 100 强中，中国品牌破天荒占了 4 席，这与英特品牌资产评估方法形成鲜明对比；③BrandZ 评估的是单个品牌而不是公司品牌，因此如果一家集团公司有多个产品或服务品牌，都有可能分别登上 BrandZ 的榜单。在软饮料行业的品牌价值排行榜中，前 5 强中有 4 强（可口可乐、健怡可乐、芬达、雪碧）是可口可乐公司的品牌。

授课视频

复习思考题

1. 阐述基于消费者关系的品牌资产的定义。
2. 阐述基于品牌力的品牌资产的定义的核心。

3. 简述品牌的价值链。
4. 简述品牌资产的构成要素。
5. 简述提升品牌资产的策略。
6. 理解英特品牌咨询公司和《金融世界》的品牌评估方法。

案 例 分 析

卡地亚——奢华有道的造梦者

卡地亚（Cartier）是在中国市场上运作最为成功的国际顶级珠宝品牌，连续5年蝉联胡润"中国富豪品牌倾向调查"珠宝类冠军。来自奢侈之都巴黎的卡地亚，自161年前诞生之日起，一直备受各国皇室贵族和社会名流的推崇。

1992年，卡地亚在上海南京路的曼克顿有了第一个专柜，但最先推出的并不是最高端产品，而是香水、皮具、眼镜架、打火机等附属产品。按照卡地亚在中国市场的"垦荒者"陆慧全的说法，当时是在"全球都要有卡地亚"的理念下进入中国的。直到1998年，卡地亚才在上海恒隆广场开了第一家真正意义上的旗舰店，推出了"精锐部队"珠宝和腕表。2000年开始，高级珠宝和钻石腕表逐渐成为卡地亚的主干。尤其是2004年之后，由于政策放开，卡地亚和其他奢侈品牌一样开始自主扩张。卡地亚大中华区行政总裁陆慧全说："我们在一个更高的平台上销售卡地亚的理念和文化。我们的选材、款式和产品背后的历史、技术、文化支撑起产品的高价格。"

品牌篇："我们的品牌基因在哪里？"

"第一者生存"法则在珠宝市场表现得淋漓尽致，位居后面的品牌则非常被动。

作为顶级的珠宝品牌，卡地亚进入中国伊始就采取了与众不同的品牌战略。它高调突出卡地亚的皇家血统——"珠宝商的皇帝，皇帝的珠宝商"。以顶级奢侈品面貌出现的卡地亚，其价值肯定不仅在于产品本身，更重要的是它所代表的价值内涵和品牌精神。在珠宝等奢侈品行业，抛开了品牌，什么都不是。卡地亚必须为高昂的价格提供强有力的支持，"我们的品牌基因在哪里？"

（1）悠久的品牌历史。品牌历史是品牌的重要资产，能为品牌带来信任度和丰富的联想。160多年的历史，赋予了卡地亚独特的文化内涵，为瑰丽无匹、巧夺天工的珠宝、钟表历史写下辉煌的篇章，光芒不可逼视。

（2）奢侈品的诞生地。英雄可以不问出处，奢侈品却要看产地。法国巴黎、英国伦敦是生产奢侈品的地方，只要一提到这些城市，就会有丰富的产地联想。来自法国巴黎的卡地亚具有天然的优势。

（3）皇家血统。卡地亚的皇家血统使其成为上流社会的象征，成为区分富有阶层与普罗大众的特殊标志。卡地亚最初以创新的彩色宝石饰物名噪皇庭，获得拿破仑三世的称许；英国国王爱德华七世曾要求卡地亚制作27顶皇冠供加冕之用，并盛赞其为"珠宝商的皇帝，皇帝的珠宝商"；欧洲多国皇室亦曾给它发过委任状。

(4) 不断创新的品牌精神。创新是品牌在消费者心目中保持活力和新鲜度的源泉，品牌的历史也是不断创新的历史。卡地亚在产品的设计和创新领域一直走在前沿，引领当代艺术及时尚的潮流。

(5) 独特的设计灵感、品质和做工。珠宝设计需要经典美学，但还要加上当代的精神演绎，才能更具时代感，从而被人们接受。历史悠久的卡地亚曾有过许多重要的设计专题，包括"系列主题创作""重现高级珠宝的艺术精粹"等，这些传统设计理念对卡地亚影响深远。在流畅的线条、明澄的色彩中，卡地亚演绎着美的真谛——美在于简单而不在于繁杂，在于和谐而不在于冲突。

除了上述经得起反复推敲的理由支撑其高昂的售价，所有的细节——店铺的位置、店面的设计、陈列、服务人员的态度、产品的品质、印刷品的品质都在不断丰富、诠释、强化卡地亚这个奢侈品牌高价的理由，并使消费者在对卡地亚品牌的不断审视、了解和体验中形成强烈的偏好，最终构成对卡地亚的品牌信念。

产品篇：设计与创新

设计与创新是卡地亚百年不衰的灵魂，是品牌不断受到世人关注的原因，也是卡地亚品牌形象历久弥新的法宝。

(1) 灵感：来自世界之旅。卡地亚的长处在于能够保留当代传统精华，通过简洁利落的线条，添加现代风格。从20世纪开始，卡地亚把来自埃及、波斯、远东和俄罗斯的一些风格融入更富有几何性和抽象性的设计中。1906年，卡地亚开始把浓郁的色彩和一些新的材料（如玛瑙、珊瑚等）运用到设计中，并形成一种新的风格。这种风格在1925年巴黎举办的国际现代装饰及工艺艺术展览上，被冠以"装饰艺术"（ArtDeco）的名称，并从此闻名于世。

(2) 设计：聚集天才之能。卡地亚聚集了一批天才设计师，其中出类拔萃的当属贞杜桑。在"装饰艺术"后期，她让美洲豹成为热门商品，堪称卡地亚的商标。她一向乐于尝试新的想法，在她的领导下，卡地亚成功推出一系列发明，在现代珠宝配件领域崭露头角。1942年，卡地亚的设计师在巴黎樊尚公园内的动物园寻找灵感。这一时期，卡地亚在原有美洲豹、斑马纹与玳瑁等装饰元素中加入了更多植物及亚洲文化的主题，如用龙与喷火兽形象来装饰座钟，胸针及吊坠则融入了日耳曼与远东神话故事中的象征性元素。

(3) 创新：艺术的瑰宝。在创新上，卡地亚屡屡带给世人震撼。卡地亚曾为比利时伊丽莎白女皇设计制作以皇家桂冠为主题图案的涡形冠冕，为印度土邦主辛格爵士制作著名的堪称"梦幻珠宝"的项链。此外，对于卡地亚来说，"故事"也是重要的产品诉求方法。无论是卡地亚第一款动物造型"猎豹"胸针背后温莎公爵夫妇的爱情故事，还是为纪念"一战"中的坦克兵而设计的"Tank腕表系列"，卡地亚的每一款产品都有一个属于自己的美丽故事。与法国著名诗人让·科克托（Jean Cocteau）相关的三环戒指及在宣传片中深情表白"因为爱，选择一种生活，一个时刻，选择原谅、付出、接受，选择守候"的love系列，为卡地亚赢得了最为广泛的拥趸。

传播篇：奢华有道

有人说，"奢侈品自诞生之日起，就注定了其营销方式与众不同。"目前珠宝业营销传播方式主要有两种：一种是传播品牌形象，以品牌号召力影响消费者，如卡地亚、蒂芙尼、TESIRO通灵等珠宝品牌；另一种是重点传播珠宝产品，依靠营造概念（尤其以"新款产品＋概念"）开拓市场，如周大福、谢瑞麟、周生生等。

"在中国，公关比销售更重要。"陆慧全承认，"不论把店开到什么地方，公关部门都是先头部队，围绕不同平台进行品牌的运作推广。"卡地亚的传播活动始终坚持整合营销传播理念。所有营销传播活动必须围绕"珠宝商的皇帝，皇帝的珠宝商"的主题诉求进行，与产品的定位高度吻合。在传播上，卡地亚善于运用多种手段占领消费者心智。

（1）统一视觉，树立符号。"统一视觉，树立符号"的目的是突出传递品牌的内在理念，并形成独特的视觉风格，建立与众不同的形象。卡地亚主要从颜色视觉和品牌符号两个方面入手。一个属于品牌的特别颜色，既能体现品牌的精神内涵，又能体现高档的形象，如卡地亚的酒红、蒂芙尼的淡蓝。时间长了，品牌所设定的颜色将成为品牌的记忆视觉。此外，符号可以帮助品牌建立独特的形象，如卡地亚的猎豹、LV的组合、巴宝莉的方格。国内珠宝品牌除了名字和徽标，几乎没有其他元素是统一的，名字和徽标也缺少现代、国际化的元素，缺少能够提升品牌档次的视觉效果，更缺少强烈的识别性符号。

（2）赞助奢侈品巡展、高端论坛会议。做巡展，是高端产品展示品牌实力的最佳方法，同时也是一种有效的促销手段。通过巡展，不仅能完成大额销售，还可以树立品牌立体形象。通过赞助能轻而易举地找到目标细分市场，也是最容易传播品牌声音的手段。卡地亚不仅经常赞助高端奢侈品展，而且每年都会在全球重要城市轮流举办卡地亚艺术珍宝展，展出卡地亚收藏的传世经典作品。通过这种形式，卡地亚不仅向世人展示了其辉煌的传奇历程，更引领大家探寻卡地亚高级珠宝背后深邃的艺术世界。

（3）借力艺术，互动公关，传播品牌。人们购买顶级珠宝品牌并非因为珠宝的本身价值，而是因为品牌提供的精神满足感。这种满足感是无法量化的，这与现代艺术带给人们的感受是一致的。如今不少品牌都以赞助艺术展作为营销手段。正是卡地亚开了先河。卡地亚在1984年成立了卡地亚当代艺术基金会（Cartier Foundation），致力于在全球范围内寻找原创的现代艺术作品，资助现代艺术家的创作、交流与展示，将卡地亚的创新精神及对艺术的执着追求彰显到极致。

（4）俱乐部营销提升忠诚和喜好，增加重复购买和口碑推荐。西方国家强调"阶层"，中国也有"物以类聚、人以群分"的说法。高端群体也有一个圈子，这个圈子体现了相近的生活形态、需求、方式的共通性，他们往往通过俱乐部来增强这个阶层和圈子的影响力。

卡地亚俱乐部通过卡地亚艺术杂志展示形象，同时通过俱乐部的口碑增加忠诚度。卡地亚欢迎大众也加入会员中，因为每个人都是潜在的顾客。卡地亚以互动方式完美地完成了一对一的营销。卡地亚俱乐部营销的目的不仅是让顾客重复购买，更多的是提升在阶层和圈子内的口碑。事实证明，高端品牌拥有固定的购买人群，这些人决定了品牌的评价系统，是意见领袖，也是公关对象。

（5）融入社会性的公益活动，体现责任感。中国传统理念倡导"富则兼济天下"。奢侈品牌应当承担社会公民的角色,积极为社会公益事业做出贡献。从另一个角度讲,高端奢侈品牌曾因被视为浪费、奢华及破坏环境而遭到公众的质疑。为了改变这一认知,许多奢侈品牌将公益活动和参与公益事业当作品牌的重要策略,这样既能转变公众的看法,又建立了勇于承担社会责任的形象,更有利于赢得公众的好感。

在中国,卡地亚也积极融入,为公益事业做出了许多努力,如为希望小学捐款、参与赈灾捐款。卡地亚还积极支持青年人创业,并开展公关宣传,通过传播让大众知晓。此外,卡地亚还经常为新品举办盛大发布会等,同时配合积极的媒体公关,以较低的成本实现了良好的宣传效果、提升了品牌形象。

渠道篇:把品牌的根须扎入二线市场

在瞬息万变的奢侈品市场上,谁也无法保证永续辉煌。尤其是2005年之后,中国钻石零售市场彻底对外开放,法国钻石世家,美国钻石星纪等珠宝钻石商家纷纷加快在中国的发展布局。它们多采取复合渠道,除了进入一流大商场之外,还采取在一线城市开设旗舰店,二、三线城市发展特许加盟的策略。市场下沉,把品牌的触角深入二、三线城市是卡地亚应对这场市场争夺战的重要战略之一。陆慧全说:"卡地亚是较早深入二线城市的奢侈品品牌之一。我们非常注重二、三线市场,这些地方的开拓很不容易,在渠道建设、品牌教育等方面总是需要额外的投入。"卡地亚不遗余力地扩建渠道,旨在扎稳市场根基。陆慧全指出:"在二线城市,我们的知名度与18年前在一线城市差不多,我们的任务仍然是培育客户。"

然而,奢侈品的盈利模式仍然敏感而脆弱,自建渠道成本很高。据悉,卡地亚是全球唯一一家在零售和批发市场同时作战的奢侈品品牌。在中国市场上,卡地亚的业务中,零售占65%,批发占35%。陆慧全说:"我们的零售和批发业务都不是单看回报,若单看回报,也不会在中国开展业务。目前,最重要的是以最快的速度把平台搭建起来。"非同寻常的扩张速度奠定了卡地亚在中国奢侈品市场上遥遥领先的地位。面对竞争对手的不断发力,卡地亚早已胸有成竹。陆慧全说:"别人只有5家分店时,我们已经有30家了,这就是抢跑的优势。"

但是,领跑者注定要付出领跑者的代价。几乎所有的奢侈品品牌都只关注中国的直辖市、省会城市和沿海一线城市,其中一层用意就在于"致力于维护自己的高端定位和品牌形象"。当卡地亚选择将二、三线城市纳入扩张领域时,便选择了面对品牌形象可能被削弱的风险。

资料来源:马小雨. 卡地亚:奢华有道的造梦者[J]. 销售与市场,2010(5):52-55.

案例讨论思考题

1. 卡地亚品牌在中国市场取得成功的原因有哪些?
2. 我们可以如何借鉴卡地亚的品牌营销模式?
3. 以卡地亚为例,分析奢侈品品牌资产的特殊之处。

第十二章 品牌维护

【学习目的与要求】
(1) 理解品牌维护的内涵；
(2) 理解品牌监测的内容和方法；
(3) 掌握品牌经营维护的策略；
(4) 掌握品牌更新与创新的策略；
(5) 掌握品牌法律维护的策略。

扩展阅读 12.1
百度为什么屡被侵权？

在品牌创建和经营的过程中，有的品牌经历了几十年甚至上百年经久不衰，而有的品牌却在短暂的辉煌后被市场淹没。有着上百年历史的同仁堂制药仍然是中国药业的领导者；而爱多（VCD）、旭日升（冰茶）等品牌一度得到市场的高度认可，却在市场的大潮中黯然失色，已经难觅踪迹。还有的品牌在市场竞争中发现被其他经营者仿冒或抢注，使品牌经营和发展遇到障碍，重新获得自己品牌的合法地位需要付出巨大的代价，甚至永远失去了使用自己品牌的合法权利。因此，品牌维护在品牌经营和发展中具有重要的意义。

第一节 品牌维护的内涵

一、品牌维护的定义

品牌维护是企业针对外部环境变化给品牌带来的影响所进行的维护品牌形象、保持品牌市场地位的一系列活动的总称。品牌维护分为经营维护、法律维护和品牌更新三个方面。

品牌维护贯穿品牌管理的整个过程。品牌创建要经过品牌设计、品牌定位、品牌性格塑造、品牌传播、品牌延伸等步骤，还要规避品牌市场扩展、竞争中的风险。在确立了品牌的知名度，有了忠诚的顾客群体后，有的企业认为品牌建设工作已经完成，剩下的就是充分利用品牌资源，挖掘品牌资产"金矿"的过程。事实上，品牌建设是一项经常性、持续性的工作,在经营过程中,要对品牌进行必要的监测,保持品牌与消费者的密切沟通,对品牌要素进行适时的更新,以适应市场变化,防止品牌老化。同时,应注意从法律层面上对品牌进行保护,防止商标等品牌要素在未开发市场上特别是国际市场上被抢注,确保品牌运营的可持续性。

二、品牌维护的意义

在品牌管理过程中,品牌维护具有如下现实意义。

1. 巩固品牌地位、防止品牌老化

由于内部和外部的原因,品牌在市场竞争中的知名度和美誉度下降、销量下滑、市场占有率降低等品牌衰落现象,被称为品牌老化。品牌老化是一个逐渐下滑的趋势,如果不对品牌进行维护,随之而来的就是失去原有的市场。

进行品牌维护可以有效地防止品牌老化。随着企业经营环境和消费者需求的变化,品牌的内涵和表现形式也要不断更新发展,为品牌注入新的元素,满足消费者尝试新特色、新款式、新时尚的追求。例如,可口可乐适时调整口味、李维斯牛仔裤的式样随着市场需求而变化等。维护品牌不断创新的形象,保持和增强品牌生命力,更好地满足消费者的需求,在竞争中始终处于有利地位,保持品牌的市场地位,是克服品牌老化的唯一途径。

2. 抵抗竞争者的攻击

在市场竞争中,有两种竞争者对品牌形成巨大的威胁。一是品牌仿冒者。品牌仿冒者自己不创建品牌,把生产的产品贴上别人的品牌进行销售,这一现象被一些经济学家称为"黑色经济"。据估计,假冒商品总量约占世界贸易额的2%,甚至更多。假冒品牌商品不仅侵犯品牌的商标形象,使消费者真假难辨,而且由于质量等因素,消费者在使用过程中不会有满意的体验。对于品牌拥有者来说,品牌被仿冒将会引起市场混乱,降低市场控制能力,而且会严重影响品牌的经济效益,败坏品牌声誉,甚至使品牌拥有者受损。二是品牌恶意抢注者。品牌有了知名度,得到市场的普遍认可后,产品经营也很顺利,在市场开拓过程中,企业突然发现自己的品牌被别人注册,品牌持续经营遇到障碍。因此,要有效地维护品牌,必须将品牌经营引入法制轨道,通过司法保护和商标保护对品牌进行维护,防止竞争者的恶意攻击。

3. 预防和化解危机

随着消费者维权意识和公众舆论监督程度的不断提高,品牌面临越来越多的危机事件。企业的品牌运营活动是在变化着的市场环境中实现的。如果企业在选择运营策略、制定管理制度、决策投资项目等活动中不能与外部环境相适应,企业的品牌运营就可能陷入危机。例如,秦池古酒为争夺中央电视台广告时段的标王地位而一掷千金,导致企业资金链断裂,品牌陷入危机。同时,品牌维护要求品牌产品或服务的质量不断提升,不仅可以有效地防范由内部原因引起的品牌危机,而且可以增强品牌的核心价值,进行理性的品牌延伸和品牌扩张有利于降低危机发生后的波及风险。

第二节 品牌监测

一个强势品牌要在激烈的市场竞争中长足发展,必须清楚了解品牌在市场上的表现、品牌的经营策略与内部资源和外部环境是否匹配,以及竞争对手的品牌策略等。要时刻对上述三个方面进行监视和测量。

一、品牌监测的方法

品牌监测的方法主要有定性和定量两种(见表12-1)。

表12-1 品牌监测的定性和定量方法

项目	定性方法	定量方法
目的	对潜在的原因和动机有一个定性的认识	把得到的信息量化,从样本推知总体
样本	少量非代表性的个案	大量代表性的个案
方法	座谈、深度访问	入户访问、街头定点访问
结果	产生初步的概念	得到一个可以指导行动的结论

资料来源:李业. 品牌管理[M]. 广州:广东高等教育出版社,2004.

二、品牌监测的内容

(一)市场监测

1. 对消费者品牌选择行为的监测

消费者的需求经常变化,从而要求对消费者的需求和购买行为进行监测,这样才能使品牌做出相应的调整,更好地满足消费者的需求。这种监测包括知名度调查、美誉度调查、忠诚度调查和联想度调查等。

2. 对品牌市场表现的监测

市场表现监测主要包括:对市场占有率的监测,如区域市场和细分市场的监测;品牌销售渠道的监测;渠道覆盖率监测等。对品牌市场表现进行监测是为了更好地了解品牌在市场上的地位,更好地适应未来的发展而做出调整。

(二)经营监测

动态的市场环境充斥着多种不确定因素,品牌在成长过程中风险四伏,品牌的塑造越来越难,维护一个知名品牌更是举步维艰。企业迫切需要采取一定的防范措施,以完善对品牌经营策略的监测,通过监测来维护品牌、减小品牌危机的概率。

品牌经营监测的内容与品牌市场监测的内容密切相关,主要包括如下几个方面。

1. 品牌的差异性是否在减弱

品牌经营中必须注重产品创新,保持与竞争对手的差异化。如果产品长期不变,在市场上日显陈旧老化,将会使品牌的竞争力不断下降,最终被市场所淘汰。

2. 产品销售对象是否扩大化

品牌产品只适用于某一消费群体,或满足消费者的某一特定要求。企业如果过分追求市场份额和销售数量,盲目地将消费群体扩大化,改变原有的价格策略,当原目标群体之外的消费者购买和使用后,原有消费层次划分和品牌定位将发生变化,使原来的目标消费群体失去对该品牌的信任,引起市场连锁反应,导致品牌的目标消费群体逐渐萎缩。

3. 品牌延伸是否盲目

有些企业为了发掘品牌的市场潜力,不遵循品牌延伸的规律,任意进行品牌延伸,哪里有机会品牌就延伸到哪个行业(如做药品的品牌向食品延伸)。这种做法会对品牌形象造成严重损害。

4. 品牌传播投入是否过度

企业如果把品牌传播作为品牌成长的催化剂,在广告、电视节目冠名、公共关系方面投入过量资金,依赖品牌传播投入促使品牌快速成长,投入会大大超出企业的承受能力,不仅无法取得预期的市场销量,而且会造成入不敷出的结果。

5. 产品和售后服务质量是否下降

当品牌有了一定的知名度和美誉度后,企业对售后服务质量的要求容易放松。同时,由于企业的生产规模和市场规模不断扩大,企业内部管理和市场管理的漏洞会增多,将导致产品和售后服务质量逐渐下降,对品牌产生负面影响。

6. 是否卷入过度的价格战

过度的价格战不但会使企业利润大幅下降,使企业失去自我发展的能力,同时也会给品牌形象造成极大的负面影响,增加消费者对产品价格的敏感程度,产生持续的降价期待,难以建立品牌忠诚。

(三)竞争性品牌监测

在市场竞争中,企业要明确自己的最大挑战来自哪些竞争对手,了解竞争性品牌的目标及其对本企业品牌的影响、竞争对手的实力和弱点、本企业品牌与竞争性品牌的竞争地位如何等。

(四)品牌法律监测

企业应监测品牌产品的市场状况,了解在品牌经营过程中是否存在以下问题。

1. 市场是否存在品牌侵权行为

品牌侵权包括商标侵权和专利侵权。商标侵权是一些不法商家利用知名品牌非法销售自己的产品,牟取不法利润,如直接仿制知名品牌的产品、在产品上贴知名品牌的商标及利用知名品牌的包装在市场上销售。还有的商家把知名品牌的名称、标志进行有限修改,作为自己的品牌,像服装品牌花花公子,"兔子头"有多种形式,真假难辨。品牌侵权行为危害很大,不但以低成本抢占了品牌产品的市场份额、蚕食了品牌产品的利润,更重要的是损害了品牌形象,甚至会毁掉一个品牌、一个企业。因此,企业应监测品牌的侵权行为,掌握其性质、规模、发源地等,以便迅速制定品牌维护策略。

2. 商标注册是否及时

品牌的培育有一个过程。如果由于某种原因未能及时注册，则有可能被一些机构或个人抢先注册，导致自己培育的品牌落入他人之手。品牌抢注有两种情况：一是地域性抢注，如有的品牌在国内已经注册，当要进入某一个国家的市场时，发现自己的品牌已经被别人抢注，品牌产品进入该国有了法律障碍；二是时效性抢注，品牌或商标的保护期限到了而没有合法延续，被别人抢注。抢注的类型包括同名抢注、谐音抢注、域名抢注等。因此，企业要对品牌产品即将进入的或未来的销售市场进行监测，进行商标和品牌注册，防止被恶意抢注。

品牌监测是为了实施品牌维护策略所进行的前期活动。品牌监测可以在公司内部进行，也可以委托专业机构实施。无论采取哪种方式，都是品牌维护必不可少的环节，都是为了保证品牌维护更有针对性地进行。

第三节　品牌的经营维护

品牌的经营维护主要是指针对环境变化，积极面对市场竞争所进行的提高产品质量、进行品牌更新、规范品牌建设和经营行为、建立品牌档案等一系列活动。

（一）维持高质量的品牌形象

质量作为品牌的本质和基础，会影响品牌的生存和发展。对品牌经营者而言，维持高质量的品牌形象可以通过以下几个方面进行。

1. 评估产品目前的质量

目前生产的品牌产品，是否严格按照本企业产品质量管理体系进行？与国际质量认证体系是否还有差距？目前被消费者认为差的因素是哪些？需要在哪些方面做出改进？企业销售人员是否完全具备与产品品牌有关的业务知识？

2. 掌握消费者对质量要求的变化趋势

企业在设计产品时要考虑顾客的实际需要，随时掌握消费者对质量要求的变化趋势，树立独特的质量形象。倾听顾客意见，对现有产品质量进行改良。倾听专家意见，以便在产品质量上有所突破。

3. 建立独特的高质量形象

从品牌广告、营销、公关、策划等多种角度树立独特的品牌质量形象，一方面从设计、原料、工艺、技术等方面着手，切实做到产品质量过硬；另一方面，注重宣传产品质量，塑造品牌形象，让品牌具有品位高雅、质量可靠、设计时尚等形象。品牌要在物理产品上保证高质量，也要善于包装自己、宣传自己，维护独特的高质量的品牌形象。

（二）建立品牌档案，培养消费者的品牌忠诚度

由于市场竞争激烈，消费者对某一品牌的忠诚度不稳定，通过品牌档案建立品牌与消费者稳定的、长期的关系，是培养消费者忠诚度的关键环节。收集消费者的资料，包括姓名、住址、职业，以研究消费者的交易行为和交易习惯。在掌握消费者各种相关信息并不

断更新这些信息的前提下,深入分析消费者现时的偏好和未来的需求,在成本可行的条件下尽可能服务于消费者,满足消费者的要求。让消费者参与产品设计、品牌塑造过程,认真倾听消费者在产品开发、推广等方面的建议。同时,通过品牌档案,还可以加强与消费者的感情交流,赢得其好感,提升企业的品牌形象。

(三)规范品牌经营行为,降低危机风险

品牌危机起源于企业经营行为。只有时刻保持强烈的忧患意识,才能在日趋激烈的市场竞争中稳中取胜,进而发展自己。规范品牌行为须采取以下措施。

1. 注重品牌的市场定位

随着市场竞争越来越激烈,市场需求呈现多样化的趋势,企业应认真研究产品的特点,看清楚产品是针对哪一类消费者群体,满足消费者的何种需求,以界定企业的目标市场,进而制定品牌规划和实施措施,实现品牌的整体发展。

2. 谨慎品牌延伸

品牌延伸成功的关键在于品牌自身强势度、原有品牌产品与延伸产品的关联度、品牌延伸区域的市场竞争情况三个因素。第一个因素可以确定品牌要不要延伸,如果强势度不足,品牌延伸需要慎重;第二个因素可以确定消费者是否认可;第三个因素可以确定延伸所需的资金支持和市场难度。在决定广告费用与促销投入时需要考虑竞争对手的竞争策略和投入水平。必须结合这三个方面进行综合考虑,决定是否进行品牌延伸,而不能盲目行事,避免掉入品牌延伸的"多元化陷阱"。

3. 科学制定传播预算

品牌贵在传播。一定要对品牌的广告行为制定科学的预算,避免广告与企业规模和销售能力严重脱节,否则一旦出现市场波动,企业资金链很可能会断裂。科学制定传播预算,需要根据品牌所处的阶段采取不同的方法。

(1)品牌成长的初期。由于产品刚进入市场,尚处于市场开发阶段,品牌知名度较低,产品销量较小,此时可采用目标任务法和负担能力法确定广告预算,即根据市场开发目标和财务承受能力测算企业需要投入的传播费用。

(2)品牌快速成长阶段。由于产品逐渐被市场接受,销量快速增长,品牌知名度呈上升趋势,此时可采用销售额比例法确定传播预算。

(3)品牌进入成熟阶段。产品销量已经比较平稳,品牌的知名度和美誉度达到了一个稳定的水平,品牌已拥有了忠诚的消费者群体,此时可采用销售额比例法和竞争平衡法确定广告费用。

4. 保持价格控制权,重视非价格手段的运用

价格是企业品牌维护的要点之一。价格不仅关系企业利润,还有可能影响企业品牌形象。品牌形象与价格水平密切相关。因此,企业应保持价格控制权,保持市场价格的统一性和相对稳定性,以维护品牌的声誉。例如,制造商要求经销商按指定的价格销售品牌产品,再根据其销售额给予相应比例的返利。这是维护品牌产品统一价格的有效方法。同时,要重视运用非价格竞争手段(如免费提供维修服务等),以提高顾客满意度作为竞争的根本点,增强品牌的竞争力。

（四）从技术上进行品牌维护

品牌技术维护是指品牌拥有者以技术为手段对品牌实施保护的过程，具体包括技术领先、技术标准和技术保密等手段。

1. 以技术引领品牌发展

技术领先是赖以确立和持久维持品牌地位的先决条件。

（1）以技术引领品牌产品生产。企业积极开展技术创新活动，产品生产采用更先进的技术，快速推进品牌产品的更新换代，以最新的观念、材料、工艺与方法，开发出更先进的产品，引领消费潮流变化，使品牌产品比同类产品具有更多的功能，更高的稳定性、价值和效用。

（2）以技术引领市场竞争力。技术引领意味着在市场价格相同的条件下，品牌产品更具市场竞争力，使竞争者只能望其项背，采取跟随战略。品牌企业通过技术创新，开展产业链上的技术合作和服务，引导市场有序竞争，最终成为行业的领导者。

（3）以技术引领市场信心。保持技术领先能给消费者更强的信心，将广大消费者吸引在品牌的周围，促使他们对企业的产品形成品牌偏好，对品牌形成忠诚。

2. 统一技术标准

在激烈的竞争中，一些拥有良好效益和品牌声誉的企业会突破原有企业、地域乃至国界的局限，通过并购、控股、合资等方式延长产业链、扩大生产经营范围和规模。也有很多企业通过联营、承租、品牌特许等方式，允许他人有偿使用企业品牌生产经营，以求获得更多的市场份额和利益。必须牢记的是，质量是品牌的生命，企业在延长产业链、扩大生产范围和规模时，一定要视自己的控制能力而行，严格品牌产品的技术标准，对特许单位坚持统一的技术要求，确保原料、工艺方面的技术一致性，严格按母公司的质量标准组织生产，决不能因盲目追求规模、效益而牺牲企业品牌声誉。

3. 严守品牌机密

经济情报是商业间谍猎取的主要目标，严酷的现实要求品牌经营者必须树立保密观念，高度警惕，妥善保护自己品牌的秘密，防止泄密。

首先，对涉及企业生存和发展的核心技术、配方、工艺等应谢绝技术性参观和考察。调查显示，世界上每一项新技术、新发明，有40%左右的内容是通过各种情报手段获得的，而许多经济间谍正是打着参观的幌子窃取情报的。对必需的参观活动，各企业需要安排专人陪同，严密监视，防止技术秘密外泄。

其次，严格限制接触品牌机密的人员范围，对从事技术研发、接触技术秘密的人员要采取法律约束等手段，约束其行为。而对于商业间谍或竞争对手的卧底，要坚决通过法律予以严惩，起到"杀一儆百"的作用。

第四节　品牌创新与重新定位

一、品牌创新

品牌创新是指品牌以技术创新为支撑、以市场需求为导向、以企业发展为目标而开发新的产品、新的用途、新的创意,开辟新的市场的过程,以便克服品牌老化,延续品牌生命。

1. 产品创新

产品创新是通过技术的不断升级来开发产品的新用途,推出新产品,推动产品更新换代,保持品牌的市场领导力。技术的领先性与品牌的核心理念一致,升华品牌形象是品牌自我发展的必然要求。三星在移动设备领域一直被视为苹果的追随者,大多数手机厂商在可穿戴设备领域踌躇不前时,三星率先发布了 GALAXY Gear 智能手表。这款智能手表可以打电话、利用 S Voice 功能编写短信、建立日历备忘录、定时、查看天气等,行销全球 140 个国家和地区。这意味着三星不再是苹果的跟随者,在技术和营销的双驱动下,通过产品创新实现了从跟随者向领导者的转变。

2. 名称创新

如果现有名称已不能诠释品牌的内涵,不利于品牌的传播,则有必要更换名称。厦新是厦门市的一家电子科技企业,在品牌建设、管理和维护方面投入了巨大的人力和物力。在国际化的背景下,2007 年该企业将使用 27 年的厦新品牌名称更名为夏新,英文标志也由 Amoisonic 改为 Amoi。夏新(Amoi)的中文含义是"华夏之新锐",英文含义是 A-class mobility,可译为"A 级动感"。新旧品牌的一字之差代表着由厦门起步的这家企业走向更为广阔市场的强烈愿望。

3. 标志创新

品牌标志不仅给公众一种视觉冲击力,还是品牌与消费者沟通的一种方式。作为品牌诉求对象的消费者是不断变化的,如果品牌不能根据消费者的变化适时地对标志进行调整,就会出现沟通障碍,会面临失去新的消费者的危险。标志的更新往往伴随广告语的更新。2006 年华为更换了品牌标志,品牌内涵也由"蓬勃向上、积极进取"变更为"聚焦、创新、稳健、和谐"(见图 12-1)。

图 12-1　华为品牌标志的变化

4. 产品包装创新

名称和标志的创新一般都伴随着包装的创新。产品包装是"无声的推销员",是消费者在终端见到的最直接的广告,是产品在货架上的形象代言人。通过改变包装,可以带来品牌形象的改变,百事可乐便是靠包装绝处逢生的。

二、品牌重新定位

(一)重新定位的原因

品牌重新定位的原因是在品牌监测过程中发现下列情况:①市场对于品牌的原有定位反应冷淡,销售情况与预测差距太大,分析发现原有定位错误;②外部环境变化导致定位过时,阻碍了企业开拓新的市场,或者环境变化给予企业新的市场机会,原有的定位与环境难以融合;③企业竞争导致品牌优势在逐渐丧失,品牌成为竞争对手攻击的对象;④消费者的偏好发生了变化,原有的品牌定位不能适应消费者的生活方式、消费观念;⑤品牌名称、标志、口号等陈旧,在市场上缺乏生命力;⑥品牌在市场上遭遇重大变故或企业战略有重大调整。

(二)品牌重新定位的策略

品牌重新定位应依据企业环境、消费者诉求、自身情况及产品特点来确定。

1. 新定位提供独特的功能利益

消费者购买产品时要获得使用价值,如果产品有功能上的创新,或者产品本身能为消费者提供独特的功能,从功能上吸引消费者,则重新定位时应考虑消费者对功能的需求,即明智的定位策略。例如,太太药业集团是保健品市场的后来者,其产品太太口服液曾两次重新定位,起初的产品诉求是"治黄褐斑",后来改为"除斑、养颜、活血、滋阴",最后将产品功能定位为"含有F.L.A调理内分泌、令肌肤呈现真正天然美",成功实现了功能利益定位。

2. 新定位提供独特的情感利益

消费者在购买、使用品牌产品时能获得情感上的满足。情感利益的主题可以是亲情、友情和爱情,其关键是触动消费者的内心世界。随着产品的同质化,越来越多的品牌利用情感利益与竞争品牌形成差异。例如,福建雪津啤酒原本的定位"享受生活,还是雪津""飞跃世纪,难忘雪津"难以明确品牌形象,后来重新定位为"你我的雪津——真情世界",并用亲情、友情、爱情演绎品牌的独特个性和内涵,使雪津啤酒跻身全国啤酒十强。

3. 新定位提供独特的自我表现利益

品牌被消费者用于展现个人财富、地位、自我个性与生活品位时,就有了独特的自我表现利益。自我表现利益需要卓越的功能利益支撑。例如,中国黄酒的高端品牌有塔牌绍兴、女儿红、古越龙山,中端品牌有沙洲、白蒲,大众品牌有阿拉老酒、大越黄酒等。古越龙山的主要消费群体曾经是中老年人,为了维持现有消费者,并获取新一代消费者的青睐,古越龙山一改以前仅停留在物化表面和传统文化上的品牌诉求,将品牌重新定位为"进取的人生、优雅的人生——品味生活真情趣",塑造了一个高端黄酒品牌的形象。

重新定位中,电器的消费者注重技术、品质和使用的便捷性,多采用功能利益定位,而食品、饮料可以选择情感利益或自我实现利益定位来打动消费者,高档服装、汽车则多采用自我表现利益定位。

4. 创造全新的细分市场

在某些行业,大多数企业都在扩充自己产品的价值点,不断为自己的产品增加功能。新增加的功能改变了品牌的定位,称为"逆向定位"。例如,手机的功能越来越多,从原来的电话、短信功能,发展为可以听歌、拍照、看电影、浏览新闻、支付、转账、玩游戏、开微店等,其功用已经完全超出了手机的范畴,成为一个互联网移动终端。原来的高端品牌诺基亚、摩托罗拉等守住了原有的功能却退出了市场,新的高端品牌苹果、三星、华为凭借重新定位而成为手机市场的新宠儿,创造了全新的市场。

第五节 品牌的法律维护

品牌的法律维护是指企业制定一系列措施,预防外部环境变化引起损害品牌声誉事件的发生。例如,预防外部其他生产企业的仿冒等侵权行为,维护品牌专营权;预防外部竞争者的商标抢注行为,维护品牌的合法经营等。根据实践经验,法律维护的策略有如下几种。

一、积极应用专业防伪技术

1. 防伪技术的概念、分类及技术类型

防伪技术可以从不同的角度进行分类:从功能上分为保真防伪和辨假防伪,也就是人们通常所说的积极防伪和消极防伪;从应用领域上分为产品防伪、标识防伪、信息防伪;从防伪技术使用与辨识的范围上分为公众防伪(明防)、专业防伪(暗防)、特殊防伪。目前市场上的防伪主要是物理学防伪技术,也就是应用物理学中的结构,如光、热、电、磁、声及计算机辅助识别系统建立的防伪技术。

2. 企业开发和应用防伪技术的有效途径

企业独立开发和应用防伪技术,如包装技术;企业与专业防伪技术部门合作开发和应用防伪技术;企业直接向专业防伪技术部门订购已开发的防伪技术产品。无论哪种防伪方法,只要行之有效均可采用,也可叠加采用。采用现代防伪技术是有效保护品牌的重要手段,这要求企业品牌经营者有清晰的认识、保持高度的警惕、综合运用多种高科技手段。例如,娃哈哈纯净水就采用了电子印码、激光防伪、图案暗纹等多种防伪技术。

二、有组织地进行打假

假货是品牌发展中的"毒瘤",打击假冒伪劣产品的侵权行为是一项艰巨的工作,既需要企业安排专门的机构负责,也需要政府管理部门、行业协会、媒体及个人的参与和推动,形成多角度、多层次、有组织地打击假冒伪劣活动的局面,提高打假的效果。

1. 严格管理商标和包装物品

设立专门的商标管理机构,配备熟悉商标知识和商标法规的管理人员,制定商标管理制度和包装物品管理制度,把商标管理和包装物管理纳入全面质量管理体系。对商标和包装物品的使用、标识的印制、管理物品的生产、出入库、废次品的销毁等,都要进行严格管理。

2. 宣传品牌知识

主动向消费者宣传品牌知识,让消费者了解正宗的品牌产品;与消费者结成联盟,协助有关部门打假,形成强大的社会监督和防护体系。

3. 建立各方协调机制

与政府管理部门、新闻媒体、行业协会,甚至专门从事打假的个人等建立沟通协调机制,配合各方利用好打假的社会资源。积极支持媒体对假货的明察暗访,推动对不法商贩的曝光,利用"3·15"消费者权益保护日,提高联合打假的工作效率和效果。对规模巨大的假冒伪劣行为,应通过法律途径要求赔偿。

三、商标注册

依据《商标法》,商标权人在享有商标专用权的同时,还享有禁用权。保护商标专用权、行使商标禁用权,实际上是企业运用法律武器,抵制和禁止一切商标侵权行为的权利。商标权只有受到法律的严密保护,商标权人才能放心地依法使用品牌或商标,品牌或商标的作用才能得到充分发挥,才能维护注册商标的信誉,保护商标权人的合法权益,维护市场经济运行秩序。

1. 及时注册商标,获得商标权

及时获得商标权是品牌法律保护的基本前提。我国《商标法》对商标注册采用"申请在先"的原则,在同一种商品或类似的商品上,以相同或相似的商标申请注册的,初步审定并公告申请在先的商标。如果相同的商标在同一天注册,则采用"使用者先"的原则。因此,及时注册商标,获得商标权是品牌受到法律保护的前提。

注册品牌名称的同时,还要注册标志、包装和品牌口号。例如,可口可乐公司对中文"可口可乐"、英文"Coca-cola"的名称、带状标志及瓶子外形都进行了注册。在注册名称时,企业最好对相近或相似的名称进行注册。例如,娃哈哈还注册了哈哈娃、娃娃哈、哈娃娃等与娃哈哈文字不同排列的名称。不但要在国内注册,还要在未来市场注册,防止恶意抢注。不但要注册所在行业的品牌,还要注册相近行业的品牌,以便进行品牌延伸。除了传统的品牌注册外,最好注册网络域名,所注册的域名应覆盖企业、产品名称的数字组合,以构建周密、全面的网络保护圈。

2. 及时续展

商标权的保护是有时间限制的。各国法律规定的商标权年限不尽相同。在英国及沿袭英国制度的国家,商标权的保护期限为 7 年;古巴、斯里兰卡、坦桑尼亚等国的保护期限为 15 年;而美国、意大利、瑞士、菲律宾等国的保护期限长达 20 年。我国《商标法》规定,注册商标的有效期为 10 年,自核准注册之日起计算。如果商标的有效期届满,应当在期满前 6 个月(最迟不超过有效期满后的 6 个月,即宽展期)内申请续展注册(注册商标有效期限按法定程序延续),每次续展注册的有效期为 10 年。至于续展次数,《商标法》则没有限制。只要企业愿意并能在法定期限内及时续展,商标专用权就可以成为企业的一种长久的权利,受到法律的长期保护。

3. 商标设计应该与众不同

商标是由各种保护性要素组成的,这些要素包括文字、图形、字母、数字、三维标志、颜色、听觉、嗅觉、味觉及触觉。这些要素必须具有独特性才能更好地得到保护。商标设计越独特,越有利于防止其他竞争者仿冒,从而更好地受到法律的保护。例如,麦当劳快餐店设计了一个金黄色拱门形状"M"作为其商标,单纯、明快,给人以强烈的标志感,视觉印象特别醒目,不仅具有良好的冲击效果,而且可以在消费者心目中留下良好的印象,不利于竞争者仿冒。

复习思考题

1. 品牌维护的含义是什么？
2. 简述品牌监测的方法。
3. 简述品牌监测的内容。
4. 简述品牌的经营维护策略。
5. 简述品牌更新与重新定位策略。
6. 简述品牌的法律维护策略。

案例分析

从解百纳事件谈企业品牌保护

一、张裕对解百纳的解释

解百纳是张裕公司的产品名称，是中国中高档葡萄酒的代名词。

早在1931年，当时兼任张裕经理的中国银行行长徐望之组织了一批公司和银行人员在当时的烟台国际俱乐部研究定名。他们决定秉承张裕创始人张弼士倡导的"东西融合"理念，取"携海纳百川"之意，确定了公司高档葡萄酒的名称——解百纳。

张裕在1936年9月15日向当时的国民党政府申请注册解百纳商标。1937年6月28日获批并取得了注册证书。证书原件现存于南京博物馆。2002年4月张裕公司再次进行了注册，注册证号为1748888。解百纳是葡萄酒种，即产品名称，而不是葡萄品种名称，按照商标法，原料品种不能注册，而且在国内出版的相关标准和规范文献中，没有一个葡萄品种的名称是解百纳。

张裕解百纳干红葡萄酒是采选我国特有的生长在著名葡萄产地烟台的蛇龙珠葡萄为主要原料，采用先进的工艺技术酿造而成的，具有葡萄的果香和优雅酒香，更突出蛇龙珠的典型性，滋味醇厚，微酸适口。

二、解百纳争议根源

究其根源，可以一直追溯到1956年。

新中国成立后，张裕公司实际担负了全国葡萄酒培训基地的重任。当时，根据国家轻工部指示，张裕公司负责承办葡萄酒酿酒大学，面向全国为国家培养酿造葡萄酒的专业人才，并将张裕公司作为教学基地。

为便于讲课和现场教学，教员和技术工人在车间现场习惯地把赤霞珠、品丽珠和蛇龙珠等葡萄品种酿造的原酒称为生产解百纳的酒，导致部分学员误认为上述葡萄品种的名称就是解百纳，这就给后来关于解百纳的错误说法留下了隐患。

据介绍，从20世纪30年代一直到80年代，我国的各种书刊上都没有出现解百纳是一个品种的说法。直到80年代之后,部分书刊上才出现了将赤霞珠称为解百纳,将品丽珠称为解百难、卡门耐特的说法,这是因为当时国内关于葡萄酒的资料不多,而且翻译上有所偏差,这在某种程度上误导了一些作者。因此,后来关于解百纳的种种说法十分混乱,以至于解百纳之争才有隙可乘。

三、解百纳争议一览

2001年5月,张裕集团向商标评审委员会(简称商评委)申请解百纳商标注册。2002年4月国家商标局下发注册证书,但遭到业内企业的联合反对,时隔3个月,国家商标局撤销了该注册商标。张裕集团表示不服,从此该案进入了漫长的行政复审流程。

2008年6月,商评委裁定解百纳不属于行业共用的葡萄品种或产品通用名称,而是归张裕集团所有的葡萄酒商标。

同月,长城、威龙、王朝等十几家葡萄酒生产企业群起反对。它们认为,解百纳是葡萄酒的通用名称,是酿造葡萄酒的主要原料,是行业的公共资源,任何企业都无权私自占有,随后向北京市第一中级人民法院联合提起诉讼。

2009年12月30日,北京市第一中级人民法院对该案做出了一审判决。法院认为,由于原告和第三人在诉讼程序中提交了大量有可能影响案件实体裁决结果的证据,如果不予以考虑,不利于双方当事人合法权益的保障,尤其是有可能因此损害社会公共利益,因此,判决撤销被告商标评审委员会第05115号裁定,在考虑当事人提交的新证据的基础上,重新做出裁定。

中国政法大学知识产权研究中心副主任冯晓青在接受《中国知识产权报》记者采访时表示:一审判决只是要求商评委重新裁定"中粮长城提出的商标争议请求",并非直接判定商标争议双方谁输谁赢,该案的法律程序尚未走完,目前解百纳商标注册的法律效力不会因此发生任何改变。

2010年6月20日,北京市高级人民法院做出终审判决:驳回原告中粮长城等企业"撤销一审判决,认定解百纳商标属不当注册"的上诉请求;判定被告商评委就第1748888号解百纳商标争议做出的裁定程序合法,但由于双方当事人均提交了大量新证据,要求商评委基于上述证据重新做出裁定。尽管法院做出了终审判决,但解百纳最终归谁还需要商评委重新裁定。张裕集团表示,从法律层面而言,至少在商评委对解百纳商标争议重新做出裁定前,张裕集团仍然拥有解百纳商标的专用权。

四、解百纳之争的本质

70多年来,张裕公司始终将解百纳作为一个品牌和一个注册商标在使用,有着不可否认的连续性。解百纳商标的生命力在中国民族工业商标史上也是少有的几个之一。其他少数企业抄袭和仿造张裕解百纳干红葡萄酒的产品生产时间也都是在20世纪90年代末期。不能因为少数企业近几年抄袭仿照使用解百纳就认定其是葡萄品种、品系或商品的通用名称,而否定一个具有70年生命力的商标。

然而,解百纳之争恐怕已经不再局限于商标注册之争。从更大意义上说,这种争论的实质就是消费者的根本利益能否得到保证。

"其实,损失最惨重的莫过于消费者!"一位行业专家一针见血地指出,"30多个解百纳一拥而上,从10多元到80多元令人眼花缭乱,消费者将无法分辨真伪。"

一位业内资深人士却认为,如果张裕注册解百纳成功,对葡萄酒行业将造成沉重打击。

如此看来,消费者利益和行业利益似乎就是争论的焦点所在。

然而,一位行业专家却提出了不同的看法。他认为,实质上,真正利益受损的只是行业中某些假冒解百纳干红的小群体,它们并不能代表整个行业的利益。而从长远来看,行业利益应该是与消费者利益殊途同归的。

实际上,张裕解百纳之所以拥有悠久的历史和强大的市场以及各种各样的殊荣,皆出于它是消费者心目中真正的解百纳形象。

五、解百纳品牌之争的启示

首先,企业应该制定一个长远、全局的商标发展规划,将商标管理提升到战略高度加以重视。在解百纳事件中,当事双方的最大区别就在于张裕集团有一个完善的商标发展战略,而张裕集团的对手们却并没有自己的品牌规划,眼光不够长远,一心只想着搭顺风车。当张裕集团主张自己权利的时候,它们难免落得为他人作嫁衣裳的结果。

其次,企业在商标管理中应遵循"先注册成功,后使用推广"的原则。张裕集团正是犯了"未注册成功,先使用推广"的错误。2002年7月,解百纳商标被撤销注册后张裕集团仍继续对该品牌进行大力宣传,先后为解百纳投入广告宣传费用达2.43亿元。张裕集团的这种"未注册,先推广"的错误做法,不仅给了侵权企业可乘之机,也强化了这些企业阻挠自己获得商标注册权的动力。

在全球化背景下,企业间的竞争实际上是品牌的竞争,如何实施好企业的品牌战略,推动企业的快速成长,是每个企业都要面对的问题。解百纳这一近几年影响最大的商标纠纷案,无疑是值得各家企业在今后的品牌管理中反复学习的范例。

资料来源:http://www.zgbxfz.com/invest/w10194363.asp;https://www.beijinglawyers.org.cn/cac/1576051574307.htm.

案例讨论思考题

1. 从解百纳品牌的法律维护上,你能得出什么启示?
2. 如何理解其他生产企业对解百纳品牌的争议?

第十三章 品牌危机

【学习目的与要求】
(1) 理解品牌危机的内涵和产生的原因；
(2) 理解品牌危机的机理；
(3) 了解品牌事件升级为品牌危机的过程；
(4) 理解品牌危机的领导组织和预案制定；
(5) 理解品牌危机的处理原则；
(6) 掌握品牌危机的处理方式；
(7) 掌握品牌危机的沟通、公关策略。

扩展阅读 13.1
失败的危机处理

2018年4月12日，两位非裔美国人在费城的一家星巴克咖啡店约朋友洽谈业务，其间一直没有点餐。当他们欲借用店里的厕所时，遭到店员拒绝。店员随后报警驱赶，警方铐走并扣留了两位非裔美国人，在场顾客将事件经过拍摄成视频上传，引发社会广泛关注。许多人认为，店员报警和警方逮捕只是因为肤色问题。4月15日，大量民众在星巴克门前举行抗议活动，有人打出"抵制星巴克的种族歧视行为"的标语，导致星巴克店营业一度中断。一时间"星巴克歧视黑人"的说法不胫而走，而且在媒体上愈演愈烈，严重影响了星巴克的品牌声誉。星巴克首席执行官凯文·约翰逊在4月16日第一时间飞抵费城向两名黑人道歉，听取社区意见并与费城的市长见面，利用各个场合、各种媒体、各种机会向非裔人群道歉、向公众道歉，事件迅速得到有效控制。

第一节 品牌危机概述

一、品牌危机的内涵

(一) 品牌危机的定义

品牌危机是指在企业发展过程中，由于企业自身的失职、失误或是管理工作中的疏漏等引发的公众对品牌不信任、销量急剧下降、品牌美誉度遭受严重打击等突发事件。如果处理不当,这些事件可能会造成品牌被市场吞噬、毁掉直至销声匿迹的严重后果。

品牌危机主要表现在下面两个方面。

(1) 品牌危机使消费者的品牌联想发生改变,甚至恶化。品牌联想可以形成品牌形象,提高品牌的声誉和名气。一旦品牌出现了负面联想,品牌声誉和品牌形象就会出现问题,消费者就会停止购买该品牌的产品,甚至厌恶该品牌,导致品牌危机。

(2) 品牌危机反映为消费者与品牌的关系恶化。例如,消费者对品牌的信任度和品牌声誉评价降低,随着媒体的参与和危机信息的传播,市场占有率迅速降低。如果企业处理不当,品牌危机甚至可能导致企业破产。

(二) 品牌危机的特点

1. 突发性

品牌危机的发生都是突然的,是难以预测的。品牌危机的发生都有其诱因,危机爆发前,虽然有时人们可以预见其发生的可能性,但通常无法确定其一定发生,更无法预测品牌危机发生的形式、强度、规模和有害程度。一切都显得风平浪静,而一旦时机成熟,危机的来临将会非常突然,让人始料不及。例如,美国止痛药领先品牌泰诺所遭遇的危机就很典型。1982年,泰诺速效胶囊被人注射氰化钾投毒,致使7人丧生。这一恐怖事件使泰诺连带强生公司的其他产品一夜之间成为"过街老鼠"。

2. 严重危害性

品牌危机的危害在于品牌信任度的丧失,使品牌形象遭到巨大的破坏。信任度的丧失不仅限于品牌本身,而且会推衍至更大的范围和更久的时间。当一个品牌出现严重危机的时候,相关的产品都将受到牵连,如山西的"假酒案"使汾酒、竹叶青、杏花村等知名山西白酒品牌都无辜受到重创。而且在危机过后,这种创伤还会持续很长时间。品牌形象的破坏会极大地降低品牌的价值,引起多方面的损失,使企业陷入困境甚至破产。例如,三鹿奶粉的三氯氰胺事件使三鹿集团最终宣告破产。

3. 舆论关注性

品牌危机爆发后,具有较高知名度的品牌很容易引起媒体的高度关注,并成为众矢之的。媒体的关注往往是企业处理危机时面临的最棘手的问题,在品牌危机处理中引导媒体是决定成败的关键。企业对此需要有清醒的认识,在品牌危机出现后欲盖弥彰或是对问题采取拖延或逃避的态度都是不明智的。

二、品牌危机产生的原因

(一) 内部原因

1. 产品质量缺陷

产品质量很大程度上是由品质缺陷造成的,品质缺陷导致的产品质量问题是企业品牌危机形成的一个重要原因。例如,南京冠生园使用上一年的旧馅料制作中秋月饼的恶劣行为可能会赢得一时的利润,但事情曝光后,品牌形象受到了沉重的打击。产品质量问题将使品牌在消费者心目中的形象大打折扣。例如,SK-Ⅱ被查出含有钕和铬,钕可能导致肺栓塞,而铬会引发湿疹,这一致命的品质缺陷使宝洁公司的SK-Ⅱ产品被全部下架,品牌形象严重受损。

2. 服务问题

服务是品牌与消费者建立联系、形成品牌联想的有效途径。现代企业服务体系已经成为企业的一种无形资产,服务问题会引发企业的品牌危机。例如,部分消费者因为对奔驰的产品质量和售后服务不满,制造了"老牛拉大奔"游街和"砸大奔"等极端泄愤事件。

3. 管理松懈

企业员工、管理层不按操作规程和管理制度行事,失职、失误引起顾客不满,导致一些突发性事件;管理懈怠,管理工作出现漏洞,如对员工缺乏培训和工作引导,造成员工危机意识不强,导致危机事件发生;企业关注点发生转移,过度重视资本运营和利润等因素,在生产运营管理过程中有所松懈,缺乏危机意识,导致危机产生和深化等。

(二) 外部原因

1. 政府主管部门检查

政府主管部门在履行监管责任的过程中经常会对企业产品进行例行检查,如果发现问题也会导致企业品牌危机。

2. 媒体调查报道

媒体给消费者提供了一个投诉和发泄的渠道,媒体传播的迅速扩散性也使企业品牌事件会迅速转化为品牌危机。例如,三株口服液由于惹上人命官司,被媒体广泛传播,尽管官司赢了,但品牌却陷入严重的危机,至今仍一蹶不振。

3. 市场竞争的严酷

企业针对市场采取一定的竞争措施,容易引发企业的品牌危机。例如,农夫山泉在控制天然水资源,并逐渐减少纯净水的生产后,突然以发布专家研究报告的形式宣布,长期饮用纯净水对身体不利,农夫山泉将不再生产纯净水,致使以生产纯净水为主的企业陷入竞争危机。而在后续的行业竞争中,农夫山泉也遇到了一系列的品牌危机。

三、品牌危机的影响

品牌危机是市场危机,不仅会影响消费者对品牌的信任、损毁品牌信誉和品牌形象,对顾客、零售商、金融关系、竞争对手及企业自身都会产生深远的影响。

1. 对顾客的影响

品牌事件可能会导致消费者对品牌信任度的降低,以致顾客购买行为发生改变。如果媒体对此进行了负面宣传,企业又没有正确地处理事件最终引发了品牌危机,在发生信任危机的同时品牌信誉及形象受损,顾客的不购买行为就会演变成顾客群体和社会的公开抵制行为。

2. 对零售商的影响

遭受负面报道的品牌商品会让零售商的利润面临极大的风险,零售商会蒙受因重新安排库存和货架空间造成的损失,从而使利润下降。如果制造商品牌的知名度比经销商品牌的知名度高,那么负面宣传会格外针对制造商品牌,经销商品牌所受的影响将小得多。

3. 对金融关系的影响

企业的金融关系大体可以分为两类：股东和债权人。危机一旦发生，媒体报道会引起上市公司股价的波动，使股东利益受损。股价波动的影响应该与股票的综合指数进行对比才能确定。品牌危机是信誉的危机，外部债权人在品牌遭受危机时可能对企业提出更为苛刻的条件，对后续的信贷或借贷将持谨慎的态度。

4. 对竞争对手的影响

品牌危机发生时，竞争对手有时会是负面宣传的制造者和传播者。如果危机的产品品类具有"传染性"，竞争对手有可能坚决地与危机企业划清界限，或者帮助危机企业化解危机。不过，更多的情况是，竞争对手会抓住机会，从危机企业手中夺取市场份额。

5. 对企业自身的影响

品牌危机也会给企业管理者造成沉重压力。受品牌危机的影响，企业市场压力增大，直接影响业绩。企业领导者面临的压力不仅是公众、政策或利益团体带来的，企业员工的期待更会使他们压力倍增。品牌危机会对企业的生产经营产生影响，企业要首先启动危机应急机制，检查问题出现的原因，投入大量的资本，及时处理品牌危机。管理者会把精力更多地放在对事态的判断和决策而不是企业的经营管理上。

第二节　品牌危机的机理和形成过程

品牌危机的发生是一个从品牌事件到品牌危机的演化过程。品牌危机始于某个事件，该事件可能受到利益相关群体的关注，经过媒体炒作引起社会反响，产生一定的社会影响。如果品牌拥有者未能积极、正确地应对，品牌事件就可能上升为品牌危机。因此，品牌危机的形成演化过程，也是品牌危机的处理过程。

一、品牌危机的机理

品牌危机反映了消费者或公众与企业品牌之间的关系。危机的发生意味着公众与企业之间在一定情境下存在认知和决策冲突，认识并解决这种冲突的理论源于社会判断理论（Social Judgment Theory，SJT）。哈蒙德（K. Hammond）把这类研究扩展到与人类判断 HE 决策相关的领域及认知冲突范式（Cognitive Conflict Paradigm，CCP）。SJT 是利用透镜模式（Lens Model）中的客观环境系统和主观认知系统与各项参数变量的交互作用来阐述人们对模棱两可的环境因果的认知和决策行为。不同认知主体面对同一问题，由于对情境线索的不同排序和不同理解，所做出的认知和决策也不同，从而会产生冲突（如图 13-1 所示）。

（1）企业与公众之间的认知产生了冲突。企业与公众对品牌事件的判断源于展示在公众面前的品牌事件的若干线索（情境），而这些线索是由客观事实决定的。但企业与公众对危机情况判断的价值标准并不一致，各自在情境判断中分配给情境的各个线索的排序和权重也不同，因此对危机情况的认识也不一致，这就造成了企业与公众的认知冲突，进而演化为行为上的冲突。

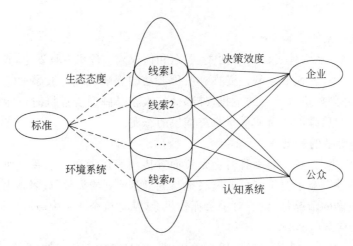

图 13-1　透镜下的不同主体间认知和决策冲突

(2) 企业行为与公众期望之间产生了冲突。企业行为与公众期望分别取决于企业和公众对危机情况的判断。由于企业与公众对同一事件的认知不同，导致企业行为与公众期望不同，进而发生冲突。这两种冲突如果不加以协调控制，品牌事件就会上升为品牌危机。

二、品牌危机的发展

品牌危机按发生的顺序分为品牌事件、品牌事件升级和品牌危机形成三个阶段。

1. 品牌事件

品牌事件是品牌危机的起始点。事件发生的主要根源是顾客受到劣质产品或服务的伤害、主管部门检查和媒体调查报道等。品牌危机一般都具有突发性，可能源于品牌产品质量不合格、设计不合理，在使用过程中对消费者造成了伤害，形成了品牌事件，如麦当劳、肯德基的"苏丹红"事件；也可能是因为技术上不符合法规或标准，技术的不稳定导致事件发生，如中美史克康泰克PPA风波、三菱帕杰罗刹车油管风波、农夫山泉的地方水标准风波等。

2. 品牌事件升级

品牌危机是由于品牌事件在冲突中升级形成的。如果品牌事件在小范围内的冲突没有被处理好，就可能有越来越多的公众关注品牌事件，品牌事件可能升级。在品牌事件的发生阶段，事件的轮廓就已经形成。随着相关利益团体的出现，其他持有相同观点或可能做出相同反应的个人或群体开始介入此事，品牌事件有可能在这个过程中被扩大。该过程最初发生在利益团体、行业等相关领域或媒体内部，或者其他持有相似观点和价值、关注相似问题的人群中。

在事件发展阶段，企业相对容易采取主动的姿态阻止事件的发展，或者把它转化为一种"机会"。一般情况下，企业并不容易确定事件的重要程度，因为此时管理层的注意力可能集中在当时看来更为"紧迫"的事务上。企业很难确定局势会平稳下来还是会日趋紧张，也无法确定事件是会限定在某个特定领域还是会日渐蔓延，但无论如何，企业不能谋求维持现状、不作为,而应该及时策划应对策略。

品牌事件升级的重要标志是媒体的大规模报道、权威部门或权威人士对当事人的公开支持、事件相关的利益群体形成一个团队。媒体的报道是一个具有决定意义的因素。从论坛上不间断的讨论,到专业媒体的关注,再逐步扩展到一般财经媒体,以至于最后到公共媒体。而在事件进入下一阶段之前,相关力量经常会竭力吸引媒体的注意从而推动事件继续发展。尽管媒体的报道在最初是零星的,但最终会变成一种聚合性的行为,因此在事件向前推进的过程中,必须重视媒体的重要性,及时、主动与媒体联系,说明事件的真实情况,得到媒体的理解,阻止事件升级。

对事件相关群体的思想和行为进行干预也很关键,成功的干预足以全面减缓品牌事件发展的进程。因此,处在事件风暴口的企业必须采取有效的措施,稳定事件当事人的情绪,争取为解决事件达成初步的意向协议,从而确定处于第二阶段的事件并着手制订行动计划准备应对。

当品牌事件受到媒体的负面报道后,品牌离危机已经不远了。如果媒体对事件进行了大规模的负面报道和关注,品牌的危机就已经形成了。毫无疑问,具有新闻价值是导致负面宣传的直接原因。品牌日益成为新闻的主角,新闻机构不仅对品牌进行积极的报道,还想出各种关于品牌的活动来制造新闻,如对品牌的排名。然而,负面的报道也许更有新闻价值,不管是名牌产品还是名人,只要曝出问题,媒体就会紧追不舍。企业如果足够警惕,在事件发生时就应给予足够的重视,避免品牌事件升级。

3. 品牌危机成型

如果不能有效干预品牌事件的升级过程,事件极有可能演化为危机。企业用于解决冲突的方案应该符合企业的最大利益,或至少能把潜在的破坏控制在最小的范围内。然而,如果企业的解决方案未能满足事件当事人和公众的期望,冲突可能进一步升级。

我们从变化的角度来审视公众和相关利益团体。这些团体的组织成员之间以及他们对组织都有着不同程度的承诺,他们相信问题存在,并且要通过某种方式团结起来以干预问题的进程。这些团体不是静止不变的,其组织程度、资金实力和媒体动员能力千差万别。在这些团体中,有的组织相当松散,对某个问题及其解决方案的兴趣可能是转瞬即逝的;而有的组织化程度很高,成员之间联系紧密,相互忠诚,目标明确且资金雄厚。

当这些组织确定了它们针对某一问题的态度及行动目标,并且互通有无的时候,冲突就会被公之于众,并且发展到进入公共政策程序,这标志着品牌危机已经成型。而反过来,公众关注程度的不断提升又会促使影响力群体加入这一正在上升中的冲突,而且公众压力不断凝聚,迫使权力机构寻求方案以解决冲突。

此时,品牌事件已经转变为品牌危机,而且正在向有关各方全面展示其巨大的威力,企业已经很难再影响事件的发展进程。卷入该事件中的各方力量都已经充分认识到了其重要性,因此开始施加压力,在要求官方机构干预的同时寻求法律途径进行干涉,并对组织或行业施压以解决问题。

第三节　品牌危机的管理

品牌危机的形成过程也是品牌危机的处理过程。事实上,只了解危机的处理过程远远不够,品牌危机管理必须建立品牌危机应急领导组织,制定品牌危机管理预案,明确品牌危机处理原则和处理方式。从品牌事件发生开始,就应控制事件的发展,严防事件演化为品牌危机,加强各利益集团之间的沟通,减小品牌事件和品牌危机造成的损失。

一、品牌危机管理组织

应对品牌危机首先要有统一的组织指挥系统,系统中应包括核心领导小组、危机控制小组和联络沟通小组。小组成员应包括企业最高负责人、业务负责人、公关专业人员、企业法律顾问、行政后勤人员、新闻发言人等。小组的主要职能是制定品牌危机应急预案,领导品牌事件和品牌危机的处理。

(一)建立品牌危机管理组织

1. 核心领导小组

核心领导小组由公司的董事、总裁等组成,从战略层面把握危机的动向,对危机处理中的重大问题进行决策,并指挥各部门密切配合危机控制小组。核心领导小组的具体职能包括：

(1) 与政府和特别利益团体进行高层沟通;

(2) 向机构投资者、媒体、消费者、员工及其他受到影响的群体传达信息;

(3) 明确保险政策,与法律顾问沟通,决定特别抚恤金的支付;

(4) 跟踪公众的动向,准备到相关现场探视;

(5) 尽快在公关人员的陪同下赶往事故现场,与社会公众和媒体进行必要的沟通;

(6) 对品牌危机处理做出决策。

2. 危机控制小组

危机控制小组负责危机的处理工作,一方面向联络沟通小组传达核心领导小组的决策信息,另一方面及时向核心领导小组通报事态的进展。危机控制小组要时刻保证核心领导小组清楚地了解危机情况,同时从核心领导小组那里接收事件处理的方向建议,任命公司发言人向社会公众传达统一的、明确的信息,并编制危机处理预算。

3. 联络沟通小组

联络沟通小组负责与公众、媒体、受害者、公司成员沟通,确保企业用一个声音说话,任命两到三名专职人员负责与媒体沟通,认真贯彻执行品牌危机处理的政策方针,保证对某个问题做出统一且前后一致的判断和解释。联络沟通小组要做好品牌危机沟通联络的组织和协调工作,确保各级管理人员顺利完成现场处置,提高品牌危机处理效果,减少危机损失。

在危机管理中,尤其是在一线工作人员与众多关联利益人的沟通中,危机管理组织起着重要作用。要想使危机公关发挥最大作用,需要加强危机公关的协调指挥工作,其中发挥作用最大的是危机公关的核心领导小组,其决策水平和预见能力的高低将直接决定危机处理的进程与结果。

(二) 制定品牌危机管理预案

制定品牌危机管理预案首先应系统地收集相关信息,制定具有灵活性的策略,同时要使预案执行者了解并切实理解预案的实际内容。品牌危机管理预案包括下列内容。

1. 指导原则和目标

建立危机快速反应机制,争取在最短的时间内把握品牌事件全貌,必要时提前采取措施,抢占先机。

2. 品牌事件的预见

根据以往的品牌危机事件,结合企业所在行业的特点,预见可能发生的各种情形。

3. 工作程序

明确核心领导小组、危机控制小组与联络沟通小组之间以及各组内部的工作流程,落实工作责任。

4. 运作机制

明确危机报告和汇报结构,危机处理团队、危机指挥中心、危机发言人等有关人员要明确职责,确保提供标准化的、统一的声音,向公众传递信心。

5. 预案的执行

品牌危机管理预案要进行演练、修改、审计,并通过日常培训提高企业各级人员的危机安全意识及预案执行能力,确保品牌危机发生时能及时、正确应对。

危机发生后,企业应组建专门的危机管理小组,制定危机处理方案,启动危机管理计划,并协调各项工作。危机管理小组应该是处理危机事件的最高权力机构和协调机构,有权调动企业的所有资源,独立代表公司做出任何妥协、承诺或声明。

二、品牌危机的处理原则

1. 快速反应原则

企业遭遇品牌危机事件后,应在第一时间做出正确反应,以最快的速度启动危机应急预案,及时准确地判断事件的性质、影响程度及影响范围,迅速控制事态发展,力争在24小时内公布处理结果。如果危机发生时不能在24小时之内对其及时做出反应,就会造成信息真空,让各种误会和猜疑滋生,失去解决危机的最佳时机。

2. 主动性原则

无论是品牌事件还是品牌危机,发生后都会成为公众舆论的焦点,企业不能回避和被动应付,而要积极地直面危机,有效控制事态。企业可以启用专门负责的发言人,主动与新闻界沟通,必要时主动发布事件信息。企业单方面的逃避并不能避免公众对了解危机的渴望,在信息反馈不足的情况下,公众会愤怒地对企业的这种行为采取对抗的态度。

3. 真诚坦率原则

真诚面对,如实相告,是处理品牌危机的不二法则。保护消费者的利益、减少消费者的损失,是品牌危机处理的第一要务。贯彻真诚坦率的原则,在避免危机深化的同时,也可以避免出现品牌的诚信危机。因此，品牌事件或危机发生后，应及时向消费者、受害者、社会公众和舆论界致歉，赢得人们的原谅和同情。此外，任何危机的发生都会使公众产生种种猜测和怀疑，有时新闻媒体也会夸大事实。企业要想取得公众和新闻媒介的信任，必须采取真诚、坦率的态度，越是隐瞒真相越会引起更大的怀疑。

4. 统一性原则

危机处理必须冷静、有序、果断，指挥协调统一、宣传解释口径统一、行动步调统一，而不可失序、失控，否则只能造成更大的混乱，使局势恶化。

5. 全员性原则

搞好内部公关，以争取内部员工的理解。企业员工不应是危机处理的旁观者，而应是参与者，要做到"群防群治，群策群力"。让员工参与危机处理，不仅可以减轻企业震荡，而且能够发挥其宣传作用，减轻企业压力。

6. 人道主义原则

品牌危机往往会造成个人声誉受损，或人身财产安全受到威胁，在危机所造成的危害中，企业应本着人道主义原则，主动承担责任，对造成的财产损失给予相应的赔偿，使身体受到伤害的人员及时得到治疗，为重新树立企业品牌做好铺垫。

三、品牌危机的处理方式

（一）应急阶段的处理方式

1. 迅速反应，真诚沟通

企业在这一阶段应迅速做出正确反应，以最快的速度启动应急机制，及时、准确地判断事件的性质、影响程度及范围，果断采取相应的对策和措施，以求将事件的影响降到最低，尽可能使事件维持在可控范围之内。

在应急阶段涉及事件责任问题时，在自身审计结束，能够对危机事件做出正确判断并得出权威结论之前，企业领导及有关人员既不能推诿卸责，也不能随意承担责任，更不能不负责任地猜测事件的原因和责任人，否则会陷入被动，留下后患。此时最有效的处理办法包括：

（1）耐心做好当事人及利益相关者的工作，安排相应的人员与当事人沟通，诚恳地对待并适当地满足当事人的要求。

（2）争取媒体的支持和配合，赢得当事人、利益相关者和媒体的理解与同情，控制事态的发展，为以后的处理工作和控制措施预留空间、做好铺垫。

（3）对于影响范围很大、事件性质严重的灾难性危机，应在查明事件真相的基础上，向公众公布事件真相。对外信息披露尤其要准确无误，争取新闻媒介的合作与支持，做好社会宣传工作。

2. 及时提供事件信息

英国公关专家迈克尔·里杰斯特提出了危机沟通的三个准则：①以我为主提供情况；②提供全部情况；③尽快提供情况。因为在发生危机事件后，企业如果不主动出来说话，就会出现别人的声音。以当事者为主提供情况时，当事者成了信息的主渠道，公众就会把当事者作为主要的信息来源。当事者提供了全部情况,即使有人想造谣也找不到素材。当事者在第一时间很快提供了情况,就不会在不利信息满天飞的时候再被动地去"辟谣"。总之,要确保企业在处理危机时有一系列对社会负责的行为,以增强社会对企业的信任。

3. 真诚对待当事人

真诚地对待事件当事人,争取当事人的理解,通过较小的代价避免危机进一步升级,可以看成是企业在"花钱"买"和平",把品牌事件控制在一定的范围内。通过人道主义援助等方式,控制品牌事件发酵,防止危机进一步恶化,适时止损是企业解决品牌危机的直接目标。应避免调查没出结果就推卸、否认责任,表现僵硬、强势,这样容易使品牌事件激化为品牌危机,导致真相大白后企业仍会蒙受重大损失甚至破产。例如,1996年,湖南常德一位老人服用三株口服液后死亡,老人亲属要求口服液的生产者赔偿,在危机的应急阶段,生产厂家三株集团拒绝承担责任,强硬地一口咬定产品没有问题,老人死亡只与其自身有关。媒体和社会公众介入,使危机不断升级,当最后通过权威检查和化验证明老人死亡的确与三株口服液无关,法院也判决三株集团不必承担责任时,三株集团已经由于此次危机事件一蹶不振。因此,危机处理要力图避免"官司打赢了,品牌却垮掉了"的结果。

(二)进一步采取措施,减轻经济损失和信誉损害

如果说危机处理的应急阶段主要面对的是事件的当事人和媒体,接下来的重点则是控制市场,减轻经济损失和信誉损害。可以采取以下具体措施。

1. 公布真相,控制市场

(1)快速调查真相。企业应该在稳定局面、防止事件升级的同时,启动应急预案,全力对品牌事件进行调查,在确信品牌事件或品牌危机不是由于品牌产品引起,或者品牌事件或危机是一种陷害行为,或者引起品牌危机事件的官方报告不规范、不符合事实等的情况下,及时、明确地向消费者、社会公众公布真相。

(2)公布真相。公布真相应该具备四个前提条件:一是有强有力的证据,如掌握有问题的产品批次的检测报告,表明品牌事件或危机与产品无关;二是有权威部门或业界领袖有利于品牌的表态;三是在适时公布事件真相的同时,争取舆论支持或政府部门支持;四是确信企业有能力控制市场,有实力引导消费者的信心和消费行为。

(3)控制市场。企业应该在应急处理、公布真相的同时,快速与经销商、零售商沟通,采取有效的措施控制市场。企业可以积极与媒体、消费者沟通,尝试通过媒体消除消费者对品牌的负面评价,在营销传播中强调品牌带给消费者的利益,向消费者说明事件形成的背景,尽量影响消费者的归因过程及终端消费者的行为,多方位、多渠道地掌控市场。

2. 迅速启动产品召回制度

产品投放市场后,因产品问题对消费者的健康和企业的品牌造成损害时,应进行产品召回。由于产品质量问题造成品牌危机是比较常见的,此时召回是危机处理的重要方式。召回可以平息消费者的不满情绪,表明企业的诚恳态度和对消费者负责的精神,以获得消费者的认同和公众的认可,从心理上打动消费者和社会公众,避免品牌事件或危机进一步

升级成重大的品牌危机。

问题产品召回导致的成本是真实存在的。相对而言,食品、药品、玩具、日用品和汽车等消费品行业经常发生召回事件。这些行业的企业必须具有极高的危机感和攻克危机的意识,中高层领导应该有专业的危机公关能力,尤其是应该对企业的客户服务部门和公共关系部门进行全面系统的公共关系技能培训。

一旦发现并确认产品确实存在缺陷,企业应该采取适当的策略。并非所有的产品都需要公开地进行召回。企业应区别对待下面四种情况。

(1) 明确召回。危及人身和生命安全的产品需要召回。出现这样的产品问题,需要企业采取全面召回措施,并发出有意义的、完整的通知,确保公众尤其是用户最大范围地知晓,避免发生重大伤亡。

(2) 坚持收回。对于有潜在危险但不会威胁生命安全的产品,企业需要坚持收回。

(3) 隐性召回。至于对生命或者财产没有重大威胁,但要求在一定范围内有限度收回的产品,可以不发出召回通知。例如,2004年索尼的彩电缺陷就属于此类,不过索尼公司仍然低调地发出了产品召回通知。

(4) 升级替代。对于一些因为生产和设计上有缺陷而可能影响使用效果或达不到预期效果的产品,厂家通常会采取对产品进行软件升级或打折处理、对消费者进行适当补偿等方式。例如,2012年一汽大众迈腾汽车的变速箱因为技术问题导致汽车启动时抖动,一汽大众采用了分批更换相关部件的方式予以处理。

3. 产品召回的宣传要审慎

在产品召回中,企业危机领导小组一般应事先解决好下列问题,给市场和公众一个良好的预期。

(1) 选择召回发言人。根据所发生的产品召回事件的类型,决定谁将代表公司发言。例如,宜家的产品召回过程中,在中国区域由其公关部经理给媒体和公众做解释。为了给企业留下回旋的余地,最高领导人一般不适合做危机公关的发言人。例如,中国奶业三氯氰胺事件中,蒙牛的牛根生充当了发言人,结果导致企业在事件中损失较同类企业大得多。

(2) 选择公布方式。具体包括:是否召开记者招待会;如果召开记者招待会,在什么地方召开、发布什么内容,新闻袋里面应该放哪些资料。

(3) 内部责任界定。要搞清楚在产品召回的过程中,企业内部存在哪些问题,应如何进行自省自查和处理,如对责任人的惩戒。

(4) 统一信息,给消费者信心。在公司网站和各大门户及专业网站上应该如何发布和更新消息,才能确保媒体、消费者、分销商得到的消息是统一的。公司近期的经营状况、新产品或替代品的开发情况,最近是否有重大的市场及品牌提升计划和行为。

实际上,在产品召回的危机中,企业和消费者都是产品召回的受害者。例如,强生泰诺胶囊危机并非强生的产品质量出现问题,但强生花了几百万美元召回产品以重建消费者信心。对于产品存在召回风险的企业来说,学习和培养危机管理能力、形成危机管理机制已经刻不容缓。

（三）进行积极的、真诚的内外沟通

有效的沟通是解决危机的重要环节。品牌危机沟通是以沟通为手段、以解决危机为目的进行的一连串化解危机的活动。有效的危机沟通可以降低危机的冲击，把危机控制在可控的范围内，防止危机进一步升级。适度的对内、对外沟通，可以消除员工、消费者、社会公众及媒体对事件的猜测。相关的危机管理部门应认真思考和解决如下问题。

1. 危机的始作俑者或者缘起是什么

清楚了危机的当事人，就可以直接进行接触、进行有效沟通，寻求最简洁的问题解决途径，更好、更快地控制危机局面；清楚了解危机缘由，可以直接进行问题的调查，快速获得调查结果，明确企业应采取的态度和姿态，迅速做出危机处理决策。

2. 企业危机事件的利益相关者是谁

对于企业来说，危机发生后，要清楚哪些人正在关注企业的一举一动。要处理好危机，关键是要找到利益相关者，在沟通中针对每一个利益相关者设定一个明确的相关目标。对股东，最重要的是维持股价的平稳；对顾客，要避免不必要的误会使其产生拒绝购买的行为；对经销商，要保证产品的质量及稳定其信心，维持其继续代理产品的决心；对媒体，要迅速提供准确及时的信息；对于工商行政部门，要积极配合其工作。所有这些都设定了企业危机公关的目标。

3. 企业的目标是什么

在调查清楚危机始作俑者的目的和危机缘由后，企业与各方进行了初步沟通，危机事件事实上已经得到一定的控制，企业此时应迅速决策，明确危机处理方式，包括愿意付出的成本、品牌恢复的步骤和措施及市场目标等，这些都是与企业采取的措施相配套的。有了明确的危机处理目标，企业可以采取措施，引导利益相关者配合企业处理措施的落实。例如，通过政策引导经销商加大品牌推广和销售力度，影响消费者的行为等。

4. 企业要传递什么样的信息

在处理危机事件时，选好发言人，为员工、顾客及其他人准备好充足的信息，并保持合适的语调和内容非常重要。发言人应具有良好的应变能力和语言技巧，一般由企业高级管理人员直接担任。

企业在处理品牌危机时，要统一口径，用一个声音说话。最佳的做法是成立一个新闻中心。新闻中心是企业信息发布的窗口，负责向媒体通报新闻发布会的次数和时间，而且必须言出必行，遵守时间。在新闻发布会上，媒体当然会彼此沟通信息，但企业每天至少要有一到两次机会发布自己的信息和判断，并更正记者所掌握信息的不当之处。

新闻通稿是品牌危机管理中关键的沟通工具，不仅提供了企业对危机事件的官方解释，还可以援引管理层的话来表达企业对事件的看法和感受。在危机的全过程中，新闻通稿出台要迅速，内容要丰富、翔实。新闻通稿出台前要分送协会、政府管理部门、权威认证机构等相关部门，确保口径一致，并争取得到它们的理解和支持。

（四）进行必要的公关活动

处理品牌危机的过程中，在与各利益相关者充分沟通的基础上，还要进行必要的公关

活动,达成与内部员工、消费者、公众、媒体、权威机构等利益相关者的通力合作,协调企业自身利益、公众利益、媒体和权威机构的公信力,最终达到维护品牌在消费者心目中的形象和信誉的目的。

1. 企业内部公关

面对突发性的品牌危机,企业应处变不惊,沉着冷静,正确把握危机事态发展,有条不紊地开展内部危机公关工作。在危机沟通中,员工是第一类需要沟通的人。应及时向企业内部成员通报有关危机真相和处理进展,号召大家团结一致,同舟共济,共渡难关。通过培训等手段,强化危机预防意识,保持员工的凝聚力,缓解员工中的恐惧感和不安情绪,尽可能发挥每一名员工的作用,鼓励其为企业献计献策。同时,应向经销商、供应商及所在社区等利益相关者通报信息,争取其协作和理解,避免一连串的危机连锁反应。努力保证企业继续正常经营,避免危机公关小组的工作与经营管理人员的工作互相干扰。企业内部的团结、凝聚和同仇敌忾也有利于增强外部公众的信心。

2. 消费者和公众公关

品牌是一种承诺,存在于消费者心中。当重大责任事故导致消费者和公众利益受损时,企业首先要关注消费者的利益和情感,用最快的速度直接与受害者进行坦诚的深层沟通,尽量满足其合理要求,给予一定的精神慰藉。面对危机的受害者,企业应勇于承担责任,诚恳而谨慎地表明歉意,同时应做好受害者的救治与善后处理工作,冷静倾听其意见,耐心听取受害者关于赔偿损失的要求并确定如何赔偿,与消费者达成和解,使危机影响朝有利于企业的方向发展。此外,应通过媒体向所有受到影响的消费者及公众致以诚挚的歉意,公布处理和改正措施,承担应有的责任,最大限度地争取公众的谅解。即使责任不在企业,也要给消费者以人道主义的关怀,为受害者提供应有的帮助,以免消费者由于不满而将关注点转移到事件之外,使危机升级。总之,企业要表现出诚恳及对公众负责的态度,才能在公众心目中留下良好的社会形象,甚至抓住契机,把危机转化为宣传自己的机遇。要特别强调的是,无论产生危机的原因是什么,企业都不能为了短期利益而一味地为自己辩解、推脱责任。

3. 媒体公关

成功的媒体沟通可以弱化公众对企业在危机处理过程中暴露出来的失误及犹疑不决等消极印象,尽可能排除外部负面因素对企业的干扰和不利影响。预感危机将至时,企业应尽早与媒体沟通,不要企图蒙混过关;在危机处理过程中,要与媒体真诚合作,尽可能避免对企业形象的不利报道,使不正确、消极的社会舆论转化为正确的、积极的社会舆论。

对于媒体来说,一个难得的宣传热点可以提高自己的影响力。事件发生时,如果当事人或者企业什么都不说,那么记者们可能会基于猜测外加公众的情绪来完成报道。媒体是舆论的工具。从某种程度上讲,品牌危机常常是由新闻媒体的报道引起的。媒体又是企业和公众沟通的桥梁,是解决危机的重要外部力量。因此,要做好危机发生后的传播沟通工作,就要坦诚对待媒体,积极主动地让媒体了解事实真相,争取媒体的理解与合作,引导其客观公正地报道和评价事件。

在完全掌握真相之前,对公众不清楚的问题,企业应表示会尽快提供答案;对无法提供的信息,应礼貌地表示无法告之并说明原因,而不要遮遮掩掩,被动地像挤牙膏一样披露真相,这样反而会让公众更加好奇、猜疑,甚至产生反感。更不能向媒体提供虚假信息,因为一旦外界通过其他渠道了解到事实真相,危机的杀伤力将更强,使品牌在危机中愈陷愈深。

4. 权威机构公关

应对危机时,企业还要向政府、权威机构展开公关,让政府了解企业的难处,寻求其支持,并充分借助权威机构解决危机;同时要向竞争对手传递公平竞争的暗示,防止竞争对手落井下石。

在某些特殊的危机处理中企业与公众的看法不一致,难以调和时必须靠权威机构发表意见。企业要善于借助具有公正性和权威性的机构来帮助解决危机。在很多情况下,权威意见往往能够对企业危机的处理起到决定性的作用。因此,企业在处理危机时一方面要做到勇于承担责任,始终把公众的利益放在首位;另一方面也要做到坚持原则。只有这样才能使企业控制事态发展,最大限度地消除不利影响。

在危机发生后,企业应积极邀请代表公众利益的公正的第三方,如政府、质检部门、专家学者、消费者协会等权威机构参与调查和处理危机。第三方的声音具有公信力,能够赢得公众的最大信任。这些权威机构的意见对扭转危机局势往往有决定性的作用。

四、品牌危机的善后处理

品牌危机过去后,企业还有很多善后工作要做。要做好品牌危机的处理过程的总结工作,借鉴经验、吸取教训,防止危机再次发生,继续承担危机事件的责任,恢复并重塑企业信誉与企业形象,重新取得消费者、社会公众和政府部门的信任。

(一) 总结经验和教训

总结品牌危机处理过程中的经验和教训,是品牌危机管理的一个重要环节,对提高全员危机意识,健全危机处理的组织和流程,制定新一轮的危机预防措施有着极其重要的价值。对危机的总结,就是重新审视危机出现的原因,从制度上预防危机再次发生,并且把本次处理危机的方法和经验记录下来,以便在今后的工作中借鉴。

品牌危机总结一般包括下列三步。

(1) 对危机的过程进行系统调查。调查是指对涉及此次危机事件发生的原因、相关预防措施、处理的全部过程进行检查,收集和整理包括危机预警工作的开展、对危机征兆的识别、危机爆发的原因、危机处理措施的采用、社会公众和组织成员对此次危机处理过程的看法和意见等信息。

(2) 评价危机处理过程。对危机处理工作进行全面评价,包括对危机管理小组的设置、分工和运行,危机处理预案的实施,危机处理措施的效果等给予客观公正的评价,对新闻发言人制度的运行情况、组织中个性资源的配置和利用情况及效率进行调查,对危机处理的措施进行衡量和评价。

(3) 分析危机处理中的问题。对危机处理中存在的各种问题进行综合归类,分别提出整改措施,避免在今后的危机处理工作中出现类似的情况。

（二）重塑品牌形象

在解决品牌危机遗留下来的问题的同时，企业应做好品牌的重建工作。对于品牌危机中的直接受害者，应积极按承诺给予赔偿，勇于承担责任。在企业内部，管理层应以沟通的方式抚平组织成员心灵上的创伤，或使组织成员了解危机给组织造成的严重影响，缓解危机带来的压力，获取成员的认同进而使其加入复原工作。给员工以积极向上的动力，让员工看到美好的明天。重新树立企业员工、外部消费者和公众对企业的信心。比如，可以展开一轮宣传攻势，告诉公众，企业已经恢复了元气。此外，企业管理者应密切关注社会公众和利益相关者对企业形象的看法，采取积极的实质性措施来维护、树立企业在公众心目中的信誉和形象。

第十三章 品牌危机 授课视频

复习思考题

1. 阐述品牌危机的内涵和产生的原因。
2. 阐述品牌危机产生的机理。
3. 品牌事件是如何上升为品牌危机的？企业应采取哪些措施？
4. 如何建立品牌危机领导组织及制定品牌危机预案？
5. 处理品牌危机有哪些原则？
6. 简述品牌危机的应急处理方式。
7. 简述品牌危机的召回机制。
8. 简述品牌危机的沟通和公关策略。

案 例 分 析

品牌危机处理实例分析

每个企业在面临危机时的表现都不相同。有的企业处理不及时、不得当，最终永远失去了消费者的信任，使品牌甚至企业走向失败；有的企业经营者了解品牌危机管理之道，充分掌握危机管理精髓，镇定自若，因势利导，化险为夷，甚至巧妙地化危为机，反败为胜，使企业蒸蒸日上。

一、美国强生公司

美国强生公司的著名医药品牌泰诺就曾遭遇过一次近乎毁灭性的灾难，而强生公司成功化解了这次危机，摆脱了困境。

1982年10月的第一周，媒体报道在芝加哥地区，有7人服用含有氰化物的泰诺胶囊之后中毒身亡。经此报道，消费者对该药的信心严重动摇，泰诺品牌的信誉遭到空前打击,许多专家认为泰诺品牌将万劫不复。然而,强生公司在媒体报道后迅速采取了一系列措施,封存所有泰诺品牌的药品,同时耗资50万美元通知相关对象;组织专门人员分析产品样品,向美国食品和医药管理局(FDA)做简报;悬赏举报肇事者,并不断公告调查出来的事实真相;时时追踪调查消费者对危机的反应,通过广告努力说服消费者可以继续信任泰诺。半年之后,泰诺重新投放市场,并改成了无污染包装。强生公司不仅在价值高达12亿美元的止痛片市场上收回了失地,还以该事件为契机,变坏事为好事,利用倡导无污染药品包装赶走了竞争对手。

二、宝洁公司

在2006年受人瞩目的"SK-Ⅱ质量门事件"中,宝洁公司处理危机的态度与方式为我们提供了一个截然不同于强生的案例。

2006年9月14日,我国国家质检总局发出《日本SK-Ⅱ品牌入境化妆品被查出违禁成分》的通告,指出日本宝洁株式会社蜜丝佛陀公司制造的SK-Ⅱ品牌系列化妆品中检出禁用物质铬和钕。按照我国《化妆品卫生标准》(GB7916)的有关规定,化妆品中不能含有铬、钕等禁用物质。一时间,SK-Ⅱ的用户纷纷要求宝洁给出解释,并要求退货。但是宝洁中国有限公司发表公开声明,称SK-Ⅱ产品是安全的,有质量保障,坚持不会下架,并要消费者认同无质量问题等条件才能退货。

在整个过程中,宝洁没有主动向消费者解释有关产品的问题,而是一味强调其产品是安全的,即使在做出撤出中国市场的决定后,仍然坚持这一说法,其间还动用形象代言人宣传产品,甚至在退货的过程中实行了有条件的退货,要求消费者签署协议。虽然最后宝洁因为在部分地区SK-Ⅱ专柜发生了严重的治安事件,为安全起见撤柜,决定暂停其在中国的产品销售,但SK-Ⅱ仍然强调产品是安全的。如此傲慢的宝洁最终付出了代价。根据公开数据估算,SK-Ⅱ暂停销售1天,宝洁将损失约145万元的销售收入。更为严重的是,许多消费者认为宝洁在整个事件中都在说谎,对SK-Ⅱ的信任度降到极低。

三、农夫山泉

1. 农夫山泉"砒霜门"危机的形成及负面影响

2009年11月,海南省海口市工商局在对该市部分批发市场、商场、农贸市场、超市等销售的各类食品进行抽样检验后,发现农夫山泉广东万绿湖有限公司生产的30%混合果蔬和水溶C100西柚汁饮料、统一企业(中国)投资有限公司生产的蜜桃多汁中总砷成分超标。据此,海口市工商局向消费者发出消费警示,并通知经销商对涉嫌超标产品予以下架、召回并退货。

总砷,俗称砒霜,被视为有剧毒的物质。流行病学研究表明,长期接触砷可能引起多种癌症。自此,农夫山泉和相关厂家陷入"砒霜门"。消息一出,"农夫山泉含砒霜"的新闻在各大门户网站登出,农夫山泉的品牌形象开始蒙尘。某网站针对这一事件展开的调查显示,有57.5%的人认为农夫山泉的饮料不安全,73.7%的人表示不会购买农夫山泉的饮料。消费者投来怀疑的目光,经销商纷纷提出退货。对于完全市场化的商品而言,这种打击是毁灭性的。

2. 农夫山泉的应对措施分析

（1）危机公关的承担责任原则的应用。在危机应对中，沉默或没有话语权的一方大都处于被动地位，也更容易成为危机中的牺牲者。危机发生后，农夫山泉积极面对公众、媒体、同行业企业及行业供应商，以公众利益为本、媒体舆论为手段，消除公众及行业链中的负面影响。

（2）危机公关的快速反应与系统运行原则的应用。身处"砒霜门"，农夫山泉没有遮掩，公司迅速成立应对小组，并于11月27日召开电话新闻发布会，对旗下两款产品被海口市工商局通报不合格一事做出严正声明，表示还没有收到任何官方机构关于此次检测的报告，也无法核实事情的真伪。同时表示，农夫果园和水溶C100最近在国家和上海等地组织的产品监督抽查中均是合格的。这种在最短的时间内进行危机决策的意识，让农夫山泉赢得了日后在危机公关中采取有效和及时的行动的时间，避免了损失的扩大。

农夫山泉在迅速召开新闻发布会的同时，还采取强硬的态度，与严正的声明相配套，即坚持产品不下架。很多地区的超市还能够看见农夫山泉相关产品在销售。中国人向来相信"身正不怕影子斜"，农夫山泉本来就有广泛的顾客基础，再加上这种"有底气"的表现，为自己在"砒霜门"中争取了解决危机的有利位置。

（3）危机公关的真诚沟通原则和权威证实原则的应用。在"砒霜门"事件后，农夫山泉出示了一系列报告，以证明自己的"清白"。它出示了11月26日河源市质量计量检测所出示的检验报告，以及11月28日国家加工食品质量监督检验中心出具的检验报告。两份报告均显示：总砷含量合格。同时，农夫山泉还出示了近三年来具备资质的检测机构出具的有关农夫山泉和水溶C100的总计142份检测报告，所有检测报告均显示总砷含量合格。就在12月1日，召开新闻发布会的前半小时，农夫山泉又表示刚刚接到来自国家食品质量监督检验中心的检测报告，该报告也显示，农夫山泉这两款产品的总砷含量合格。出示如此多的质检报告，农夫山泉向人们证实了其产品质量的可靠性。农夫山泉的上述应对措施产生了良好效果。海口市工商局于12月1日连夜通报农夫山泉抽检产品全部合格，同时要求停止下架行为。

四、结语

危机公关需要全方位和深层次的沟通，不仅要尽早、主动进行沟通，还要有合适的理由和证据，并将这些证据通过适当的渠道和媒体与消费者沟通。有效的危机公关虽然不能完全消除危机的影响，却可以避免事态恶化，为日后发展留下可能的空间和机会。

资料来源：https://www.douban.com/note/804531225/?from=author&_i=1412721eqCtkOK；https://wenku.baidu.com/view/0e020c283169a4517723a365.html；https://wenku.baidu.com/view/6efd5f3583c4bb4cf7ecd15f.html?fr=income8-doc-search。

案例讨论思考题

1. 结合案例谈谈企业在遭遇品牌危机时的应急措施。
2. 三个案例对危机的处理方式不同，获得的结果也不同，这样说对吗？
3. 你认为宝洁的SK-Ⅱ事件的最佳处理方式是什么？
4. 举例说明我国企业在处理危机事件时的措施与结果。

第十四章 品牌国际化

【学习目的与要求】
(1) 理解品牌国际化的内涵；
(2) 掌握品牌国际化程度的度量指标体系；
(3) 了解品牌国际化的动因和障碍；
(4) 了解品牌国际化的程序；
(5) 理解品牌国际化的模式选择。

2021年8月《财富》杂志世界"500强"企业排行榜中，美国有122家企业上榜，中国有143家企业上榜；2021年12月世界品牌实验室(World Brand Lab)公布的世界品牌"500强"企业中，位于榜首的美国占198个，第二梯队的法国占48个、日本占46个、中国占44个、英国占37个，第三梯队的德国占26个、瑞士占17个、意大利占15个。从数字比较不难看出，拥有国际强势品牌的数量与国家经济竞争力具有很高的一致性，中国企业在营收规模与品牌国际影响力方面具有较高的不协调性和不一致性，在品牌国际化的短板上还有巨大的提升空间。

扩展阅读 14.1
中国品牌全球化战略

第一节 品牌国际化的定义与内涵

加入WTO后，中国在引进外资的同时，大力鼓励国内企业"走出去"。在产品或资本输出的同时，我国的品牌也在走向国际市场。但是，部分企业在国际化的过程中只重视规模扩张、国际市场开拓，而不重视品牌影响力与国际化的匹配，还有部分企业只是在名称、标识上实现了国际化，在品牌国际影响力建设方面缺乏品牌资产积累相关的活动和投入。其原因在于混淆了国际化经营与品牌国际化两个概念。企业经营的国际化与品牌国际化是关系密切而又迥然不同的两个概念。企业经营国际化的内容要广得多，它涵盖品牌经营；而品牌经营作为企业经营的高级形式，有其自身特定的内涵和运营规律。本节将介绍品牌国际化的内涵及其标准规范。

一、品牌国际化的定义

品牌国际化,又称品牌的全球化经营,是指将同一品牌以相同的名称(可以有不同的翻译)、标识、包装、广告策划等向不同的国家、区域进行延伸扩张,以实现统一化与标准化带来的规模经济效益及品牌的超额收益。事实上,品牌国际化是一个隐含时间与空间的动态营销和品牌输出的过程,该过程将企业的品牌推向国际市场,并期望获得广泛认可,使企业取得特定的利益。

二、品牌国际化的内涵

1. 品牌国际化的时间

品牌国际化的时间是指品牌的输出有一个时间过程。品牌的国际化实际上是一个系统工程,不仅需要企业有强大的经济实力、技术实力、管理实力和文化实力等作后盾,还需要一个良好的品牌国际化经营战略,以持续有效地提高品牌的国际影响力。品牌的国际化不是一蹴而就的,而是十几年、几十年甚至上百年长期积累的结果。世界顶级品牌可口可乐上百年的历史就是一个明证。即使在新兴的IT行业,微软、戴尔、英特尔等知名品牌也都具有几十年的历史,更不用说惠普、IBM了。

2. 品牌国际化的空间

品牌国际化的空间是指品牌输出的国际市场布局。很明显,品牌国际化含有很强的国别信息,至少走出国门才有可能是国际品牌。但由于所进入的国家的经济发展水平和国家数量不同,其品牌国际化的程度也不同。同时,品牌所选择的目标国家或地区的市场也需要一个分阶段进入的渐进的过程。

3. 品牌国际化的动态营销

品牌国际化的动态营销是指品牌的国际化过程中需要因地制宜,以"全球化策略、当地化实施"的战略来适应目标国家环境。品牌形象、品牌个性和品牌定位应该全球统一考虑,具体实施时需要根据当地的情况灵活调整。汇丰银行(HSBC)的品牌口号"环球金融,地方智慧"就是动态性的具体体现。

4. 国际化的品牌输出

国际化的品牌输出一般有三种方式:初级形式是品牌随产品或服务向国际市场输出,国际贸易是其实现手段;中级形式是品牌随资本输出,对东道国进行投资,使品牌植根当地,更能取信于人;高级形式是品牌的直接输出,通过品牌的特许使用而获取品牌收益。很明显,这三种方式成递进关系,也是品牌国际化程度逐步深化的过程,其最高形式也就是品牌成为公认的国际品牌。海尔、宝马等跨国巨头都经历了从产品输出到资本输出的过程,而麦当劳、肯德基等快餐巨头则多采取加盟计划,进行品牌的授权经营。

5. 品牌国际化的广泛认可度

品牌的认可度包含品牌的认知度和美誉度。仅有认知还不够,还必须有美誉、值得信任才能被"认可"。品牌的国际认可度是品牌国际化的基本标准和前提。没有广泛的国际认可就无法成为国际品牌。广泛的国际认可度不仅是企业国际化实力的体现,也是检验品牌国际化运作成效的指标。

6. 品牌国际化的特定利益

品牌国际化是一个具有特定的国际化目标或利益的行为,或是提高国际认可度、美誉度,或是谋取国际订单等。不具有任何利益的纯粹的国际化对于企业毫无意义,品牌国际化的实质是利益的国际化。因此,企业在进行品牌国际营销时必须考虑国际利益。

第二节　品牌国际化程度的度量指标

品牌国际化程度的度量是一个既现实又重要的问题。韦福祥(2001)认为可以从产品的外销比重、品牌的全球认知度、品牌的地区分布、资源的国际化程度和人才的国际化程度五个角度进行衡量。苏勇(2005)认为品牌国际化程度需要从定量和定性两个维度进行度量。下面根据苏勇和韦福祥的观点,从定量、定性两个方面进行探讨。

一、品牌国际化程度的定量指标

1. 品牌的知名度和美誉度

针对国际目标市场客户对于该市场主要品牌的知名度、美誉度进行市场调研,确定品牌在该市场的地位。其中,知名度是关键指标,是品牌国际化程度的主要指标。一般来说,能够在较小市场上排名前五位,在较大市场上排名前十位的品牌,可以被视为知名品牌。而这样的品牌是否就是国际化品牌,则还要结合其他指标进行判别。美誉度调查主要是确定品牌信心及品牌策略是否适当,以预测知名度的提升潜力并确定相应的对策。

2. 品牌评估的价值

《财富》品牌"500强"排名中,根据市场占有率、品牌忠诚度和全球领导力评估品牌价值,品牌国际化程度可基于下面两个量予以度量。

(1) 计算品牌国际化前后评估价值的差值。比较品牌国际化后品牌价值与品牌国际化前品牌价值,确定品牌的国际化程度。

(2) 比较同市场、同行业国际品牌价值。在相同市场上,比较同行业国际品牌的价值,计算品牌价值的差值,确定品牌的国际化程度。

3. 企业国际化经营的比重

在国际化经营活动中,反映企业经营国际化程度的量化指标主要有下面四项。

(1) 外销比重。整个企业产品的外销(含出口和国外公司的销售)比重。这是企业界衡量品牌国际化程度最常用的指标。例如,华为公司海外收入占全部收入的比重超过50%,结合其他指标,我们可以说其品牌国际化程度较高。

(2) 对外投资比重。国外市场投资占整个企业投资的比重。该指标可以表明企业外向发展的战略方向和决心,以及企业融入全球一体化的程度。

(3) 国外采购的比重。全球采购中,国际采购比例反映了国际化大生产的程度。几乎所有的跨国公司都采取了全球采购战略,在全球范围内寻找性价比高的原材料和零部件。国际化采购比例越高,说明品牌的国际化程度越高。例如,波音747飞机的制造,需要400多万个零部件,由65个国家的1 500多个大型企业和15 000多个中小企业提供。

这些充分说明了波音的国际化背景。一些国际品牌甚至将全球采购中心从国内搬到国外,以方便全球采购战略的实施。近年来,中国成为众多国际大品牌的采购中心,如IBM、东芝、沃尔玛等的全球采购中心都落户中国。

(4) 外籍员工比重。人才国际化包括高管的国际化和普通员工的国际化两个部分。高管由外国人担任已成为一些国际化组织的趋势。一些东道国分公司总经理由当地人担任已不鲜见,现在连一些总部的高管也开始出现外国人的身影。例如,2005 年,原戴尔亚太地区总裁威廉·阿梅里奥(William J. Amelia)顶替史蒂芬·沃德(Stephen M. Ward)成为联想集团新总裁兼首席执行官。我国国际化程度很高的华为和中兴目前在海外的本地员工与中国员工比例都在 1∶1 左右,华为在俄罗斯 14 个城市和独联体地区 10 个国家的本地员工比例甚至超过 80%。

在以上四项指标中,外销比例最为核心,其他三个指标则是辅助指标。如果外销比例高,那么即使其他三个指标比例不高,该品牌的国际化程度也可以算是高的;如果外销比例低,那么即使其他三个指标比例很高,该品牌的国际化程度也是不高的。例如,我国有很多企业的产品主要出口,但并未在国外设厂、采购及聘用国外员工,这样的企业也在业界树立了国际化品牌形象;相反,尽管在国外设厂、采购甚至聘用东道国当地员工,但其产品内销比例大大超过外销,这样的品牌国际化程度也不高。

二、品牌国际化程度的定性指标

1. 品牌国际化经营的时间

伴随企业经营的国际化,品牌也将走出国门,在国际市场上参与竞争。如果一个企业能够长期在国际市场上生存下去而没有被淘汰出局,则说明该企业具有一定的国际竞争力,相应地,其品牌也会得到国际市场的检验和一定程度的认可。企业国际化经营的时间越长,其品牌经受国际考验的时间就越久,得到国际认可的机会也就越高。因此,如果一个企业能够持续地在国际市场上获得生存和发展的机会,那么其品牌的国际化程度就会提升。

2. 品牌国际化的区域分布

品牌的国际化不仅要求走出国门,更要求在广阔的国际市场上参与竞争。如果品牌在海外的销售额非常高,但其销售区域分布在东南亚或非洲,出口到欧美的很少,就不能说该品牌的国际化程度高。此外,有些品牌虽然出口额不高,但销售分布却很广,其品牌的国际化程度可以说很高。例如,与埃克森相比,可口可乐虽然出口额较低,但它在全球的销售分布范围却几乎是埃克森的两倍。从这个角度来说,品牌的国际化不仅具有时间性(长期过程),而且具有区域性。仅在某个狭窄的区域市场上经营是很难获得国际认可的,只有在较大的市场上与国际品牌展开竞争,才能得到检验和发展,才能获得较高的国际认同,才能提高品牌的国际化程度。

3. 品牌国际化的输出方式

从国际品牌的运作经验来看,品牌国际化有三种方式:一是国际贸易的方式,这是品牌国际化的初级形式,是阶段性的、不确定的;二是资本输出方式,通过资本输出,在目标市场投资,设立研发机构、生产机构或营销机构,建立品牌的持续经营和维持系统,使品牌获得高度的认同,建立品牌信心、品牌忠诚甚至品牌依赖,才能实现品牌的可持续发展;三是品牌的直接输出方式,即品牌授权经营,这是品牌国际化的最高形式。一般来说,只有国际化品牌才有可能做到这一点。通过品牌输出的三种方式,我们可以判断品牌国际化的程度。

第三节 品牌国际化的动因和障碍

一、品牌国际化的动因

1. 发展动因

品牌在国内市场发展到一定的程度,积累了一定的实力,或发展潜力受限时,就会开始放眼世界,走出国门开拓海外市场,寻求更广阔的发展空间。例如,日本丰田和本田汽车在国内市场饱和后,先是大量出口产品,然后在东道国设厂生产,采取国际化的投资和经营策略。我国家电企业海尔、TCL等也通过新创投资、并购等方式在海外设立生产基地和销售中心,开拓海外市场。

2. 利润动因

品牌国际化经营利润远高于产品国际化经营利润。尤其在中国,很多企业都是从贴牌生产(OEM)开始。贴牌生产的企业利润微薄,而跨国公司却收获了丰厚的利润。一件品牌产品的价格往往是贴牌产品原产地价格的几十倍。例如,温州打火机生产厂家生产的打火机卖给经销商的价格是9元,贴上日本、韩国厂家的品牌在国际市场上的售价折合成人民币则高达280元。因此,这些生产企业的实力达到一定程度后,往往会在OEM的市场基础上,积极创建自己的品牌,走品牌国际化的道路。格兰仕、捷安特、明基等都是典型的代表。

3. 规模经济动因

品牌国际化能带来巨大的市场空间,实现大量生产和大量流通的规模效应,降低生产制造成本,提高生产效率,并促进产品销售。此外,实施品牌国际化,可以在包装、广告宣传、促销及其他营销沟通方面实施统一的活动,从而大大降低营销国际化的推广费用,并及时把在某一国度获得成功的营销创新经验迅速推广到全球市场,获得规模效益。例如,可口可乐、高露洁在世界各地采取了统一的广告宣传,可口可乐通过全球化的广告宣传多年来节省了亿万美元的营销成本,而高露洁在每个国家都可以节约100万~200万美元的广告费用。

4. 分散风险动因

由于各国技术、经济发展水平不一样,一个品牌产品在发达国家处于市场饱和期,在部分发展中国家则可能处于导入期或成长期。这样一种产品消费的国别梯度可以通过全球市场的调节,延长产品的生命周期。必须坚守国际市场上产品的统一标准,否则会影响品牌形象。同时,国际市场空间广阔,可以避免一国或一个地区因经济、政治等环境因素的影响带来需求波动,危及品牌的情况,使品牌经营具有稳定性,起到分散风险的作用。

5. 竞争动因

品牌国际化就是要在企业品牌及其营销组合形成后，即刻覆盖各大目标市场区域，不给竞争对手留下时间和空间。此外，在资本全球化的背景下，跨国品牌越来越多地通过并购推行国际化进程，这种并购的目的已不只是纯粹获取投资收益，而是品牌全球化的战略布局。许多本土品牌被收购后，外方在充分控制了企业经营权后利用品牌国际化的溢价能力，实现了对市场的全线垄断。

二、品牌国际化的障碍

品牌国际化受到许多因素的制约，因为不同国家的法律、文化和竞争环境不同，消费者对品牌的了解、认知和理解也不完全一样，而且他们的需要和使用目的也不尽相同。

1. 竞争结构

竞争结构是影响品牌国际化的重要因素，不同的国家都有独特的产业发展过程，有一些品牌在本地已牢牢地占据了某种地位，因此新品牌难以把品牌定位和联想移植到他国，从而使品牌国际化遇到阻力。品牌国际化试图改变这种格局，有必要对原有的品牌定位及营销的组合策略做出调整。

2. 社会文化环境

社会文化环境是阻碍品牌国际化的又一个因素，有时甚至会完全阻碍品牌的国际化。社会文化环境是指人们在一定的社会环境中成长和生活，久而久之所形成的某种特定的信仰、价值观、审美观和生活准则。处于不同的社会文化背景中，消费者的品牌认知和消费者行为取向也会有所差异。例如，可口可乐在全球的包装采用统一的深红色，而在中东地区却改为绿色包装；在美国只是众多保健品品牌之一的安利，在进入中国市场后，利用直销和新的保健理念，塑造了高档保健品的形象，占领了高档保健品市场。

3. 法律环境

不同国家有不同的法律体系，知识产权的保护要求不一样，产品也有不同的标准，这些都会影响品牌国际化。同时，在一个国家是合法的营销行为、品牌内涵和定位的表达方式，在其他国家却有可能是非法的。例如，某些诉求在欧美国家是合法的，在我国是不被允许的，而在伊斯兰国家则是禁止的。在英国不允许用英雄人物作为烟草广告的代言人。在奥地利，不允许用儿童做广告。这就很可能使在一国极为成功的品牌及其营销组合无法延伸到其他国家。

4. 品牌性障碍

品牌性障碍是指由品牌的构件（文字、图案、色彩、名称等）所带来的品牌国际化障碍。例如，包括一些国际知名品牌在内的很多品牌在创立之初未考虑国际化需要，选了具有当地文化色彩的品牌名称。这些品牌在本国发展非常成功，然而在国际化时遇到了严重阻碍。例如，婴儿爽身粉品牌"芳芳"，国内消费者更多地联想到甜美、纯洁的小女孩形象，但其汉语拼音FangFang由于fang在英语里是指"蛇的毒牙"，受到了外国消费者的排斥。宏碁电脑、联想、李宁、金蝶软件等在国际化前都对其名称、标识，甚至包装进行了重新设计。

第四节 品牌国际化战略

一、品牌国际化的程序

品牌在国内通过品牌设计、定位、传播等品牌培育过程,赢得消费者的认知和忠诚,品牌资产积累到一定程度,受国际市场空间的吸引和企业获利性的驱动,往往会实践"走出去"战略,把自己的产品推向国际市场,实现品牌国际化。品牌国际化的过程与品牌在国内的培育过程在程序上有很高的相似度,但也存在很大的差异。为了提高品牌国际化成功的概率,应遵循品牌国际化的程序并根据东道国的环境、消费者习惯进行创新。

法国品牌学者卡普费雷描述了品牌国际化程序的六个步骤(见图14-1)。

图14-1 品牌国际化的程序

1. 重新设计品牌标识

在品牌国际化前要重新设计品牌标识,也就是进行品牌更新,以适应国际化的需要。品牌标识是一个复杂的系统,其中最重要的是确定品牌核心价值、品牌名称和标志。品牌核心价值是品牌的灵魂,而品牌名称和标志是品牌的面孔。重新设计品牌标识,保持全球市场的一致性,并保持相当长一段时间的稳定性,有助于品牌在新的市场上建立与消费者的关系。例如,宏碁电脑在其品牌国际化中把英文名称改为Acer,运动服系列品牌李宁则更换了品牌标识和品牌口号(见图14-2)。品牌标识要得到国际市场消费者的一致认可,如安全、纯真、健康、专业、活力、创新等价值取向在国际上是通用的。

图14-2 品牌国际化标识变化

2. 选择国家或地区

品牌国际化是一个过程,企业不可能一蹴而就地全面进入每个国家的市场,而是要根据自身条件和市场特征有选择地进入。先进入某个发达国家还是先进入某个发展中国家?是一个一个国家逐个进入,还是若干个国家同时进入?这些都要依据企业自身的实力和品牌影响力来决策。例如,TCL从越南、印度等东南亚国家开始进行品牌国际化,而实力雄厚的海尔却选择将生产和技术都很强的欧洲市场作为品牌国际化的开端。

3. 接近目标市场

选定了一个国家或地区,还需要真正找到目标市场。是选择人口消费水平高的城市市场还是选择其他市场？是选择收入水平高的消费群体，还是选择中、低层次的消费群体？这些也都很关键。因为一个国家或地区的市场内部也划分为很多层次，企业需要进行市场细分，以明确具体的目标市场。例如，很多外国公司进入我国都是将目标放在北京、上海、广州、深圳等一线城市，这些城市不仅消费水平高，而且对其他二、三线城市有示范效应。宝洁公司的SK-Ⅱ的目标消费者就选择了城市收入水平较高的女性消费群体。

4. 选择品牌结构

一些跨国公司采取的是多品牌结构战略，这并不意味着所有的品牌都要进入国际市场，也不意味着进入某个国家的市场的品牌也要进入另一个国家的市场。每一个品牌都有其战略角色，必须与将要进入的国家的市场目标相吻合。例如，一些强势的品牌进入发达国家是为了建立品牌形象，而一些弱势品牌进入发展中国家则是为了抢占市场份额。宝洁在美国总部拥有大量品牌，但并没有都进入中国，这与品牌和区域战略的匹配度有关。

5. 选择适合市场的产品

由于市场需求和政策法规的差异性，一些在本国畅销的产品不能直接照搬到国外市场，而必须根据目标市场的消费者和当地政策的特点进行调整。例如，美国的GE电冰箱到了日本就必须缩小容量，因为日本人习惯经常性地采购食物，而美国人通常是一周一次；法国家乐福到了泰国，也出售一些香蜡佛具，因为泰国是佛教国家；日本本田飞度汽车在日本都是两厢，到了中国则做成三厢，因为中国人喜欢三厢车。

6. 策划全球营销活动

最后一步是全球品牌传播活动的设计，包括广告、公关、促销等。全球品牌传播活动必须符合当地的政治、法律、社会文化环境，尽量融入当地文化元素，但不能触犯当地的禁忌。

二、品牌国际化的模式选择

（一）品牌国际化的模式

品牌国际化的基本模式有两种：标准全球化模式和标准本土化模式。在实际选择过程中，往往把两种模式结合起来，以充分利用两种模式的优点，由此产生了四种不同的品牌国际化模式。

1. 标准全球化

标准全球化是将全球视为一个完全相同的市场，即每一个国家或地区都是具有无差异特征的子市场。标准全球化在营销元素组合和运营方式上，除战术调整外，都采用统一化和标准化，这种品牌全球化可以带来规模效应。一般来说，品牌资产雄厚的、具有规模化生产能力和强大销售网络的世界性品牌往往会采用这种策略。此外，从行业和产品上看，实行这种策略的主要是一些高档奢侈品和化妆品，也有部分是食品品牌。例如，LV和伊丽莎白·雅顿等在每个国家的市场上，包装、宣传等都是一致的。标准全球化品牌约占品牌国际化总数的25%。

2. 模拟全球化

模拟全球化是指除了品牌核心价值和品牌定位等主要的品牌要素实行全球统一化以外，其他要素（产品、包装、广告策划等）要根据当地市场的具体情况加以调整，以提高品牌对该市场的适应性。从行业上看，餐饮、汽车、家电、银行等容易采用模拟全球化模式，比较典型的是汽车行业。例如，欧宝汽车在欧洲的销量很高，但除了品牌标志、品牌个性等至关重要的要素以外，从产品设计到价格制定，基本实行本土化策略，也就是说，生产什么款式、卖多少钱，全部由通用汽车公司设在欧洲的子公司决定，总公司不予干预。模拟全球化的品牌约占品牌国际化总数的27%。

3. 标准本土化

标准本土化是国际化程度最低的品牌国际化策略。在实施国际化策略的过程中，所有营销组合要素的出台都要充分考虑所在国的文化传统、语言，并根据当地市场情况加以适当的调整。本土化策略能充分满足不同地区差异化的要求，但是大大增加了企业的研发、生产和宣传成本。由于针对每个地区都要制定不同的营销策略，增加了企业管理的难度，这种策略主要集中于一些食品和日化产品。例如，肯德基在中国市场上每年都会推出一系列富有中国特色的产品。标准本土化的品牌约占品牌国际化总数的16%。

4. 体制决定的本土化

体制决定是指某些产品由于特殊性，其营销并不完全取决于企业本身，而且要受所在国贸易和分销体制的巨大影响，企业只能在体制约束的框架内做出统一化或本土化的决策。比较典型的例子是音像制品行业、电影行业，虽然在全球都占有巨大的份额，但是从总体上说，由于各国对电影业、音像制品业的政策存在差异，所以其发展呈现明显的不平衡性。

影响和制约品牌国际化的因素有很多，如政治、法律、文化、竞争等。卡普费雷调查发现，欧洲企业品牌国际化的类型与企业所在国家有密切的关系，德国、英国品牌国际化过程中标准化率分别为95.5%、94.7%，本土化比例分别为4.5%、5.3%，倾向于标准化；意大利、法国、瑞士的标准化率分别为60%、69%、80%，本土化率分别为30%、24%、20%（部分企业对标准化率和本土化率没有反应）。他还发现，奢侈品、化妆品、音响等行业标准化程度较高，而咨询行业、食品行业、服务行业、汽车行业的本土化率较高。在被调查的欧洲品牌中，有40%的企业在欧洲使用共同的营销组合，34%的企业根据欧洲不同地区的具体情况调整营销组合，26%的企业在不同国家采用不同的营销组合。

企业不管采用哪种品牌国际化模式，品牌的形象和定位一般都不采用本土化策略。因此，品牌国际化中，纯粹的标准化和本土化是不存在的，企业会根据品牌所在行业、企业所在国家的文化和市场所在国家的环境等因素，确定品牌国际化的模式，一般采取"思考全球化，营销本土化"的品牌国际化策略。

（二）品牌国际化模式选择

选择品牌国际化模式时，一般是从品牌国际化的标准化和本土化因素出发，在考虑品牌国际化中的标准化压力和本土化压力两个因素后，建立品牌国际化模式选择影响因素模型（如图14-3所示）。

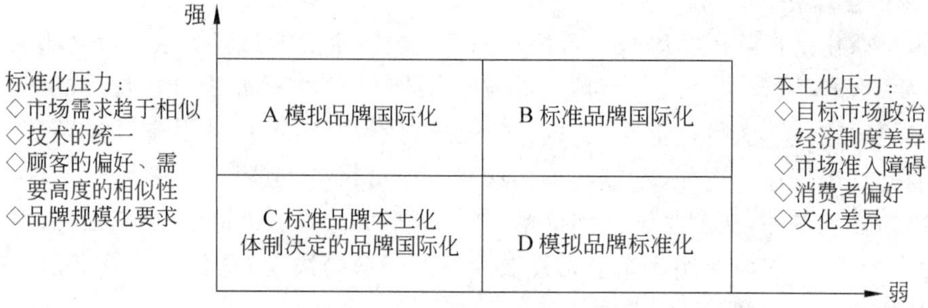

```
标准化压力：          强↑                          本土化压力：
◇市场需求趋于相似  ┌─────────────┬─────────────┐  ◇目标市场政治、
◇技术的统一        │ A 模拟品牌国际化 │ B 标准品牌国际化 │    经济制度差异
◇顾客的偏好、需    │              │              │  ◇市场准入障碍
  要高度的相似性   ├─────────────┼─────────────┤  ◇消费者偏好
◇品牌规模化要求    │ C 标准品牌本土化 │ D 模拟品牌标准化 │  ◇文化差异
                   │ 体制决定的品牌国际化│              │
                   └─────────────┴─────────────┘→弱
```

图 14-3　品牌国际化模式选择影响因素模型

（1）A 区域——模拟品牌国际化。由于本土化和标准化的压力都很大，企业可以根据自己的经营状况和目标市场的本土化压力来源，采用模拟品牌国际化模式，将压力大的营销因素本土化，同时考虑标准化的规模效应。也就是说，在品牌的战略决策方面（如品牌定位、品牌个性、广告主题等）较多采用标准化决策；在品牌的战术决策方面（如品牌名称、广告表现形式、模特选择和媒体选择等）较多采用本土化决策。

（2）B 区域——标准品牌国际化。该区域品牌标准化压力大，而目标市场本土化的压力小，企业宜选择标准品牌国际化模式。但是在管理实践中，由于受到目标市场经济、政治和文化等方面差异的影响，纯粹的标准品牌国际化不容易展开，而且在多元化文化营销中，目标市场的压力往往制约着纯粹的标准品牌国际化模式的实施，因此目前很少有公司采用纯粹的标准品牌国际化模式。

（3）C 区域——标准品牌本土化。该区域品牌国际化的标准化压力小而本土化压力大，企业可以选择标准品牌本土化模式，根据目标市场的营销环境聘请本地管理人员有针对性地开展品牌本土化经营。如果目标市场的经济体制及其他因素有很大的限制，企业应选择体制决定的品牌国际化模式。

（4）D 区域——模拟品牌标准化。由于标准化压力和本土化压力都比较小，企业应该从自身出发，根据企业竞争力选模拟品牌标准化模式。虽然目标市场的本土化压力比较小，但是由于此类企业的实力往往不是很强，因此要根据企业自身状况选择本土化和标准化的因素，合理采用模拟品牌标准化模式。

企业在品牌国际化的过程中，必须基于标准化和本土化两个方面的压力、企业自身的资源情况和所在行业状况，以及企业所处的市场环境状况选择适合自己的品牌国际化模式。因此，选择品牌国际化模式时企业还要考虑以下因素：①企业所在行业的特征。一般来说，产品消费受文化差异影响比较大的行业不易采用标准品牌国际化模式。②企业所在国家的经营传统。德国、英国在品牌国际化过程中更倾向于标准化，而意大利、英国则更倾向于本土化模式。③在目标国家市场上的经营难度。对国际化品牌来说，最大成功就在于将其品牌模式与国际市场上的环境相匹配，包括消费者的生活方式、行为习惯、购买力，目标国家的法律、市场竞争等。例如，欧美市场是非常成熟的市场，由于进入艰难，我国公司进入欧美市场前都会充分考虑当地市场的具体情况，而南非等国家本土化压力小，可以更多地进行品牌标准化。例如，海尔在美国的宣传更多地考虑当地的技术标准，而在亚洲其他国家则更多地考虑通行标准。④体制影响。当目标市场贸易和分销体制的

影响巨大时,适合采取体制决定的品牌国际化模式。例如,格兰仕品牌在阿根廷的市场占有率突破70%时,遇到了反垄断问题。为此,格兰仕降低自有品牌在阿根廷的占有率,通过借用当地品牌、加大本土化因素来提高产品的占有率,"曲线"占领市场。

三、品牌国际化的路径选择

品牌国际化的过程与跨国经营的过程是相伴相生的。企业跨国经营的方式有产品输出、资本输出和授权经营三种,因此品牌国际化的路径选择对比跨国经营也有三种。

1. 品牌国际化路径之一

由贴牌到贴牌与自主品牌并存(或收购合作品牌),再到统一使用自主品牌(或多品牌共存),这是中小企业经常选择的品牌国际化路径。

对实力不强的中小企业来说,在品牌国际化的初期,通过OEM不仅可以比较容易地进入国际市场,而且可以积累资金和国际市场经验,提高获取国际市场信息和开发国际产品的能力。当企业实力提升到一定水平时,就要伺机对品牌国际化战略做出调整。这个时候有以下三种选择。

(1) 国内用自己的品牌,出口用贴牌,当海外中间商和消费者对本企业有了相当认识后,逐步向海外市场推出自己在国内市场使用的自主品牌,最后,当海外市场完全在自己控制之下时,放弃OEM,统一使用自己的品牌。例如,近几年在格兰仕的出口产品总量中,自主品牌与OEM之比不断上升,从1∶9到3∶7再到现在的将近5∶5,格兰仕的国际知名度在逐步上升。

(2) 当自己有了相当的资金实力时,把曾与企业有贴牌合作的品牌收购过来,变成自己旗下的拥有自主控制权的品牌。例如,万向集团收购美国舍勒公司和欧洲AS公司采取的就是这种做法。这两家公司都曾经是万向集团的海外经销商。当然,企业在收购了合作品牌后,可以选择继续使用这些品牌,也可以选择放弃它们,转而使用自己的品牌。

(3) 虽然企业贴牌与自主品牌并存,但贴牌和自主品牌的目标市场不同,运营模式也不同。例如,以青岛双星、康佳为代表的一批企业在国内市场上已有相当的影响力,但其品牌国际化的经验很少,国际营销能力薄弱。这些企业在实施品牌国际化战略的初期选择了"贴牌+创牌"的"中间模式",即进入发达国家市场的产品一般采用贴牌的做法,而进入非洲和东南亚国家市场的产品则使用企业自主品牌。前一种做法有助于企业尽快积累国际市场经验,收回现金,而且风险小;后一种做法则有利于扩大企业自身知名度,为将来创建国际性品牌奠定基础。

2. 品牌国际化路径之二

(1) 收购东道国品牌,纳入自己的品牌体系,稳定东道国市场,利用东道国品牌开发国际市场。欧莱雅集团就是采用国际收购来实现强化其国际化经营的目标的。

(2) 收购品牌与自主品牌并存,再到统一使用自主品牌。企业实力较强,但缺少品牌国际化经验时,可以选择这一路径实现品牌国际化。

不熟悉某个海外市场时,收购当地品牌是许多企业首选的品牌国际化模式。但收购当地品牌并不意味着企业会永远使用该品牌,其目的是利用该品牌背后的技术研发、销售渠道、顾客忠诚和市场知识等战略性资源,在加快市场进入步伐的同时,降低市场进入成本。因此,企业在对这些资源具有了相当的控制力或培育了类似的新资源后,就可以对品牌国际化战略做出调整,先让自主品牌逐步渗透进来,一定时期内收购品牌与自主品牌并存,然后逐步放弃收购品牌并最终统一使用自主品牌,或者继续沿用多品牌战略。

2010年3月28日,中国吉利集团宣布将以18亿美元收购沃尔沃,吉利将拥有沃尔沃的核心技术和沃尔沃的品牌,收购完成后,吉利集团将同时运营两个汽车品牌。此举是寻求品牌国际化的一种有效途径,同时,通过人员交流等方式,提升吉利品牌的技术能力和设计能力,提升吉利品牌的价值,实现沃尔沃品牌与吉利品牌平行运营。

3. 品牌国际化路径之三

品牌国际化的过程中,始终坚持创建自主品牌(如图14-4所示)。

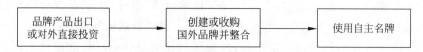

图14-4 直接创建自主品牌示意图

品牌在国内已经具有很强的实力,在确保国内市场的基础上,进行品牌国际化。因为经过了产品出口,品牌在国外市场上在定位、销售渠道、忠诚消费群体等方面有一定的基础,可以采用国外直接建厂、收购国外企业等方式直接开展品牌的国际化经营。发达国家企业进入发展中国家的市场时大多采用这种路径。例如,麦当劳进入中国是与当时的北京农场局(现农垦集团)合资,授权使用麦当劳的品牌进行经营。我国很多企业在国际化过程中也选择了直接投资建厂、并购等方式开展国际化经营。在进入方式和进入市场上比较突出的有海尔、TCL等。

海尔集团开拓国际市场采取的是三个三分之一战略,即三分之一国内生产、国内销售,三分之一国内生产、海外销售,三分之一海外生产、海外销售。海尔的国际化战略具有独特性,自1990年就确定了先难后易的出口策略。海尔最初把目标市场锁定在发达国家,在这种竞争激烈、有众多知名品牌的市场上,要想打响自己的品牌,难度可想而知。1999年4月,海尔在美国南卡罗来纳州的生产制造基地奠基,标志着海尔集团开始在海外实施"三位一体本土化"战略,即设计中心在洛杉矶、营销中心在纽约、生产中心在南卡罗来纳州,立足当地融智与融资,实现了品牌本土化。海尔凭借本土化的品牌策略,成为畅销全球160多个国家和地区的世界知名品牌。2006年,海尔在欧洲投资创建了高档家电品牌卡萨帝(Casarte),目前卡萨帝在全球有14个研发中心,成功打造了国际家电高端品牌。

TCL国际化起步于20世纪90年代末期,首先进军越南市场,历经一年半就实现盈利,后又超过众多日本品牌占据第二的位置。TCL在新兴市场上推广自有品牌,经过几年积累,实现了产品的本地化,完善了日趋成熟的销售网络和客户资源。对越南等东南亚国家的开发取得成功之后,积累了丰富经验的TCL开始将目光投向欧洲。2002年,TCL完成了对德国老牌家电企业施耐德的收购,然后又在美国收购了GO-VIDEO。但这一次在海外的资本运作并没有取得预期效果。2004年7月,TCL又收购了法国汤姆逊公司的电视机业务,成立TTE新公司,TCL控股67%,汤姆逊持股33%。根据双方的合作协议,TCL、汤姆逊、RCA(汤姆逊在美国的子品牌)都归新公司所有,TCL品牌用于中国及周边市场,汤姆逊用于欧洲市场,RCA用于美国市场。

以上三种品牌国际化的路径各具特色,表明创国际品牌并不是只有"华山一条路"。但是无论选择哪种路径,都要根据企业的品牌国际化规划,结合企业实际和国际市场现状,借助世界知名品牌的成功经验走出国门,实现真正意义上的品牌国际化。

复习思考题

1. 简述品牌国际化的定义和内涵。
2. 品牌国际化的度量指标有哪些?
3. 品牌国际化的动因和障碍有哪些?
4. 简述品牌国际化的程序。
5. 简述品牌国际化的模式选择。
6. 品牌国际化的路径有哪些?

案 例 分 析

联想品牌国际化之路

2015年,联想集团的联想品牌首次进入Interbrand全球最佳品牌100强排行榜,继华为之后成为中国第二个跨入品牌百强的企业。这对于联想集团来说,无疑在品牌经营的道路上跨上了一个新的台阶。

一、联想集团的品牌经营发展历程

1. 并购

联想采用并购方式快速进入国际市场。2004年,联想集团以6.5亿美元现金和6亿美元股票收购IBM的个人电脑业务,成功进入国际化市场。同时,三家私人投资机构以3.5亿美元入股联想集团。2014年,联想集团再次收购IBM的x86服务器和MOTO移动业务,这两个业务成为新的增长引擎。联想联手IBM、MOTO,成为引领消费升级的领导品牌,占领较大的市场份额。在品牌、技术和销售渠道三大优势的条件下,联想成为全球最具创新精神的科技公司之一。

2. 品牌的整合

品牌的灵魂是品牌的核心价值,而品牌的面孔就是品牌的名称和标准。联想成为国际奥委会全球合作伙伴,并将英文标识Legend换成Lenovo,标志着联想国际化的开始。联想借助IBM开创国际市场,成功地使Lenovo在全球打响。并购IBM的个人电脑业务后,联想拥有产品品牌;Lenovo和Think随着联想国际化发展进程趋于稳健,对产品品牌进行全新定位,将原始的品牌转换为Idea和Think,分别针对消费类和商用类产品。Idea

系列设计源于概念跑车的动感流线型的外观,彰显潮流品位、全新一代处理器+超强显卡。

3. 新品牌战略

(1) 智能手机(Lenovo+Moto 品牌)的全球销量同比增长 50%,使联想成为全球第三大智能手机厂商。

(2) 手机-相机跨界产品 VIBE Shot 采用完整卡片相机的设计风格,为用户提供极致拍照体验的同时满足用户对于多任务处理的需求。

(3) Pocket Projector 是一款自由调节角度的无线投影仪,机身小巧且性能出众,而且支持移动电源进行充电,适用于任何场所,将成为商务演示者随身携带的首选工具。

(4) 摩托罗拉新机 Moto 360 的推出。

(5) 全球第一款智能光效运动鞋 Smart Moving Shoes。在未来"物联网"时代,消费者对产品的需求将会由单一化走向多元化。消费者需求的转变将会改变各产业、各企业的竞争格局,重塑新的核心竞争力。了解消费者的动向,满足消费者的需求将是企业赖以生存的条件。

4. 联想集团转型战略

联想获可信云服务认证,并设计多款应用软件,包括:乐疯跑跑步软件、居会玩手机游戏、友约社交软件等,为消费者提供更好的产品和服务。①硬件+软件+服务平台一体化拥有全面的产品组合,打造极佳的用户体验。"茄子快传"则是联想产品组合中的代表。它能在 Wifi、移动网络全无的情况下,将文件从电脑传入另一方的智能设备上,其速度是蓝牙的 60 倍。②单次购买转向多点接触。将单个用户转化为关系型客户,鼓励用户注册联想账号,邀请用户积极参与线上社区,建立强大的知识库,通过服务获取信任,将零星的客户变成固定客户,建立一个稳定的客户群体。③"保卫+进攻"战略。首先是保卫利润和核心业务,在个人电脑业务上,利用行业整合趋势,巩固联想在个人电脑领域的全球领导地位并提升盈利水平,在企业级业务上,利用协同效益与创新促进增长。其次是进攻新市场和利润池,在移动业务上,通过全球拓展、协同效益及向用户为中心转型推动盈利性增长。在云服务上,推动生态系统及云服务业务增长,提供差异化的设备+服务的用户体验。联想在以客户为中心的宗旨上不断创新,发扬没有最好只有更好的创新精神。在智能化激励竞争条件下,为了更好地研发和创新,联想成立了一家专门针对中国智能终端市场的互联网子公司——神奇工场,为联想在物联网领域提供更强的后盾。

二、联想集团品牌国际化的经验

1. 高效的业务模式

全球大企业的双业务模式:联想为中国国家海洋气象局提供高性能计算服务;为美国气候研究中心的龙卷风研究提供技术支持。中小企业和消费者的交易型模式:成为中小型企业的电子平台,参与时尚与流行;公益创投项目——为盲人讲电影,进入中国 2 200 个县镇 500 万个农村家庭,让每个孩子因联想而带着新思维走向世界,让世界因联想而美好,利用低成本模式服务封闭国内市场。

2. 多元化品牌战

随着企业之间的距离在不断缩短,市场呈现红海,企业的竞争力也由产品、服务、营销转向品牌之间的竞争。联想成为北京奥运会的电脑技术赞助商,在国内市场上取代了IBM,得到国内市场消费者的认可。联想充分利用IBM的销售渠道和高级管理人才,结合联想公司的能力和资源优势,在产品设计、品牌形象、销售渠道上采取国际化结构。MOTO是全球芯片和通信设备的领导者,通过不断的技术开发与创新,拥有大量的研发专利。扩大市场规模,提高企业产品的市场占有率,扩大了品牌对全球的影响力。但是,联想并没有实行统一的品牌形象,而是以多元化品牌发展,在实现全球化品牌的同时避免了一荣俱荣、一损俱损的局面。随着互联网的快速发展,计算机日益普及,质量成为品牌的基础。Think主要针对高端商用客户并拥有一定的客户忠诚度。而Lenovo则面向中端市场及个人,产品从单一化到多样化发展并提供解决方案的配套增值服务。产品覆盖高端到低端市场,每种产品都开发不同的系列,满足不同阶段消费者的追求和需要,实现了世界联想中国之梦。

3. 清晰有效的战略

联想管理层的首要战略就是用中国市场保利润,用新兴市场保增长。在通过一段时间占据中国市场,实现消费者忠诚度之后,开始进军国际市场,打造国际化品牌。在保卫核心业务的同时,拓展新市场和移动互联业务,使市场份额大幅增加,通过内部优势+区位优势,改善了盈利水平。首先以并购方式进入以美国、日本为代表的发达国家市场,借助IBM在国际市场上的品牌信誉和形象,实现品牌国际化,成为全球品牌。其次,进入欧洲、南亚与南非等地的发展中国家市场,由于发展中国家市场发展的空间很大,消费者也没有对品牌形成很高的忠诚度,大多数消费者比较重视产品的价值,可以运用品牌国际化的形象建立新的消费群体。最后,进入一些欠发达国家,其优势在于:进入门槛低,竞争较弱,消费者对品牌的概念薄弱,对质量的要求也低。同时,可以在当地建立研究基地,利用廉价的劳动力,降低劳务成本。

4. 有效的激励机制

联想在并购IBM之后,充分利用IBM经验丰富的管理人才,构建了一个强大、多元化的全球领导体系。联想在杨元庆接手之后,建立了一套产权机制和激励机制,极大地激励了员工。经验丰富的领导团队在做决策时的有效性和及时性有助于企业抢占市场,将企业发展得更好。联想领导团队的专业技能和战略远见将带领联想在行业中占据领先地位。

三、联想集团的经验总结

1. 立足中国市场

品牌国际化是一个过程,需要根据自身条件和市场特征有选择地进入。联想品牌在国内市场得到认证,并在国内市场占据稳定的市场和消费群体后,开始国际化经营。如果品牌战略成功,将会让联想走向国际化。反之,联想也可以继续本土化发展,寻找合适的时机进入国际化市场。

2. 战略转型原则

转型战略是指企业在国内市场稳定后,转向国际市场,实施企业国际化经营。在品牌国际化中,应强化国际化经营理念,根据企业自身的实力和优势采取多样的发展模式,进行资源优化配置与整合,通过降低成本提高企业的综合竞争力。

3. 企业文化整合

文化是企业的灵魂。很多并购就是因为文化的差异而最终失败的,因此整合企业文化至关重要。面对两国文化的差异,企业应重视员工的利益,合理安排被并购方主管人员的工作,培养员工爱家的理念,在思想上形成统一的价值观。

资料来源:李红. 联想集团品牌国际化战略及成功之道[J]. 时代金融,2015(5),有删改.

案例讨论思考题

1. 简述联想品牌国际化过程标识的变化。
2. 简述联想品牌国际化的经验。
3. 联想品牌国际化对你有什么启示?

参考文献

- [1] 李杰. 品牌审美与管理[M]. 北京:机械工业出版社,2013.
- [2] 何佳讯. 战略品牌管理[M]. 北京:中国人民大学出版社,2021.
- [3] 周志民,刘世雄,张宁. 品牌管理:第2版[M]. 天津:南开大学出版社,2015.
- [4] 王海忠. 品牌管理[M]. 北京:清华大学出版社,2021.
- [5] 凯文·莱恩·凯勒. 战略品牌管理:第5版[M]. 吴水龙,等,译. 北京:中国人民大学出版社,2020.
- [6] 朱立. 品牌管理:第3版[M]. 北京:高等教育出版社,2020.
- [7] 余明阳,陈先红,薛可. 品牌扩张[M]. 上海:复旦大学出版社,2021.
- [8] 余明阳,刘春章. 品牌危机管理[M]. 武汉:武汉大学出版社,2008.
- [9] 庞守林. 品牌管理[M]. 北京:高等教育出版社,2017.
- [10] 黄合水. 品牌学概论[M]. 北京:高等教育出版社,2009.
- [11] 黄静. 品牌营销[M]. 北京:北京大学出版社,2014.
- [12] [美]菲利普·科特勒,[德]弗沃德. 品牌管理[M]. 楼尊,译. 上海:上海人民出版社,2021.
- [13] 任学安,刘戈. 通往国家品牌之路[M]. 北京:北京大学出版社,2019.
- [14] 苏勇,史健勇,何智美. 品牌管理[M]. 北京:机械工业出版社,2021.
- [15] [英]保罗·唐波拉尔. 超级品牌管理[M]. 北京:中国大百科全书出版社,2020.
- [16] 秦杰. 构筑羊绒品牌的个性设计体系[J]. 毛纺科技,2014(11).
- [17] 贺芳芳,黄秀娟. 庐山品牌个性特征识别研究[J]. 林业经济问题,2021(1).
- [18] 许倩. 我国社交媒体品牌个性维度构建的实证研究[J]. 企业经济,2018(9).
- [19] 胡其波,冯芷菁,王纯阳. 品牌个性对旅游地品牌溢价的影响[J]. 经济地理,2021(9).
- [20] 胡桂梅,王海忠,沈曼琼,等. 品牌个性对跨国零售品牌感染效应的影响研究[J]. 管理学报,2018(5).
- [21] 郝云宏,马帅. 互联网经济背景下猪肉品牌价值管理研究——基于网易味央猪肉案例的分析[J]. 中国畜牧杂志,2019(5).
- [22] 梁淑敏. 电子商务下三只松鼠的品牌形象设计与推广研究[J]. 包装工程,2018(10).
- [23] 衷玉红,李世森,汪永胜. 企业品牌定位与社会表征关系研究[J]. 企业经济,2019(10).
- [24] 苏煜晴. "新零售"背景下怀旧品牌定位对消费者冲动购买的影响机制[J]. 商业经济研究,2022(18).
- [25] 范小军,王成付,刘艳. 成本差异条件下的自有品牌定位策略与渠道效应[J]. 系统工程理论与实践,2018(8).
- [26] 韩煜东,赵瑞琪. 中国汽车市场品牌定位与品牌形象维度对比研究——基于MDS与贝尔模型的实证[J]. 中国工业经济,2017(3).
- [27] 许晖,邓伟升,冯永春,雷晓凌. 品牌生态圈成长路径及其机理研究[J]. 管理世界,2017(6).
- [28] 才源源,周漫,何佳讯. "一带一路"背景下中国品牌文化价值观运用分析[J]. 社会科学,2020(1).

[29] 李纯青,霍维亚,马军平,程丹. B2B 模式下基于文化融合与创新的新产品品牌文化表述研究——以环意国际旅行社为例[J]. 管理案例研究与评论,2017(2).

[30] 陈立彬,赵雅蓉,江林. 从品牌文化到品牌购买行为：一个认知过程的视角——基于扎根理论的分析[J]. 商业经济研究,2020(7).

[31] 蒋诗萍. 品牌文化现象的深层运作机制及其文化内蕴[J]. 社会科学,2019(4).

[32] 牛旻,陈刚. 基于虚拟偶像符号的品牌形象设计与传播[J]. 包装工程,2021(9).

[33] 臧丽娜. 5G 时代基于"场景新五力"的品牌传播场景构建[J]. 广告研究,2020(6).

[34] 王梅. 从《云南映象》看融媒品牌传播策略[J]. 商业研究,2021(11).

[35] 尹浩英. 基于 EBM 模型的绿色家具品牌传播策略[J]. 林产工业,2020(6).

[36] 倪丹,洪缨. POP 广告中的品牌视觉形象传播[J]. 商场现代化,2008(12).

[37] 郑春东. 基于渐变思想的品牌延伸边界模型研究[J]. 现代财经,2007(11).

[38] 姚曦,邓云. 品牌传播研究的新范畴与新内容——基于发生学的认识图式[J]. 武汉大学学报（哲学社会科学版）,2020(7).

[39] 曹玉月. 品效合一视角下"微综艺×品牌"传播范式的创新路径[J]. 传媒观察,2021(5).

[40] 闫科伟,姚鸽,赵红,罗凡. 直播体验对品牌传播的影响机制研究——网络口碑和消费者参与的中介效应[J]. 战略管理,2022(2).

[41] 杨宜苗,邓京京,郭佳伟. 产品属性一致性对老字号品牌延伸评价的影响机制[J]. 学术研究,2021(3).

[42] 孙国辉,梁渊,李季鹏. 品牌延伸类型选择：不同品牌概念下契合度和真实度对延伸产品态度的影响研究[J]. 管理评论,2019(3).

[43] 郑春东,马珂,王寒. 消费者特征对品牌延伸边界的影响研究——基于品牌联想视角[J]. 管理评论,2016（7）.

[44] 于春玲,李飞,薛镭,等. 中国情境下成功品牌延伸影响因素的案例研究[J]. 管理世界,2012（6）.

[45] 陈卿. 里斯新观点：品类第一,品牌第二[J]. 中国广告,2008(1).

[46] 黄嵬,鹿海祥,李向,牛纪敏. 烟草商业企业卷烟品类结构构建探究[J]. 中国市场,2022（25）.

[47] GEUENS M,EIJTERS B,WULF K D. A New Measure of Brand Personality[J]. International Journal of Research in Marketing,2009(26).

[48] VANAUKEN B. The Brand Management Checklist[M]. London：Kogan Page Limited,2002.

[49] DUNCAN T. IMC：Using Advertising & Promotion to Built Brands [M]. New York：McGraw-Hill,2002.

[50] EWING M T,FOWLDS D A,SHEPHERD I R B. Renaissance：A Case Study in Brand Revitalization and Strategic Realignment[J]. The Journal of Product and Brand Management,1995,4(3).

[51] FOURNIER S. A Consumer–Brand Relationship Framework for Strategic Brand Management[D]. Gainesville：University of Florida,1994.

[52] HOLBROOK M B,SCHINDLER R M. Market Segmentation Based on Age and Attitude Toward the Past Concepts, Methods, and Findings Concerning Nostalgic Influences on Customer Tastes[J]. Journal of Business Research,1996(37).

[53] PARKER J P,LEHMAM D R,KELLER K L,et al. Building a Multi-Category Brand：When Should Distant Brand Extensions Be Introduced?[J]. Journal of the Academy of Marketing Science,2017(9).

[54] PAPADIMITRIOU D,APOSTOLOPOULOU A,KAPLANIDOU K K. Destination personality,affective image,and behavioral intentions in domestic urban tourism[J]. Journal of Travel Research,2015,54(3)：223-229.

教师服务

感谢您选用清华大学出版社的教材！为了更好地服务教学，我们为授课教师提供本书的教学辅助资源，以及本学科重点教材信息。请您扫码获取。

❱❱ 教辅获取

本书教辅资源，授课教师扫码获取

❱❱ 样书赠送

市场营销类重点教材，教师扫码获取样书

 清华大学出版社

E-mail: tupfuwu@163.com
电话：010-83470332 / 83470142
地址：北京市海淀区双清路学研大厦 B 座 509

网址：https://www.tup.com.cn/
传真：8610-83470107
邮编：100084